梁漱溟与祖母、双亲、长兄及大妹二妹合影，祖母旁立者为梁漱溟

1923年于北京大学留影，时年31岁

1942年留影于桂林，时年50岁

摄于1980年冬，时年88岁

摄于1984年北京，时年92岁

1947年前后与民盟主席张澜合影

摄于 1984 年，时年 92 岁

1986年摄于家中,时年94岁

摄于1986年。中为梁漱溟(94岁),左为李渊庭(80岁),右为阎秉华(69岁)

摄于1986年,梁漱溟94岁,李渊庭80岁

摄于1988年2月17日春节

梁漱溟年谱

李渊庭　阎秉华　编著

2018年·北京

图书在版编目（CIP）数据

梁漱溟年谱 / 李渊庭，阎秉华编著. —北京：商务印书馆，2018

ISBN 978-7-100-13888-8

Ⅰ.①梁⋯ Ⅱ.①李⋯ ②阎⋯ Ⅲ.①梁漱溟（1893—1988）—年谱 Ⅳ.①K825.4

中国版本图书馆 CIP 数据核字(2017)第 101775 号

权利保留，侵权必究。

梁漱溟年谱

李渊庭　阎秉华　编著

商 务 印 书 馆 出 版
（北京王府井大街36号　邮政编码　100710）
商 务 印 书 馆 发 行
三河市尚艺印装有限公司印刷
ISBN 978-7-100-13888-8

2018年2月第1版	开本 640×960 1/16
2018年2月第1次印刷	印张 25 1/4 插页 8

定价：60.00元

自叙两则弁于年谱之前

——代　序

　　我自谓负有沟通中外古今学术思想的历史使命，心心念念唯在写出《人心与人生》、《东方学术概观》等书，今者——一九七六年四月——《人心与人生》等著作基本完成，则清理一生经历是亦余年可以着手之事乎。爰在年谱编订之前，自撰叙言两则如下：

（甲）

　　我以清光绪十九年（西历一八九三年）九月九日生于北京，父母为命名焕鼎，字寿铭，其后通用名号为漱溟二字。早从曾祖父香初公（讳宝书）由桂林来北京会试得中，游宦北方以来，流寓北京良乡等处，未得南归。先祖父稚香公（讳承光）、先父巨川公（讳济）均以桂林籍得中顺天乡试，因而至我一辈人犹沿用桂林籍贯，参加广西旅京同乡会，而实际则在北京生长，生活上多染北方习惯，说话悉从北京口音，殆无异乎北京本地人。此从吾父以来即如是矣。

　　然从另一方面言之，祖父童年始离桂林北来，嫡祖母刘则贵州毕节人，吾父生母陈则桂林人，亲戚故旧大抵桂林人，或其他南省人，社会生活环境自有所不同。及至我先母张来归则又原籍云南大理，盖外祖父张公士铨始从大理北来者。我生长如是家庭中，一切习俗风尚介联着中国的西南方与北京这一大都会，一面若有拘守，一面又通达无固陋。在清季，吾父警觉世界变化，真挚地倾向变法维新，却未接近尔时维新党人；我十几岁关心国事，倾向革命，夫岂偶然哉！

先祖母刘幼通书史，既寡居清苦，尝设蒙馆于家，招收儿童，为之课读。先母亦复通习文墨，清季女学初兴，北京有女学传习所之设，曾受聘任教其中。如所周知，中国旧社会绝大多数妇女不识字者，不可以例吾家。

我兄弟姊妹四人。长兄焕鼐字凯铭，清季留学日本明治大学商科毕业，竟以通习日语，当日寇侵占华北、华东期间，受敌伪任用为天津统税局长。虽在日寇失败之前，自动辞职且身故，犹言之可耻。大妹新铭，二妹谨铭均在清季女子师范学堂毕业。新铭适吴县邹应莪，不幸早寡，去世亦已多年。谨铭常斋礼佛者十年，卒于家。四人存于今者独我一人耳。

（乙）

老来回忆此一生多有非自己早年意料之事。例如少年时向往事功，视学问若不足尚，尤厌弃哲学玄谈，而今结果恰得其反。儿时既未曾诵习儒书旧籍，比及少壮且视中国文化如无物，信有如《思亲记》中自己所说"语及人生大道必归宗天竺，策数世间治理则矜尚远西"者，乃不料中年而后卒有《中国文化要义》之作，深入浅出，精辟而周详，为学术界此一研究奠基开端。再如我年未及冠，志切出世，决定一身清净矣，未料年近三十，竟尔娶妇生子。臣丧偶之后，又续婚焉。乍看起来，一若忽彼忽此，率尔行动者，而不知沉思熟虑是吾生性，其审决于衷者固非外人想象所及也。而今追忆往事，只有叹息命运播弄人耳。吾先世累代宦游北方，我自幼随父母住家北京，曾无一日尝过农村生活味道，然竟投身农村运动，茹苦自甘，号召国人以为创建社会主义复兴民族之惟一途径，矻矻十年，徒以日寇入侵未竟其志。其初吾标名曰乡治，志在培植乡村自治体，实为目标远大之一政治运动，其志正在建造新中国。当时虽悟及必须有方针、有计划地发达社会生产以为其根本，顾尚未认识其入手乃在实施社会教育，其重点更在成人。最后写出"社会本位的教育系统草案"，遂为此一生从少壮而中年思索解决中国问题几经曲折转变臻于成熟的具体规划，总结主张，却远非当初感触问题一念兴起时所及料矣。我在人生实践中认真不苟，其步步发展变化固当如是耶。

梁漱溟
一九七六年四月

目 录

一八九三年（癸巳 清光绪十九年）……………… 1

一八九八年（戊戌 光绪二十四年）……………… 4

一八九九年（己亥 光绪二十五年）……………… 6

一九〇〇年（庚子 光绪二十六年）……………… 7

一九〇一年（辛丑 光绪二十七年）……………… 8

一九〇二年（壬寅 光绪二十八年）……………… 9

一九〇四年（甲辰 光绪三十年）………………… 13

一九〇五年（乙巳 光绪三十一年）……………… 14

一九〇六年（丙午 光绪三十二年）……………… 15

一九〇七年（丁未 光绪三十三年）……………… 17

一九〇八年（戊申 光绪三十四年）……………… 19

一九〇九年（己酉 宣统元年）…………………… 21

一九一〇年（庚戌 宣统二年）…………………… 22

一九一一年（辛亥 宣统三年）…………………… 24

一九一二年（壬子 民国元年）…………………… 25

一九一三年（癸丑 民国二年）…………………… 28

一九一四年（甲寅 民国三年）…………………… 30

一九一五年（乙卯 民国四年）…………………… 31

一九一六年（丙辰　民国五年）……………… 32

一九一七年（丁巳　民国六年）……………… 34

一九一八年（戊午　民国七年）……………… 37

一九一九年（己未　民国八年）……………… 39

一九二〇年（庚申　民国九年）……………… 42

一九二一年（辛酉　民国十年）……………… 49

一九二二年（壬戌　民国十一年）…………… 54

一九二三年（癸亥　民国十二年）…………… 57

一九二四年（甲子　民国十三年）…………… 60

一九二五年（乙丑　民国十四年）…………… 66

一九二六年（丙寅　民国十五年）…………… 68

一九二七年（丁卯　民国十六年）…………… 70

一九二八年（戊辰　民国十七年）…………… 77

一九二九年（己巳　民国十八年）…………… 81

一九三〇年（庚午　民国十九年）…………… 86

一九三一年（辛未　民国二十年）…………… 97

一九三二年（壬申　民国二十一年）………… 104

一九三三年（癸酉　民国二十二年）………… 105

一九三四年（甲戌　民国二十三年）………… 108

一九三五年（乙亥　民国二十四年）………… 113

一九三六年（丙子　民国二十五年）………… 118

一九三七年（丁丑　民国二十六年）………… 128

一九三八年（戊寅　民国二十七年）………… 136

一九三九年（己卯　民国二十八年）………… 146

一九四〇年（庚辰　民国二十九年）………… 158

一九四一年（辛巳　民国三十年）…………… 161

一九四二年（壬午　民国三十一年）………… 172

一九四三年（癸未　民国三十二年）……………… 177

一九四四年（甲申　民国三十三年）……………… 182

一九四五年（乙酉　民国三十四年）……………… 187

一九四六年（丙戌　民国三十五年）……………… 193

一九四七年（丁亥　民国三十六年）……………… 209

一九四八年（戊子　民国三十七年）……………… 218

一九四九年（己丑　中华人民共和国诞生）…… 224

一九五〇年（庚寅）……………………………… 244

一九五一年（辛卯）……………………………… 250

一九五二年（壬辰）……………………………… 255

一九五三年（癸巳）……………………………… 261

一九五四年（甲午）……………………………… 268

一九五五年（乙未）……………………………… 269

一九五六年（丙申）……………………………… 271

一九五七年（丁酉）……………………………… 274

一九五八年（戊戌）……………………………… 276

一九五九年（己亥）……………………………… 277

一九六〇年（庚子）……………………………… 278

一九六一年（辛丑）……………………………… 279

一九六二年（壬寅）……………………………… 282

一九六三年（癸卯）……………………………… 285

一九六四年（甲辰）……………………………… 288

一九六五年（乙巳）……………………………… 290

一九六六年（丙午）……………………………… 292

一九六七年（丁未）……………………………… 298

一九六八年（戊申）……………………………… 300

一九六九年（己酉）……………………………… 304

一九七〇年（庚戌） ……………………… 306
一九七一年（辛亥） ……………………… 312
一九七二年（壬子） ……………………… 314
一九七三年（癸丑） ……………………… 315
一九七四年（甲寅） ……………………… 318
一九七五年（乙卯） ……………………… 325
一九七六年（丙辰） ……………………… 335
一九七七年（丁巳） ……………………… 340
一九七八年（戊午） ……………………… 344
一九七九年（己未） ……………………… 347
一九八〇年（庚申） ……………………… 349
一九八一年（辛酉） ……………………… 356
一九八二年（壬戌） ……………………… 359
一九八三年（癸亥） ……………………… 362
一九八四年（甲子） ……………………… 363
一九八五年（乙丑） ……………………… 364
一九八六年（丙寅） ……………………… 367
一九八七年（丁卯） ……………………… 373
一九八八年（戊辰） ……………………… 378

后　　记 ………………………………… 387
增订本后记 ……………………………… 391
第二次增订后记 ………………………… 392

一八九三年（癸巳　清光绪十九年）

十月十八日（农历九月初九日——重阳节），先生出生于北京紫禁城附近的安福胡同的一个小屋。汉族。父为取名焕鼎，字寿铭。早年曾用笔名寿民、瘦民，二十岁后又取字漱溟。祖先是元朝宗室后裔。[①] 原籍广西桂林。曾祖遵化公以会试来京师，遂未归桂林。祖父永宁公。父名济，字巨川，亦字孟匡，四十入仕，官内阁中书，后晋升为侍读，加四品衔。拥护维新，关心国是。

曾祖、祖父、父亲都是举人或进士而做官的。外祖父也是进士而做官的，是白族，云南大理人。祖母和母亲都读过不少书，能为

---

① 由先生为父亲主编的《桂林梁先生遗书》卷一（年谱）中写道："我梁氏之先可考者，当元世居河南之汝阳。旧族谱载：一世也先帖木儿公，云公为梁氏始祖，与二子并为元之右翊万户，孙曾袭封，终元世弗替。考元史，也先帖木儿（清乾隆间刊元史译作额森特穆尔）为世祖第五子和克齐之子。……则吾宗先为元之贵近重臣盖可知。至入明时，元裔之未从顺帝北归者，往往改其旧氏，汝阳地属大梁，故以梁为氏。……逮十八世讳兆鹏，公之高祖也，清乾隆年间为广东永安县令。曾祖讳垕，永安君之第三子始迁桂林。祖讳宝书，道光甲午举人，庚子进士，历任直隶定兴、正定、清苑等知县，官定兴最久，实惠在民。志书称，有清二百余年，得循吏二人，其先有谢某，迨后则公（宝书）是也。开授遵化直隶知州。……诰授朝议大夫。父讳承光，遵化公之冢子，道光己酉举人，内阁中书委署侍读，截取同知，借补山西永宁州知州，在任候补知府，诰授朝议大夫。永宁公少负才气，年十八举顺天乡试，二十四官京洛，为人磊落豪放，交游甚广，喜谈兵，好骑马。……既外宦山西，以瘁力防寇，卒于官，年三十六，有遗集《淡集斋诗钞》行世。……吾家自遵化公以会试来京师，两代宦游北方，子孙侨寓北辇，遂未归桂林，迄今三世矣。"

诗文,是所谓"书香门第"、"仕宦之家"。但曾祖做外官卸任时,无钱而负债。祖父为父还债,债未清而身故,去世时年三十六岁。当时父亲只有七八岁,靠着祖母开蒙馆教几个小学生度日。父亲稍长到十九岁,便在"义学"中教书,生活依然寒苦。二十七岁中举。后来,借钱捐了个没有俸银俸米的官——内阁中书,在"皇史宬"抄国家历史档案,因而后又被提升为内阁侍读。全家生活靠父亲为人写禀帖、对联和证明函件的收入来维持。家庭景况从没有舒展过。①

先生说:"吾父是一秉性笃实底人,而不是一天资高明底人。""他与我母亲一样天生地忠厚。""他最不可及处,是意趣超俗,不肯随俗流转,而有一腔热肠,一身侠骨。……所以遇事认真……行为只是端正,而并不拘谨。前人所云'不耻恶衣恶食,而耻匹夫匹妇不被其泽'的话,正好点出我父一副心肝。我最初底思想和做人,所受父亲影响,也就是这么一路(尚侠,认真,不超脱)。""我母亲温厚明通,赞助我父亲和彭公(翼仲)的维新运动,并提倡女学,参加北京初创第一间女学校——女学传习所,担任教员等类事情……"

先生排行第二,有一长兄,两个妹妹。长兄名焕鼐,字凯铭;大妹名焕诘,字新铭;二妹名焕绅,字谨铭。长兄留学日本明治大学,两妹亦于清朝末年毕业于京师女子师范学校。兄妹四人教育费用,常常是变卖母亲妆奁支付。

先生回忆说:"自幼瘠弱多病,气力微弱,未到天寒,手足已然不温。五六岁时,每患头晕目眩,一时天旋地转,坐立不稳,必须安卧始得。七八岁后,虽亦跳掷玩耍,总不活泼勇健。""在中学时,常常看着同学打球、踢球,而不能参加。人家打罢,踢罢,我

---

① 《多元而动荡——梁漱溟的家》,《婚姻与家庭》1987年第10期。

一个人方敢来试一试。因为爱用思想，神情颜色皆不像一个少年。同学给我一个外号'小老哥'。""却不料后来年纪长大，倒很少生病。""小时候，我不但瘠弱，并且很呆笨底。约莫六岁了，自己还不会穿裤子。因裤上有带，要从背后系到前面来，打一结扣，我不会。一次早起，母亲隔屋喊我，为何还不起床？我大声气愤地说：妹妹不给我穿裤子呀！招引得家里人都笑了。原来天天要妹妹替我打这结扣才行。"①

---

① 梁漱溟：《我的自学小史》，《梁漱溟全集》第二卷，山东人民出版社1990年版，第666页。

一八九八年（戊戌　光绪二十四年）

六岁（此是按中国传统记龄方式，即以虚岁计算年龄，下同。——编者）。

开始读书。是由一位孟老师在家里教底。那时的儿童，入手多是《三字经》、《百家姓》，接着就是四书五经了。先生在读了《三字经》之后，即读《地球韵言》，而没有读四书五经。《地球韵言》一书，内容多是一些欧罗巴洲、亚细亚、太平洋、大西洋之类。不读四书五经，而读《地球韵言》，是出自父亲的意思。他不主张儿童读四书五经，这在当时自是一破例底事。先生说：

"考其所以然，大约由于父亲平素关心国家大局，而中国当那些年间恰是外侮日逼。例如：

清咸丰十年（一八六〇年）英法联军陷天津，清帝避走热河。

清光绪十年（一八八四年）中法之战，安南被法国占去。

又光绪十二年（一八八六年）缅甸被英国侵占。

又光绪二十年（一八九四年）中日之战，朝鲜被日本占去。

又光绪二十一年（一八九五年）台湾割让日本。

又光绪二十三年（一八九七年）德国占胶州湾（青岛）。

又光绪二十四年（一八九八年）俄国强索旅顺、大连。

在这一串事实之下，父亲心里激动很大，他很早倾向维新。在日记中有这样一段话:"却有一种为清流所鄙、正人所斥,洋务西学,新出各书,断不可以不看。盖天下无久而不变之局,我只力求实事,不能避人讥讪也。"①

"到光绪二十四年,就是我读书这一年,正好赶上光绪帝变法维新。停科举,废八股,皆是他所极端赞成,不必读四书,似基于此。……而《地球韵言》亦是便于儿童上口成诵,四字一句底韵文,其中略说世界大势,就认为很合用了。"②

---

① 光绪十年四月初六日记——《论读书次第缓急》。见梁漱溟:《我的自学小史》,《梁漱溟全集》第二卷,山东人民出版社1990年版,第668页。
② 梁漱溟:《我的自学小史》,《梁漱溟全集》第二卷,山东人民出版社1990年版,第668页。

一八九九年（己亥　光绪二十五年）

七岁。

北京出现了第一个"洋学堂"，名曰中西小学堂。父亲便命入学。这是新派人物福建人陈镕所办，念中文，又念英文。①

---

① 梁漱溟：《我的自学小史》，《梁漱溟全集》第二卷，山东人民出版社1990年版，第668页。

一九〇〇年(庚子 光绪二十六年)

八岁。

义和团举事,专杀信洋教(基督教)和念洋书的人。英文念不成了,并将当时的课本《英文初阶》、《英文进阶》一齐烧毁。八国联军进攻北京,中西小学堂停办,遂辍学。①

---

① 参见梁漱溟:《我的自学小史》,《梁漱溟全集》第二卷,山东人民出版社1990年版,第668页。

一九〇一年（辛丑　光绪二十七年）

九岁。

庚子变后，新势力又抬头，学堂复兴，入南横街公立小学堂读书。先生说："父亲对我完全是宽放底。""小时候，我是既呆笨又执拗底，他很少正颜厉色地教训，而毋宁说是受一些暗示。我在父亲面前，完全不感到一种精神上底压迫。""还记得九岁时，有一次，我自己积蓄底一小串钱（铜钱）忽然不见，各处寻问，并向人吵闹，终不可得。隔一天，父亲于庭前桃树枝上发见之，心知是我自家遗忘，并不责斥，亦不喊我来看，他却在纸条上写了一段文字，大略说：'一小儿在桃树下玩耍，偶将一小串钱挂于树枝而忘之。到处向人寻问，吵闹不休。次日，其父打扫庭院，见钱悬树上，乃指示之，小儿始自知其糊涂。'云云。写后交与我看，亦不作声。我看了，马上省悟，跑去一探即得，不禁自怀惭意。——即此事亦见先父所给我教育之一斑。"[1]

---

[1] 梁漱溟：《我的自学小史》，《梁漱溟全集》第二卷，山东人民出版社1990年版，第665页。

一九〇二年（壬寅　光绪二十八年）

十岁。

与两位妹妹一起入蒙养学堂读书。

是年春，先生的父亲赞助其好友彭翼仲先生创办报纸，为"灌输新知，启迪童蒙，用白话"。同时，创办蒙养学堂，以上海商务印书馆编印的教科书教学生，并有英文，男女同学，所以先生与两妹奉父命就学该校。读到十一岁，因病辍学。

先生父亲的挚友彭翼仲先生是苏州人，长大在北京，祖上状元宰相，为苏州世家巨族，为人豪侠勇敢；是先生的谱叔，与先生父亲结为兄弟之交，并且是先生大哥的岳丈；又是先生的老师。

彭先生是位"爱国志士，维新先锋"。先生讲到彭先生办报，父亲资助时说："他们一心要开发民智，改良社会。这是由积年对社会腐败之不满，又加上庚子（一九〇〇年）亲见全国上下愚蠢迷信不知世界大势，几乎招取亡国大祸，所激动底。""彭公在一九〇二年，在全国首都北京——创办了第一家报纸，计共三种：《启蒙画报》、《京话日报》、《中华报》。""我所受益底是《启蒙画报》；影响于北方社会最大底，是《京话日报》；使他自身得祸底，则是《中华报》。《启蒙画报》最先出版。它是给十岁上下儿童阅看底。内容主要是科学常识，其次是历史掌故，名人轶事，再则如'伊索寓言'一类的东西……我从那里面不但得了许多常识，并且启发我胸中很多道理，一直影响我到后来。

"《启蒙画报》出版不久，就从日刊改成旬刊（每册约三十多页）；而别出一小型日报，就是《京话日报》。内容主要是新闻和论说。新闻以当地（北京）社会新闻占三分之二；还有三分之一是'紧要新闻'。包涵国际国内重大事情。论说多半指摘社会病痛，或鼓吹一种运动，所以甚有力量，能生很大影响；绝无敷衍篇幅之作。它以社会一般人为对象……因为是白话，所以我们儿童亦能看，不过不如对《启蒙画报》之爱看。"

"当时风气未开，社会一般人都没有看报习惯，虽取价低廉，而一般人家总不乐增此一种开支。两报都因此销数不多。……自那年（一九〇二）春天到年尾，从开办设备到经常费用，彭公家产已赔垫干净，并且负了许多债。年关到来，债主催逼；家中妇女怨讁，彭公忧煎之极，几乎上吊自缢。本来创办之初父亲实赞助其事，我家财物早已随着赔送在内；此时还只有我父亲援救他。""前后千余金，大半出于典质。"先生于二十年后曾检得当时折卷，老父亲有批语云："以财助报馆譬犹拯灾救难，虽立此卷，亏失不还亦所心甘。"先生称赞老父亲："生平勇于为善赴义大都类此。"①"……这事业屡次要倒闭，终经他们坚持下去，最后居然得到亨通。第三年，报纸便发达起来了。主要还是由于鼓吹几次运动，报纸乃随运动之扩大而发达。……最大一次运动，是国民捐运动。这是由报纸著论引起读者来函讨论，酝酿颇久而后发动底。大意是为庚子赔款四万万两分年偿付，为期愈延久，本息累积愈大，迟早总是要国民负担，不如全体国民一次拿出来。以全国四万万人口计算，刚

---

① 梁漱溟：《桂林梁先生遗书》，《梁漱溟全集》第一卷，山东人民出版社1989年版，第577页。

好每人一两银子，就可成功。此时报纸销路已广，其言论主张已屡得社会拥护。其影响之大真是空前。自车夫小贩、工商百业，以至文武大臣、皇室亲王，无不响应，后因彭公获罪，此事就消沉下去。然至辛亥革命时，大清银行（今中国银行之前身）尚存有国民捐九十几万银两。""报纸的发达确是可惊。……其所以这样发达……因这报纸的主义不外一是维新，一是爱国；浅近明白正切合那时需要。""《中华报》最后出版。这是将《启蒙画报》停了后才出底。……内容以论政为主，文体是文言文。……似乎当年彭公原无革命意识，而此报由其妹婿杭辛斋先生（慎修，海宁人）主笔，他却是革命党人。……到光绪三十二年（一九〇六），《中华报》出版有一年半以上，《京话日报》则届第五年，清政府逮捕彭、杭二公，并封闭报馆。这已是彭公第二次被捕……这次罪名是'妄论朝政'、'附和匪党'。……彭公被发配新疆，监禁十年。其内幕真情，是为袁世凯在其北洋营务处（今之军法处）秘密诛杀党人，《中华报》揭出之故。""后来革命成功，民国成立，举行大赦，彭公才得从新疆回来。《京话日报》于是恢复出版。不料袁世凯帝制，彭公不肯附和，又被封闭。袁倒以后，再出版。至民国十年（一九二一），彭公病故，我重视它的历史，还接办一个时期。""就从这一环境，给我种下了自学的根本：一片向上心。一面从父亲和彭公的人格感召，使我幼稚的心灵隐然萌露对社会、对国家的责任感，而鄙视那般世俗谋衣食求利禄底'自了汉'生活。更一面是从那维新前进底空气中，自具一种迈越世俗的见识主张，使我意识到世俗之人虽不必是坏人，但缺乏眼光见识，那就是不行的，因此一个人必须力争上游。顷所谓一片向上心，大抵在当时便是如此。""这种心理，可能有其偏弊；至少不免流露一种高傲神情。若从好一方面来说，这里面固含蓄得一点正大之气和一点刚强之气——我不敢说得多，但至少各有一点点。我自省我终身受用者，似乎在此。""……十岁时爱看《启蒙画报》、《京话日报》，几乎成瘾，已算是自学，但真底自学，必从这里（向上心）说起。""我大约从十岁开始即好用思想。""十岁前后，在小学里的课业成绩，比一些同学都较差，虽不是极劣，总是中等以下。"[①]

[①] 梁漱溟：《我的自学小史》，《梁漱溟全集》第二卷，山东人民出版社1990年版，第672页。

一九〇四年（甲辰　光绪三十年）

十二岁。

十二岁到十三岁上半年，在家里读书；是联合几家亲戚的儿童，请一位刘（讷）先生教小学课文。①

---

① 梁漱溟：《我的自学小史》，《梁漱溟全集》第二卷，山东人民出版社1990年版，第668页。

一九〇五年（乙巳　光绪三十一年）

十三岁。

十三岁下半年到十四岁上半年，到江苏小学堂读书。这是旅居北京同乡会所办。

自十三四岁开始，由于向上心切，常有自课于自己底责任；不论何事，很少须要人督迫。并且，有时某些事觉得不合自己意见，虽旁人要自己做，亦不做。①

---

① 参见梁漱溟：《我的自学小史》，《梁漱溟全集》第二卷，山东人民出版社1990年版，第674页。

一九〇六年（丙午　光绪三十二年）

十四岁。

夏天考入顺天中学堂读书（在地安门外兵将局）。入中学学习，智力乃见发达；课业成绩有在前三名者①。先生说："我记得从前读书时，我和几个同学②自己做的功课，常常要比先生在教室里讲的快很多。像英文还只讲到五十页，而我们自己就已经读到八十页了。又像代数，先生还不曾讲到二次方程式，而我们自己的算草，就已经演到二次方程式了。至于其他功课，自然更要容易做了。"③
"我是不注意国文方面的。国文讲义照例不看，国文先生所讲，我照例不听，很少看中国旧书，但我国文作文成绩还不错，偶然亦被取为第一名。我总喜欢做翻案文章，不肯落俗套。有时能出奇制

---

① 参见梁漱溟：《我的自学小史》，《梁漱溟全集》第二卷，山东人民出版社1990年版，第676页。
② 当时同班同学中，先生与三个同学很要好。一廖福申（慰慈，福建人），二王毓芬（梅庄，北京人），三姚万里（伯鹏，广东人）。四个人都是年纪最小的——廖与王稍长一两岁。在廖福申领导之下，四个人结合起来自学。结合之初，颇具热情。彼此相称不用"大哥"、"二哥"那些俗称；而以每个人的短处标出一字来，作为相呼之名，以资警惕。廖这一提议得到大家赞成，就请其为每个人命名；先生被命为"傲"。张申府（崧年），汤用彤（锡予）等都是同学，年级稍后于先生。
③ 梁漱溟：《今后一中改造之方向》，《梁漱溟全集》第四卷，山东人民出版社1991年版，第865页。

胜，有时亦多半失败。一位七十岁的王老师十分恼恨我。他在我作文卷后批着：'好恶拂人之性，灾必逮夫身。'而后来一位范先生偏赏识我，他给我的批语却是'语不惊人死不休'。"①

　　先生很早就有自己的人生思想。约十四岁光景，胸中已有了一价值标准，时时评判一切人和一切事。凡事看它于人有没有好处和其好处的大小。假使于群于己都没有好处，就是一件要不得的事了。掉转来，若于群于己都有顶大好处，便是天下第一等事。以此衡量一切并解释一切，似乎无往不利。若思之偶有扞格窒碍，必辗转求所以自圆其说者。先生说："我这思想，显然是受先父的启发。先父虽读儒书，服膺孔孟，实际上其思想和为人乃有极像墨家之处。他相信中国积弱全为念书人专务虚文，与事实隔得太远之所误。……而标出'务实'二字为讨论任何问题之一贯的主张。""他一言一动之间到处流露贯彻。其大大影响到我，是不待言的。""我则自少年时喜欢用深思。所以就由这里追究上去，究竟何谓'有好处'？那便是追究'利'和'害'到底何所指？必欲分析它，确定它。于是就引到苦乐问题上来。……对于苦乐的研究是使我深入中国儒家、印度佛家的钥匙，颇为重要。"②

---

① 梁漱溟：《我的自学小史》，《梁漱溟全集》第二卷，山东人民出版社 1990 年版，第 678 页。
② 梁漱溟：《我的自学小史》，《梁漱溟全集》第二卷，山东人民出版社 1990 年版，第 679—680 页。

一九〇七年（丁未　光绪三十三年）

十五岁。

无论在人生问题上或在中国问题上，先生在当时已能取得最好自学资料。拥有梁任公手编之《新民丛报》壬寅（一九〇二）、癸卯（一九〇三）、甲辰（一九〇四）三整年六巨册，和同时他编的《新小说》（杂志月刊）全年一巨册（以上约共五六百万言）。——这都是从日本传进来底。还有其他从日本传进来底，或上海出版底书报甚多。

《新民丛报》一开头有任公先生著的《新民说》；他自署即曰"中国之新民"。这是一面提示了新人生观，一面又指出中国社会应如何改造底；恰与人生问题、中国问题为双关，切合先生的需要，得益甚大。梁任公同时在报上又有许多介绍外国某家某家学说的著作，使读者得以领会近代西洋思想不少。还有关于古时周秦诸子以至近代明清大儒的许多论述，意趣新而笔调健，皆足以感人。此外有《德育鉴》一书，以立志、省察、克己、涵养等分门别类，辑录先儒格言（以宋明为多），而梁任公自加按语跋识。先生对于中国古人学问之最初接触，实资于此。先生讲："虽然现在看来，这书是无足取底；然而在当年却给我的助益很大，这助益是在生活上，不是在思想上。""《新民丛报》除任公自作文章外，还有其他人的许多文章，和国际国内时事记载……亦甚重要。这能助我系统地了解当时时局大势之过去背景。因其所记壬寅、癸卯、甲辰（一九〇二——一九〇四）之事，正在我读它时（一九〇七——一九〇九）之前也。由于注意时局，所以每日报纸如当地之《北京日报》、《顺天时报》、《帝国日报》等，外埠之《申报》、《新闻报》、《时报》等，都是我每天必不可少底读物。谈起时局来，我都清楚，不像一个普通中学生。""到十四岁以后，我胸中渐渐自有思想见解，或发于言论，或见之行事。先父认为好底，便明示或暗示鼓励。他不同意底，让我晓得他不同意而止，却不干涉。"[1]

---

[1] 梁漱溟：《我的自学小史》，《梁漱溟全集》第二卷，山东人民出版社1990年版，第682页。

一九〇八年（戊申　光绪三十四年）

十六岁。

这年在顺天中学堂又结识了两位至好朋友。一位是郭人麟（一作仁林），字晓峰，河北乐亭县人。年纪长先生两岁，而班级低于先生。郭所读之班是学法文，先生一班是学英文。因而过去几年虽为一校同学，却无往来。一直到第三年（一九〇八）方始交谈，但经一度交谈之后，竟使先生思想上发生极大变化。先生回忆说："我那时自负要救国救世，建立功业，论胸襟气概似极其不凡；实则在人生思想上是很浅陋底，对于人生许多较深问题，根本未曾理会到。对于古今哲人高明一些思想，不但未曾理会，并且拒绝理会之。盖受先父影响，抱一种狭隘底功利见解，重事功而轻学问。具有实用价值底学问，还知注意；若文学，若哲学，则直认为误人骗人底东西而排斥它。对于人格修养的学问，感受《德育鉴》之启发，固然留意；但意念中却认为'要作大事必须有人格修养才行'，竟以人格修养作方法手段看了。似此偏激无当浅薄无根底思想，早应被推翻。无如一般人多半连这点偏激浅薄思想亦没有。尽管他们不同意我，乃至驳斥我，其力量不足以动摇我之自信。恰遇郭君，天资绝高，思想超脱，虽年不过十八九，而学问几如老宿。他于老庄、《易经》、佛典皆有心得，而最喜欢谭嗣同的《仁学》。其思想高于我，其精神亦足以笼罩我。他的谈话，有时嗤笑我，使我惘然如失；有时顺应我要作大事业的心理而诱进我，使我心悦诚服。我崇拜之极，尊之为郭师，课暇就去请教，记录他的谈话订成一巨册，题曰：'郭师语录。'一般同学多半讥笑我们，号为'梁贤人，郭圣人'。"

"自与郭君接近后，我一向狭隘底功利见解为之打破，对于哲学始知尊重；在我的思想上，实为一大转进。""从十五六岁起，常到北京图书馆看佛书。"①

---

① 梁漱溟：《我的自学小史》，《梁漱溟全集》第二卷，山东人民出版社1990年版，第683—684页。

一九〇九年（己酉　宣统元年）

十七岁。

寄宿校中。对自己思想情况，有这样的记述："溟年十四五以讫十八九间，留心时事，向志事功，读新会梁氏所为《新民说》、《德育鉴》，辄为日记以自勉励，读广智书局印行《三名臣书牍》、《三星使书牍》，独慕胡文忠、郭筠仙，每称道其语。公（父亲）喜曰：'何其肖我少年时所为也。'为书以嘉之，锡字曰'肖吾'——是己酉春间事，溟时年十七岁。"①

对人生问题开始烦闷。② 从利害之分析追问，而转入何谓苦乐之研索，归结到人生唯是苦之认识，于是遽亦倾向印度出世思想，十七岁曾拒绝母亲议婚。先生说："然在当时，感受中国问题的刺激和我对中国问题的热心，又远过于人生问题。同时在人生上，既以事功为尚，亦加重这倾向。"③

---

① 梁漱溟：《思亲记》，《梁漱溟全集》第一卷，山东人民出版社1989年版，第593页。
② 参见梁漱溟：《中国文化要义》，"自序"，《梁漱溟全集》第三卷，山东人民出版社1990年版，第4页。
③ 梁漱溟：《我的自学小史》，《梁漱溟全集》第二卷，山东人民出版社1990年版，第692页。

一九一〇年（庚戌　宣统二年）

十八岁。

由于注意时局，所以每日报纸如当地之《北京日报》、《顺天时报》、《帝国日报》等，外埠之《申报》、《新闻报》、《时报》等，都是先生每天必不可少的读物。立宪派之《国风报》（旬刊或半月刊？在日本发行），革命派之上海《民主报》（日报），按期收阅。《国风报》上以谈国会制度、责任内阁制度、选举制度、预算制度等文章为多；梁任公一派人隐然居于指导地位，即以《国风报》为其机关报。先生当时对此运动亦颇热心，并且学习了近代国家法制上许多知识。革命派的出版物，不如立宪派的容易到手。然先生亦得到一些。有《立宪派与革命派之论战》一厚册，是将梁任公和胡汉民（展堂）、汪精卫等争论中国应行革命共和抑行君主立宪的许多文章，搜集起来合印的；先生反复读之甚熟。其他有些宣传品主于煽动排满感情的，他不喜欢读。因此"谈起时局来，我都很清楚，不像一个普通中学生"。

对先生当时的政治思想影响较大的，是另一位朋友——甄元熙，字亮甫，广东台山县人。这年（一九一〇年）甄君从广州、上海来到北京。年纪约长先生一两岁，与先生同班，是插班进来的。甄君"似先与革命派有关系"，同样是对时局积极底，"不久成了很好朋友。但彼此政见不大相同"。甄君当然是一革命派,先生只热心政治改造,而不同情排满。在政治改造上,先生又以英国式政治为理想,否认君主国体、民主国体在政治改造上有什么等差不同。此即后来辛亥革命中,康有为所唱"虚君共和论"。在政治改造运动上,先生认为可以用种种手段,而莫妙于俄国虚无党人的暗杀办法。先生说:"这些理论和主张,不待言是从立宪派得来的;然一点一滴皆经过我的往复思考,并非一种学舌。……后来清廷一天一天失去人心,许多立宪派人皆转而为革命派,我亦是这样。"[①]

[①] 梁漱溟:《我的自学小史》,《梁漱溟全集》第二卷,山东人民出版社1990年版,第685页。

一九一一年（辛亥　宣统三年）

十九岁。

冬天，毕业于顺天中学堂。

中学毕业期近，而武昌起义，到处人心奋动，学生们在学堂更待不住。其时北京的、天津的和保定的学生界秘密互有联络，而头绪不一。甄（元熙）君介绍先生参加京津同盟会。此为北方革命团体之最大者。"闹了些手枪炸弹的活动。"

是年春，大胞妹新铭、二妹谨铭同时毕业于京师女子师范学校简易科；兄焕鼐毕业于日本明治大学商科，十二月回国。

是年，开始茹素。①

---

① 参见梁漱溟：《我的自学小史》，《梁漱溟全集》第二卷，山东人民出版社1990年版，第691页。

一九一二年（壬子　民国元年）

二十岁。

二月十二日清朝皇帝退位，暗杀、暴动一类的事结束。参加革命的许多同学，到天津办报，为公开之革命作宣传。出入于国会、国务院。先生与甄亮甫先生为首的一班朋友，也到了天津办报，定名为《民国报》。当时办报经费很充足，敲了直隶督军张镇芳十万大洋。《民国报》每日出三大张，规模之大为北方之首。总编辑是孙浚明先生（炳文，四川叙府人，民国十六年国民党清党，死于上海）；先生任编辑，还担任过外勤记者。先生现在所用漱溟名字，即是当时一笔名，是孙浚明先生所代拟。报馆原来馆址在天津，后来迁到北京顺治门外大街西面。

先生说："在作新闻记者时期，持有长期旁听证，所有民元临时参议院、民二国会的两院，几乎无日不出入其间。此外，同盟会本部和改组后底国民党本部、国务院等处，亦是我踪迹最密底所在。还有共和建设讨论会（民主党之前身）的地方，我亦常去。当时议会内党派的离合，国务院的改组，袁世凯的许多操纵运用，皆映于吾目而了了于吾心。许多政治上人物，他不熟悉我，我却熟悉他。这些知识和经验，有助于我对中国问题之认识者不少。""渐晓得事实不尽如理想。对于'革命'、'政治'、'伟大人物'等等，皆有不过如此之感。有些下流行径、鄙俗心理，以及尖刻、狠毒、凶暴之事，以前在家庭、在学校所遇不到底，却时时看见了，颇引起我对于人生感到厌倦和憎恶。"① "我在北京街上闲走，看见一个拉人力车的，是一个白发老头，勉强往前拉，跑也跑不动。而坐车的人，却催他快走。他一忙就跌倒了；白胡子上摔出血来，而我的眼里也掉下泪来了！又一次我在北京东四牌楼马路上往南走，看见对面两个警察用绳缚着一个瘦弱无力面目黧黑的中年男子，两边夹着他走来。——看他那样子大约是一个无能的小偷。我瞪着两眼，几乎要发疯。这明明是社会逼成他这个样子，他不敢作别的大犯法的事，只偷偷摸摸救救肚饥，而你们如狼似虎地逮捕他，威吓他，治他的罪。这社会好残忍呀！我因为心里这样激昂，精神状态很不稳定，所以有那一年在南京自杀未成的事。"② "我在二十岁的时候，曾有两度的自杀；那都可以表现出我内心的矛盾冲突来。就是自己要强的心太高；看不起人家，亦很容易讨厌自己。其故是一面要强，一面自己的毛病又很多，所以悔恨的意思就重，使自己跟自己打架。……打到糊涂得真受不了的时候，就要自杀。"③

八月，中国同盟会改组为国民党。先生说："二十五日开成立大会（在北京虎坊桥湖广会馆之剧场举行），我亦参加。我亲见孙总理和黄克强先生都出席，为极长极长之讲演。""在这之前，先有孙中山和黄兴联名电告同盟会各支部，就改组国民党事征询意见。而后孙、黄二先生莅临北京。""孙中山、黄兴两位领袖到达北京

---

① 梁漱溟：《中国文化要义》，"自序"，《梁漱溟全集》第三卷，山东人民出版社1990年版，第5页。
② 梁漱溟：《漱溟卅后文录》，"槐坛讲演"之一段，《梁漱溟全集》第四卷，山东人民出版社1991年版，第731—732页。
③ 梁漱溟：《朝话》，"忏悔——自新"，《梁漱溟全集》第二卷，山东人民出版社1990年版，第41页。

时，许多在京的同盟会员前往欢迎，我也参加了。"①

母亲病逝北京。先生极为悲痛。②

---

① 梁漱溟：《我的自学小史》，《梁漱溟全集》第二卷，山东人民出版社 1990 年版，第 688 页。
② 先生口述。

一九一三年（癸丑　民国二年）

二十一岁。

春，中国国民党《民国报》改为国民党本部之机关报。总部派议员汤漪负责。汤某到任后，从总编辑而下，换了一批新人。先生与一些朋友便离去了。

同盟会改组，先生也就由同盟会会员成为国民党党员。之后，离开报馆工作，"便自动脱离国民党了"。

约在民国元年底二年初，先生偶然一天从家里旧书堆中，捡得《社会主义之神髓》一本书，是日本人幸德秋水（日本最早之社会主义者，死于狱中）所著，而张溥泉（继）先生翻译底，光绪三十一年出版。先生说："此书当时已嫌陈旧，内容亦无深刻理论。……不过其中有些反对财产私有的话，却印入我心，我即不断地来思索这个问题。……终至引我到反对财产私有的路上，而且激烈地反对，好像忍耐不得。""我发现这是引起人群中间生存竞争之根源。""人类日趋于下流与衰败，是何等可惊可惧底事！……拔本塞源，只有废除财产私有制度，以生产手段归公，生活问题由社会共同解决，而免去人与人之间之生存竞争。——这就是社会主义。""我当时对于社会主义所知甚少，却十分热心，其所以热心，便是认定财产私有为社会一切痛苦与罪恶之源，而不可忍地反对它。理由如上所说亦无深奥,却全是经自己思考而得。"是年冬,曾撰成《社会主义粹言》一小册子(内容分十节,不过一万二三千字),自己写于蜡纸,油印数十本赠人。先生说:"那时思想,仅属人生问题一面之一种理想,还没有扣合到中国问题上。换言之,那时只有见于人类生活须要社会主义;还没有见出社会主义在中国问题上,有其特殊需要。"①

先生讲:"我二十岁以后之归心佛法,实由此热潮激转而折入出世一路者。"②"我读佛家的书大致有两个时期:一是十四五岁,辛亥革命之前,一是民国以后不当记者,进北京大学之前,在家闲居时(二年多)。开始并不懂得什么大乘、小乘,什么密宗、禅宗等,但由于自己对人生苦乐的探求与佛学合拍,便从较通俗的《佛学丛报》着手,边学边钻,久而久之,渐渐入门。"十五六岁北京图书分馆(前青厂)看佛书,看大部头书,午饭在外吃一碗面。先生研读佛学的结果,一是拒绝议婚,一是从十九岁开始吃素,一度还想出家为僧。③

---

① 梁漱溟:《我的自学小史》,《梁漱溟全集》第二卷,山东人民出版社1990年版,第691页。
② 梁漱溟:《中国民族自救运动之最后觉悟》,《梁漱溟全集》第五卷,山东人民出版社1992年版,第109页。
③ 梁漱溟:《我的自学小史》,《梁漱溟全集》第二卷,山东人民出版社1990年版,第692—693页。

一九一四年(甲寅 民国三年)

二十二岁。

正月,从缨子胡同十六号迁居积水潭小铜井一号,新置书斋。潭在城西北隅,是头年夏间,先生陪侍父亲"游履至此",爱其清旷,以数百金购得敞屋两栋,置为书斋。先生迁居小铜井后,仍不时回住缨子胡同宅。①

---

① 梁漱溟:《桂林梁先生遗书》,《梁漱溟全集》第一卷,山东人民出版社1989年版,第110页。

一九一五年（乙卯　民国四年）

二十三岁。

先生说："从民国元年至民国五年，为完全静下来自修思考的第一时期。"这一年，在《甲寅》杂志上发表《寄张宽溪舅氏书》。

九月，编成《晚周汉魏文钞》，交商务印书馆，因商谈发行具体条件未洽而作罢。① 先生在该书自序中曾说："夫一民族之与立，文化也；文化之中心，学术也；学术所藉以存且进者厥为文字。存者叙述故典，综事之类也；进者扬搉新知，布意之类也。今举国以治古文，图耀观览而废综事布意之本务，则是斲毁学术阻逆文化而使吾族不得竟存于世界也！"②

从这一段话看来，虽从文字说起，当时先生已注意到中国文化与学术问题了。

《文钞》曾请黄远生先生写序言。

---

① 此书编成后曾交商务印书馆，该馆只付五十元，不足以弥补家用，后予将书稿收回。
② 梁漱溟：《晚周汉魏文钞自序》，《梁漱溟全集》第四卷，山东人民出版社1991年版，第498页。

一九一六年（丙辰　民国五年）

二十四岁。

二月袁世凯撤销帝制，五月袁死。国务院总理段祺瑞奉副总统黎元洪继任大总统，恢复国会，于是南北统一。组成政府，张耀曾负责。

八月，先生由司法总长张耀曾公推荐，担任司法部秘书（先生以漱溟字呈荐，自此以后即用这一名字）。张公是先生老父亲从小照顾长大的表甥，又是老先生的内弟，名镕西。癸卯（一九〇三）东渡，留学十年，辛亥年回国，以议员参与国事。乙卯（一九一五）参加西南义师讨袁，袁死后，组织南北统一内阁，张耀曾作为西南势力代表，出任司法总长；先生任机要秘书，同时任秘书的有沈钧儒等。

是年，先生发表《究元决疑论》，后又收入"东方文库"，单行本印行。

先生讲他写这篇文章的缘由及其主要内容与影响说："得黄远庸先生自上海来信，同时读到其忏悔录，随后听到他在美被刺消息。兴感于黄先生之惨死，而作此论。文章的中心内容是批评古今中外的各家学说，唯独推崇佛学。论中发挥印度出世思想，指（出）人生唯一的路在皈依佛法。此论原稿寄章行严（士钊）先生，为蒋竹庄（维乔）先生所得，交《东方杂志》于同年五、六、七期连载刊出。"

先生讲："《究元决疑论》是我二十四岁时作的一篇文章。我自二十岁后，思想折入佛家一路，专心佛典者四五年。同时复常从友人张申府假得几种西文哲学书读之。至此篇发表，可以算是四五年来思想上的一小结果。当时自己固甚满意。至今好些朋友关系还是从这篇文字发生出来的。即我到北京大学担任讲席，也是因范静生先生的介绍而以此文为贽去访蔡元培先生，蔡先生看了此文就商同陈仲甫（独秀）先生以印度哲学一课相属。——当时因在司法部任秘书未能承应，而转推许季上先生代课；至翌年许先生病辞，乃继其任。"[1]

先生说："我之得以亲近林先生（宰平），却还由他先有交纳之意。他正亦是为看了《究元决疑论》，乃嘱托余越园（绍宗）致意于我，而后约会见面的。林先生长于我十四岁，其人品之可钦敬，其学识之可佩服，为我一生所仅见。"[2]

---

[1] 梁漱溟：《漱溟卅前文录》，《人物》1986年第1期。
[2] 梁漱溟：《略记当年师友会合之缘》，《梁漱溟全集》第七卷，山东人民出版社1993年版，第410页。

一九一七年（丁巳　民国六年）

二十五岁。

五月中旬，安徽督军张勋拥清逊帝复辟。……张耀曾先生随政府改组而下野。先生亦去职南游，经苏州、杭州而湖南，居同族群元兄家三月。时值在衡山的北洋军阀旧部王汝贤等率部溃走长沙，大掠而北，沿途军纪极坏。

十月，先生由湖南回北京，溃兵此时亦正北撤，一路所见，触目惊心。

先生回京后有感于南北军阀战祸之烈，写出《吾曹不出如苍生何》一文，呼吁社会各界有心人出来组织国民息兵会，共同阻止内战，培植民主势力，并自费印了数千册，分送与人。先生到北大任教后，还拿了若干册放在教员休息室，供人翻阅或自取。当时亦在北大任教的旧派学者辜鸿铭教授翻阅后，自言自语地说："有心人哉！"[①] 先生说："我在北大任课未久，胡适之先生亦是初从美国回来到北大。这篇文章很得胡适之先生的同情与注意"。事隔数年，他还提起来说，当日见了那篇文章，即在日记上记了一句话："梁

---

① 梁漱溟：《漱溟卅前文录》，《人物》1986 年第 1 期。

先生这个人将来定会要革命的。"①

十月间,先生返回北京,恰逢许先生(季上——先生头年向蔡先生推荐)大病,从暑假开学后一直缺课。蔡先生促先生到校接替,于是先生正式到北大任课。先生讲:"就这样从一九一七年至一九二四年,我在北大前后共七年,这七年之间,我从蔡先生和诸同事、同学所获益处,直接间接,有形无形,说之不尽。论年龄,蔡先生长我近三十岁,我至多只能算个学生,其他同事也大都比我年长。所以我说北京大学培养了我,绝非是谦词。更应该指出的是,论我个人资历,一没有上过大学,二没有留过洋,论专长不过是对某些学科经过自学、钻研才一知半解,至多也只能说是一技之长吧。蔡先生引我到北大,并且一住就是七年,这表明蔡先生兼容并包之量,也说明蔡先生在用人上称得上是不拘一格的。只要符合他的办学宗旨,哪怕只有一技之长,他也容纳、引进,并给以施展之地。蔡先生以前清翰林而为民国元老,新旧资望备于一身,当时的新旧派学者无不对他深表敬重。"②

先生讲:"民国六年,蔡孑民先生约我到大学去讲印度哲学。我的意思不到大学则已,如果要到大学作学术方面的事情,就不能随便作个教师便了;一定要对于释迦、孔子两家的学术,至少负一个讲明的责任。所以我第一日到大学,就问蔡先生他们对于孔子持什么态度。蔡先生沉吟的答道:我们也不反对孔子。我说:我不仅是不反对而已,我此来除替释迦、孔子发挥外,更不作旁的事!后来晤陈仲甫先生,我也是如此说。"③

---

① 梁漱溟:《中国民族自救运动之最后觉悟》,《梁漱溟全集》第五卷,山东人民出版社1992年版,第112页。
② 梁漱溟:《中国民族自救运动之最后觉悟》,《梁漱溟全集》第五卷,山东人民出版社1992年版,第94页。
③ 梁漱溟:《东西文化及其哲学》,《梁漱溟全集》第一卷,山东人民出版社1989年版,第336页。

先生讲：“我曾有一个时期致力过佛学，然年后转到儒家。于初转入儒家，给我启发最大使我得门而入的，是明儒王心斋先生，他最称颂自然，我便是由此而对儒家的意思有所理会。开始理会甚粗浅，但无粗浅则不能入门。后来再与西洋思想印证，觉得最能发挥尽致使我深感兴趣的，是生命派哲学，其主要代表者为柏格森。记得当时购读柏氏著作，读时甚慢；尝有愿心，愿有从容时间尽读柏氏书，是人生一大乐事。柏氏说理最痛快、透彻、聪明。美国詹母士、杜威与柏氏，虽非同一学派，但皆曾得力于生命观念，受生物学影响，而后成其所学。凡真学问家，必皆有其根本观念，有其到处运用之方法，或到处运用的眼光；否则便不足以称为学问家，特记诵之学耳。再则，对于我用思想作学问之有帮助者，厥为读医书（我读医书与读佛书同样无师承）。医书所启发于我者仍为生命。我对医学所明白的，就是明白了生命。中国儒家、西洋生命派哲学和医学三者，是我思想所从来之根柢。”[1]

是年，发表《无性谈》于《东方杂志》。先生自注说："此篇但拈无性之一义，非论定物如之有无。物如之言 Things in itself 苞体与象，顷但遮象，不欲拨体。盖问题所牵，将及于观念论与实质论，将及于可知与不可知，将及于科学哲学宗教之区界。冗中沟思为难，不敢涉及。他日当为不可思议论，暨宗教与科学两篇详之。惜所见西籍太少，不能博征诸家，大张吾义，颇思努力读书，再动笔耳。"[2]

是年，为《司法例规》代写了《司法例规序》一文，还写了《中华学友会宣言》一文。

---

[1] 梁漱溟：《朝话》，"中西学术之不同"，《梁漱溟全集》第二卷，山东人民出版社 1990 年版，第 125—126 页。

[2] 梁漱溟：《漱溟卅前文录》，《人物》1986 年第 1 期。

一九一八年（戊午　民国七年）

二十六岁。

在北大哲学系，继续讲授印度哲学。

先生到北大，正是"五四"运动前夕，国人接受西洋近代思潮（代表资产阶级的）似较以前为深入，而现代思潮（代表无产阶级的）则适于此时发端，整个学术界风气是极其菲薄东方固有学术的。[1]

先生讲研究东西文化之经过说："那时我很苦于没有人将东西文化并提着说，也没有人着眼到此地。以为如果有人说，就可以引起人研究。在我研究的时候，很有朋友劝我，说这个问题范围太广，无从着手。""但我对于此问题特别有要求，不肯放松。"

十月四日，先生在《北京大学日刊》发表一个启事，说："顾吾校自蔡先生并主讲诸先生皆深味乎欧化，而无味乎东方文化，由是倡为东方学者，尚未有闻。漱溟切志出世，不欲为学问之研究，留一二年为研究东方学者发其端。"

东方学是指中国的孔学和印度的佛学，主要是孔学。先生当时认为孔子出生于中国，佛虽出自印度，然其学亦在中国。北大是中

---

[1] 参见梁漱溟：《略记当年师友会合之缘》，《梁漱溟全集》第七卷，山东人民出版社1993年版，第412页。

国仅有的最高国立大学,"世之求东方学不于中国而谁求?不于吾校求而谁求?"这一广告是征求研究东方学术的学者。之后,先生在北大的哲学研究所开了一个孔子哲学研究会,先生将自己的意见"略微讲了一个梗概"。不久,因梁老先生辞世,丁父艰而中途搁置。

农历十月十日,是父巨川先生六十岁生日。前三日(初七日)清晨,竟自沉于北京之净业湖(积水潭)。先生说:"先父以痛心固有文化之澌灭,而不惜以身殉之。捐生前夕,所遗敬告世人书,其要语云:国性不存,我生何用!国性存否,虽非我一人之责,然我既见到国性不存,国将不国,必自我一人先殉之,而后唤起国人共知国性为立国之必要——国性盖指固有风教。"[①]

这年,《新青年》杂志六卷一号上,发表了陈仲甫(独秀)和陶孟和评论梁老先生(巨川)自杀之事的文章各一篇,先生阅后即撰写《答陈仲甫先生书》,亦发表在《新青年》上,就自杀是不是个人行为,是不是道德,有没有罪等问题展开讨论。先生在文中还较为详细地记述了老父亲前后二十年的变化以及为什么会自杀等情况。[②]

是年,在北京印行《印度哲学概论》第一、二两篇。

[①] 梁漱溟:《中国文化要义》,《梁漱溟全集》第三卷,山东人民出版社1990年版,第16页。
[②] 汪东林:《梁漱溟问答录》,《人物》1986年第1期。

一九一九年（己未　民国八年）

二十七岁。

是年，从"五四"运动而有新文化运动。先生既倾心东方古人之学，在精神上自感受到一种压迫，必须在自己思想上求得解决。此即研究并在北大哲学系演讲"东西文化及其哲学"的由来。讲演中还提出再倡中国古人讲学之风与近代的社会运动结合为一的主张。

先生讲："'五四'运动是新思潮运动、新文化运动，开辟这个运动的是陈独秀和胡适，刊物叫《新青年》。""我认为蔡元培先生萃集的各路人才中，陈独秀先生确是佼佼者。当时他是一员闯将，是影响最大，也是最能打开局面的人。……由'五四'而开端的新思潮、新文化运动，首先打开大局面的是陈独秀，他在这个阶段的历史功绩和作用，应该充分肯定。""胡适是从美国回来的，是当时北大最出风头的人物。他是新文化运动中提倡白话文的开创者之一，很有功绩，影响也很大。……但据我当时的交往，感到作为新文化运动之灵魂的新人生、新思想，在他身上并不完备，真正对于旧社会、旧道德的勇猛进攻，并引发开展，进而引导先进青年大刀阔斧前进的，应首推陈独秀、李大钊、周树人诸君。胡适之先生后来同他们分道扬镳,是情理之中的。"① 先生又讲:"我在北大讲授印度哲学,与新潮流新思想相距甚远,我对新派人物的种种主张不赞同的甚多,但我并不反对提倡白话文。""胡适极端崇拜以至迷信西方文化,又不加分析地鄙薄我们固有的民族文化,提出过全盘西化的口号。""我们是不同的;的确根本不同。我知道我有我的精神,你们有你们的价值;凡成为一派思想的,均有其特殊面目、特殊精神。……却是各人抱各自那一点去发挥,其对于社会的尽力,在最后的成功上还是相成的——正是相需的。我并不要打倒陈独秀、胡适之而后我才得成功。……更进而言,不管他同不同,天下人自己都会找对的路。只怕不求,求则得之。不对也好,总会对的。"②

秋冬间,先生在李超女士追悼会讲演,说:"大家要晓得人的动作,不是知识要他动作的,是欲望与情感要他往前动作的。单指点出问题是不行的,必要他感觉着是个问题才行。指点出问题是偏知识一面的;而感觉它真是我的问题,却是情感的事。……我们的要求不是出于知识的计算,领着欲望往前;是发于知识的提醒我们情感,要我们如此作的。要求自由,不是计算自由有多大好处便宜而要求的,是感觉着不自由的不可安而要求的。我愿意大家的奋斗不出于前一种而发于后一种。奋斗而死的或者多是后一种。……"③

是年夏,先生忽然接到熊十力先生从天津南开中学寄来一明信片,内容大意云:"你写的《究元决疑论》,我读到了。你骂我的那些话都不错,希望有机会晤面仔细谈谈。"暑假,熊先生就从天

---

① 梁漱溟:《纪念蔡元培先生》,《梁漱溟全集》第六卷,山东人民出版社 1993 年版,第 336 页。
② 梁漱溟:《漱溟卅后文录》,"答胡评《东西文化及其哲学》",《梁漱溟全集》第四卷,山东人民出版社 1991 年版,第 749 页。
③ 这一讲演稿发表于《北京晨报》。

津到了北京,住广济寺。熊先生与先生"一见如故",彼此相交往即由此开端。从此时相过从谈学。熊先生离京时,介绍张难先先生与先生相识,以后彼此亦成了好朋友。①

这年,先生还结识了伍观淇(庸伯)先生。伍先生与林宰平先生相熟,托林先生约先生相会于林家,向先生问佛法。先生讲:"第一次会面谈话,殊不投契。然而我实心服其人之真切不苟,断断不肯放过,屡次访他,卒成至交。"②

写出《印度哲学概论》下半部,交商务印书馆出版。

是年,还发表《一个人的生活》(少年中国学会会务报告三期)和《答陈嘉蔼论因明书》两文。

---

① 梁漱溟:《略记当年师友会合之缘》,《梁漱溟全集》第七卷,山东人民出版社1993年版,第410页。
② 梁漱溟:《略记当年师友会合之缘》,《梁漱溟全集》第七卷,山东人民出版社1993年版,第410页。

一九二〇年（庚申　民国九年）

二十八岁。

在北京大学执教。

放弃出家思想，发现世界文化文明三大体系。

春初，应少年中国学会邀请作"宗教问题讲演"。之后，在家补写讲词。先生说："此原为一轻易事，乃不料下笔总不如意，写不数行，涂改满纸，思路窘涩，头脑紊乱，自己不禁诧讶，掷笔叹息。既静心一时，随手取《明儒学案》翻阅之。其中泰州王心斋一派素所熟悉，此时于《东崖语录》中忽看到'百虑交锢，血气靡宁'八个字，蓦地心惊；这不是恰在对我说的话吗？这不是恰在指斥现时的我吗？顿时头皮冒汗默然自省，遂由此决然放弃出家之念。"① 此为先生自称"第三期思想"——转变归落到儒家思想时期。②

在认真钻研儒家孔门思想理趣中，发现儒家与佛家对人生态度恰恰相反。《论语》一书，既以"子曰不亦乐乎"开头，而且全部《论语》都贯穿着一种和乐的人生观——一种谨慎的乐观态度。如

---

① 梁漱溟：《我的自学小史》，《梁漱溟全集》第三卷，山东人民出版社1990年版，第695页。

② 梁漱溟：《自述早年思想之再转再变》，《梁漱溟全集》第七卷，山东人民出版社1993年版，第181页。

云:"仁者乐山;知者乐水;贫而乐;饭疏食饮水,曲肱而枕之,乐在其中;发愤忘食,乐以忘忧,不知老之将至。"如是等等。显示出来的气氛又何等不同!先生讲:"正是由于我怀人生是苦的印度式思想,一朝发现先儒这般人生意趣,对照起来顿有新鲜之感,乃恍然识得中、印、西方文化文明之为两大派系……三大体系。"①

夏,梁任公、蒋百里两位先生由林宰平先生陪同到崇文门外缨子胡同先生住所访问,先生说:"以前辈而枉顾后学,这是我与两先生彼此交往之始。"②

秋天,先生在北京大学开始于课外作"东西文化及其哲学"讲演,由陈政记录。先生首创东西文化比较研究法,针对当时有人认为"东方化是未进的文化,西方化是既进的文化","未进文化大可不必提起,单采用既进的文化好了",以及中外人士中又有要将"东西文化调和融通,另开一种局面作为世界的新文化"论调,指出"全然不对"。先生说:"据我的看法,东方文化和西方文化都是世界的文化,中国为东方文化之发源地。""世界未来文化就是中国文化的复兴。"先生第一次提出并阐明世界文化分三大体系:一个是西洋的,一个是中国的,一个是印度的;西洋是人对物,中国是人对人,印度是人对自己。先生引证中外著名学者的有关论述,阐明中国文化为人类的贡献。

先生讲:"所谓一家文化不过是一个民族生活的种种方面。总括起来不外三方面:(一)精神生活方面,如宗教、哲学、科学、艺术等是,宗教、文艺是偏于情感的,哲学、科学是偏于理智的。(二)社会生活方面,我们对于周围的人——家族、朋友、社会、

---

① 梁漱溟:《自述早年思想之再转再变》,《梁漱溟全集》第七卷,山东人民出版社1993年版,第182页。

② 梁漱溟:《我的自学小史》,《梁漱溟全集》第二卷,山东人民出版社1990年版,第682页。

国家、世界——之间的生活方法都属于社会生活一方面，如社会组织、伦理习惯、政治制度及经济关系是。（三）物质生活方面，如饮食、起居种种享用，人类对于自然界求生存的各种是。我们人类的生活大致不外此三方面。""人类生活中所遇到的问题有三不同；人类生活中，所秉持的态度（即所以应付问题者）有三不同；因而人类文化有三期次第不同。第一问题是人对于'物'的问题，为当前之碍者即眼前面之自然界——此其性质上为我所可得到满足者。第二问题是人对于'人'的问题，为当前之碍者在所谓'他心'——此其性质上为得到满足与否不由我决定者。第三问题是人对于'自己'的问题，为当前之碍者乃还要在自己生命本身——此其性质上为绝对不能满足者。第一态度是……向前要求去，从对方下手改造客观境地以解决问题，而得满足于外者。第二态度是对于自己的意思变换调和持中；反求诸己，尽其在我，调和融洽我与对方之间……以变换主观自适于这种境地为问题之解决，而得满足于内者。第三态度……他是以取消问题为问题之解决，以根本不生要求为最上之满足。"

"虽人之感触问题，采取态度，初不必依其次第，亦不必适相当；而依其次第适当以进者，实为合乎天然顺序，得其常理。人类当第一问题之下，持第一态度走去，即成就得其第一期文化；而自然引入第二问题，转到第二态度，成就其第二期文化；又自然引入第三问题，转到第三态度，成就其第三期文化。以其所由树立盖从人类过去历史文化反复参证而得。""古希腊人之人生盖类属第一态度，其文化即发于此；古中国人之人生盖属第二态度，其文化即发于此；古印度人之人生盖属第三态度，其文化即发于此。总之，所谓世界三大系文化者，盖皆有其三不同之人生态度为根本。""然综观人类文化至于今日，实尚在第一问题之下……中国、印度则均失序不合，其所成就既别有在。近世之西洋人乃重新认取第一态度而固持之，遂开人类文化新纪元，大有成就；迄于最近未来，殆将完成所谓第一期文化。……第二问题自然引入，人类必将重新认取第二态度，而完成所谓第二期文化。""西洋的欧洲文艺复兴发展起来的近代文明，主要是认识自然，征服自然，利用自然。""西方文化的三大特异彩色：（一）征服自然之异彩；（二）科学方法的异彩；（三）德谟克拉西（民主）的异彩。现在的物质文明是很高很高了。""而此三方面中，东方化都不及西方化。""中国的文明不是在对物质方面，而在人对人的关系方面。"对西洋文明，先生用八个字来说："个人本位，自我中心。""注意国家的权利，个人自由。中国不是这样，中国人是讲孝、悌、慈、和，父慈、子孝、兄友、弟恭，讲伦理。在人与人的关系上，互以对方为重，这就叫伦理。中国社会是伦理本位，每个人认识的是重自己的义务，而不是讲自己的权利。印度是人对自己，人对自己的生命。佛教对人生是否定的，不是肯定的。天道轮回，是印度一般的信念。而儒家是肯定人生的，儒家是学派，不是宗教。""中国文化自很古时候到后来，自然也有几个重要的变动——如封建郡县之变，然而总可以说自始至终没有大变。这前后差不多的文化，似乎中间以孔子作个枢纽；孔子以前的中国文化差不多都收在孔子手里；孔子以后的中国文化又差不多都由孔子那里出来。孔子的六艺：诗、书、易、礼、乐、春秋——后世谓之六经——都是古帝经世出治之迹。""孔子教人就是'求仁'，人类所有的一切诸德……概无不出自孔子所谓'仁'，所以一个'仁'就将种种美德都可代表了。""蔡子民《中国伦理学史》说：'孔子所说的仁乃是绕摄诸德完成人格之名。'这话甚是。""他与其他大宗教对于人生有同样伟大作用"，"一是孝弟的提倡，一是礼乐的实施"。"他要让人作他那种富情感的生活，自然要从情感发端的地方下手了。""《论语》上'孝弟也者，其为仁之本欤'一句话已把孔家的思想说出。只须培养得一点孝弟的本能，则其对于社会、世界、人类，都不必教他什么规矩，自然没有不好的了。""孔子两眼只看人的情感，因为孔子着重之点完全在此。……我们人原是受本能直觉的支配。""礼乐不是别的，是专门作用于情感的。""但孔子的礼乐都是特异于一切他人之礼乐，因为他有特殊的形而上学张本，他不但使人富于情感，尤其特别使人情感调和得中。你看《乐记》上说得多么好，教你读了心里都是和乐悦美的！有如：'夫民有血气心知之性，而无哀乐之常，应感起物而动，然后心求（术）行焉。是故志微噍杀之音作，而民思忧；啴谐慢易繁文简节之音作，而民康乐；粗厉猛起奋末广贲之音作，而民刚毅；廉直劲正庄诚之音作，而民肃静（敬）；宽裕内（肉）好顺成和动之音作，而民慈爱；流辟邪散狄成涤滥之音作，而民淫乱。是故先王本之情性，稽之度数，制之礼义，合生气之和，道五常之行；使之阳而不散，阴而不密，刚气不怒，柔气不慑，四畅交于中而发作于外，皆安其位而不相夺也。'又：'故乐行而伦清，耳目聪明，血气和平，移风易俗，天下皆宁。'又：'致乐以治心者也。致礼以治躬，则庄敬；庄敬则严威。心中斯须不和不乐，而鄙诈之心入之矣；外貌斯须不庄不敬，而易慢之心入之矣。……故曰致礼乐之道，举而错之天下无难矣。'这几段话皆其最美的，而到了那没有斯须不和不乐的地步，便是孔子的'中'与'仁'了。""而在礼之中又特别着重于祭礼，亦其特异之点；所谓'治人之道莫急于礼，礼有五经，莫重于祭'，'君子之教也必由其本，顺之至也，祭其是欤？故曰祭者教之本也已'是也。大约情欲要分界限是没有的，然大概可以说情感是对已过与现在；欲望是对现在与未来；所以启诱情感，要在追念往事；提倡欲望，便在希慕未来。祭礼之所以重，无非永人念旧之情。《祭统》篇'夫祭者非物自外至者也，自中出于心也'，表示启诱情感，何等真切！他把别的宗教之拜神变成祭祖，这样郑重的做去，使轻浮虚飘的人生，凭空添了千钧的重量，意味绵绵，维系得十分牢韧！凡宗教效用，他无不具有，而一般宗教荒谬不通种种毛病，他都没有，此其高明过人远矣。"先生在阐述孔子所谓的"仁"、性善的道理，不计较利害的态度以及伦理与礼法等后指出："孔子的那种精神似宗教非宗教，非艺术亦艺术，与西洋晚近生命派的哲学有些相似。"先生甚赞克鲁泡特金、倭铿等的哲学见解。先生指出："我们虽不能说现在经济将以如何步骤而得改正，但其必得改正而无疑，且非甚远之事。……但其要必归于合理，以社会为本性，分配为本位是一定的，这样一来就致人类文化要有一根本变革；由第一路向改变为第二路向，亦即由西洋态度改变为中国态度。"

先生指出："西洋人自秉持为我向前的态度，其精神上怎样使人与自然之间、人与人之间生了罅隙……其人对人分别界限之清，计较之重，一个个的分裂、对抗、竞争，虽家人父子也少相依相亲之意……人处在这样冷漠寡欢，干枯乏味的宇宙中，将情趣斩伐的净尽，真是难过得要死！"

先生并引证中外著名学者的论述，阐明中国文化对人类的贡献。指出："现今西方思想界已鲜明地要求改变他们从来人生态度；而且他们要求趋向之所指就是中国的路，孔家的路。"

先生最后指出："质而言之，世界未来文化就是中国文化复兴。""人类生活只有三大根本态度……由三大根本态度演为各别不同的三大系文化。""无所谓谁家的好坏，都是对人类有很大的贡献。""人类文化之初都不能不走第一路，中国人自也这样，却他不待把这条路走完，便中途拐弯到第二路上来；把以后要走到的提前走了，成为人类文化的早熟。"[1]

演讲时还提出再倡中国古人讲学之风与近代的社会运动结合为一的主张。

暑期到南京内学院访问欧阳竟无先生并介绍熊十力先生到内院学习。熊先生即"问佛法于欧阳先生"，一住三年。[2]

发表《唯识述义》第一册，由北大出版部印。

---

[1] 梁漱溟：《东西文化及其哲学》，《梁漱溟全集》第一卷，山东人民出版社1989年版，第337页。
[2] 梁漱溟：《略记当年师友会合之缘》，《梁漱溟全集》第七卷，山东人民出版社1993年版，第410页。

一九二一年（辛酉　民国十年）

二十九岁。

在北京大学执教。

由挚友伍庸伯先生之介绍，是年与伍夫人之妹黄靖贤女士结婚。

寒假，山东省教育厅再次邀请先生讲学，先生应聘到山东，讲"东西文化及其哲学"。①

先生讲："其时，王鸿一先生方沉疑烦闷于新旧思想问题，数访于当世通人而不得解。其门有陈君亚三，王君星五肄业北大哲学系，既尝闻愚绪论，辄为先生言之。邀余为讲演，实先生意。既开讲，先生每日从众人列坐就听。自始迄终四十日间，未尝一日间断。此四十日中，大雨兼旬，人或阻雨后时；然先生又未尝不先时候于坐也。每讲罢，欣快握手，高谈甚豪。"② 这次讲演由罗常培记录，在山东首次铅印成书。

---

① 北大哲学系学生陈亚三于1920年听过先生讲演"东西文化及其哲学"，陈是山东郓城人，假期返山东，曾向其表兄王鸿一先生谈及。王鸿一先生听后大喜，谓颇能解决其思想上之问题，即来京面邀先生第二年到济南讲演。王鸿一先生当时是山东省教育厅厅长、省议会议长。

② 梁漱溟：《中国民族自救运动之最后觉悟》，《悼王鸿一先生》，《梁漱溟全集》第五卷，山东人民出版社1992年版，第193页。

是年,《东西文化及其哲学》交由商务印书馆出版。

先生首创运用比较法研究东西文化及其哲学。先生讲:"《东西文化及其哲学》就是解决一个问题,对人类的文化、文明指出有三大体系。"

《东西文化及其哲学》内容计五章:第一章,绪论;第二、第三章,如何是东方化,如何是西方化(上、下);第四章,西洋、中国、印度三方哲学之比观;第五章,世界未来之文化与我们今日应持的态度。最后为"时论汇录",其中有陈独秀的《东西民族根本思想之差异》(《新青年》一卷四号);李大钊的《东西文明根本之异点》(一九一八年七月《言治》季刊);梁启超的《欧游心影录》(一九二〇年三月上海《时事新报》)、《与印度泰戈尔谈话》等十篇文章。全书约十二万九千字。

《东西文化及其哲学》一书,是先生个人学术见解走向成熟之开始,是一部重要著作,蒋百里称"此亦迩来震古铄今之著作"①。五十年代后,胡秋原认为该书"有独创的意义和可惊叹的深刻思想力"。

此书一九二一年印第一版,至一九二九年即印刷第八版,可见其为学术界人士所重视。

熊十力先生讲:"在五四运动那个时期,在反对孔学,反对中国古老文化那么厉害的气氛中,梁先生提出未来世界文化是中国文化的复兴这话,是很有胆识的。"②

先生在伍庸伯先生的讲座上,认识了李济深先生,并结为好友。

---

① 丁文江编:《梁任公先生年谱长编》,中华书局2010年版,第176页。
② 1963年春,熊十力先生从上海来北京参加全国政协会议,住在民族饭店。李渊庭曾多次看望熊老师。有一次谈到梁先生,熊老师讲了这些话。1983年,李渊庭与先生闲谈中把熊老师这话说给先生听,先生听后惊奇地说:"哦!他有这话!"

发表《对于罗素之不满》一文于上海《中华新报》。先生先提与罗素所见相合处说："罗素谈社会心理而说'冲动'，究纯正哲理而明'相续'，尤妙符夙怀。……"次讲对罗素不满又怀疑者，在其别标灵性于本能理智之外。先生认为孟子说良知良能，像是指本能说。克鲁泡特金把人类心理分为本能、理智两者，容易明白。从而信不及罗素于人类心理的三分法。对罗素批评柏格森学，认为有失学者态度，而深表不满。[1]

发表《唯识家与柏格森》一文于《民铎》杂志。当时章太炎先生等都讲柏格森之学与唯识家所说相合；李石岑因以函询先生。先生指出："观察两家学问的关系，应当有方法：第一层，凡是一家的学问都在整体的上边，不在部分片段的上边；第二层，一切的学问都在其方法上边，而不在其理论上边。""柏格森与唯识家两家方法实在截然不同；柏格森排斥理智而用直觉，唯识家却排直觉而用理智。""柏格森书内重要的观念，如'创造'、'绵延'之类，都是不合乎唯识家之眼光的。"[2]

是年，彭翼仲先生病故，先生因重视《京话日报》的历史，接办《京话日报》，但为时不久。[3]

〔编者按〕

　　费孝通先生《论梁漱溟先生文化观》对梁先生的《中西文化及其哲学》予以一定的肯定。《文摘报》（光明日报社主办）一九九〇年七月八日发表李善峰先生写的

---

[1] 梁漱溟：《漱溟卅前文录》，《人物》1986年第1期。
[2] 梁漱溟：《我的自学小史》，《梁漱溟全集》第二卷，山东人民出版社1990年版，第693页。
[3] 梁漱溟：《我的自学小史》，《梁漱溟全集》第二卷，山东人民出版社1990年版，第693页。

《中西文化差异与梁漱溟的文化路向说》一文，有一定高见，其文不长，附录如下：

中西文化差异与梁漱溟的文化路向说
李善峰

中西文化差异为何存在，长期以来人们争论不休。在梁漱溟看来，中西文化走的是三种不同的文化路向。即"向前要求"、"调和持中"和"反身向后要求"，这三种路向的代表则是西方、中国和印度。他首次将东西文化分成中国、印度和西方三大系统，坚持文化发展的多元论，反对以西方为中心的一元论。肯定中国文化和西方文化各有自己的价值。这不但使东西文化论战跃入一个新的高度，而且给整个后发展国家的现代化提出了一个难于回答的问题，即如何处理民族传统文化和现代化的关系。在梁氏看来，只有在对传统文化价值认同的基础上，才谈得上对西方思潮的适应。他强调要正视自己的民族传统，并在现代化的实践中化解它，以重建符合本民族发展要求的新文化。他实际上指出了现代化与传统之间的关系是一种历史的张力。梁氏站在对人情价值肯定的人文精神以及忧患意识的特殊立场上，企图从传统的人文价值、道德存在的追寻中挖掘民族文化的源头活水，以作为传统文化向现代转化的基础。现在，越来越多的人认为任何国家的现代化都不可能抛弃传统而重新开始。因此，站在一个新的角度，通过调整传统的内部结构来创造适应现代化的"新中有旧"的文化，就成为各个民族选择自己的现代化道路时必须进行的学术工作。正是在这个意义上，梁漱溟比陈独秀、胡适、梁启超等人高出了一个层次。那种认为他肯定了传统文化的价值而把他看成反现代化的思想家的观点，是一个相当大的历史误会。

（原载于《文摘报》1990年7月8日）

一九二二年（壬戌　民国十一年）

三十岁。

在北京大学执教。

一月，应邀在山西讲学，讲"东西人的教育之不同"。先生讲："大约可以说，中国人的教育偏在情意的一边，例如孝弟之教；洋人的教育偏着知的一边，例如诸自然科学之教。这种教育的不同，盖由于两方文化的路径根本异趣，它只是两方整个文化不同所表现之一端。"这次讲演的讲词发表于《教育》杂志。

先生于太原参观德国人卫西琴（中）主办的"外国文言学校"。先生参观后讲："其间所有，举不同俗；一事一物，靡不资人省味。顿为惊叹！而窃见先生精神措注于百余学子之身，无微不至，直有欲呕出心肝之概。尤不能不使人起慕起敬，倾心折服！"先生与卫中先生交谈后，结为好友。

春间，先生在北京高等师范学校讲"合理的人生态度"。主要讲："一般人把生活的美满全放在物质的享受上，如饮食男女、起居器用、一切感觉上的娱乐。他们以为乐在外边，而总要向外有所取得；两眼东觅西求，如贼如鼠！……贪婪在个人是他的错谬和苦痛，在社会则是种种腐败种种罪恶的病原菌。如果今日贪婪的风气不改，中国民族的前途就无复希望；此可断言者。""照我说……人生快乐就在生活本身上，而不在有所享受于外。拙著指给大家一条大路，就是改换那求生活美满于外边享受的路子，而回头认取自身活动上的乐趣，各自找个地方去活动。大约一个人都蕴蓄一团力量在内里，要藉着一种活动发挥出来，而后这个人一生才是舒发的、快乐的，也就是合理的。"

先生还在该校讲过"评谢著阳明学派"。先生以谢无量所著《阳明学派》中有许多不妥之处，听其流传，似乎不好。因就谢著加以辩证。①

与李大钊先生就倡议裁兵运动同访蔡孑民（元培）先生②，其后聚合于蔡先生家讨论"我们的政治主张"，并在胡适之提出"好政府主义"的时局宣言上签名，参加签名的有十七人。③

十月，《东西文化及其哲学》印第三版，先生在"自序"中讲："我这本讲录发表后，既有许多悔悟。头一个悔悟，是在本书第四章讲孔家哲学所说'中庸'是走双的路之一段。……我现在都愿意取消。我兹所痛切悔悟的……以决定语来发表未能自信的见解，这全出于强撑门面之意，欺弄不学的人。孔学是个恳切为己之学；怀强撑门面之意发挥恳切为己之学，这是我现在最痛自悔悟的。……第二个悔悟，是在本书第四章末尾说'西洋生活是直觉运用理智，中国生活是理智运用直觉，印度生活是理智运用现量'之一段。这一段话不妥当……我愿意一概取消。"又序中云："慎独是怎么一回事，当时并未晓得，所说自无是处，现在可以略晓得，今年在山东讲演'孔家旨趣'，曾经讲到。"

介绍熊十力先生到北京大学执教。先生讲："熊先生之到北京

---

① 梁漱溟：《漱溟卅前文录》，《人物》1986年第1期。
② 蒋方震先生写出《裁兵计划》一书。
③ 梁漱溟：《回忆李大钊先生》，《忆往谈旧录》，金城出版社2006年版，第105页。

大学讲唯识论,亦是我介绍的。我在北大哲学系先讲授印度哲学……又添讲佛家唯识学,写有《唯识述义》,先后出有两薄册(京华印书馆印),第三册却未敢付印,盖自觉对于唯识学不全明白。……于是邀熊先生讲。"熊先生于冬天到北京,与先生一起住在地安门吉安所。同住共学的还有当时北京大学学生陈亚三、黄艮庸、朱谦之、王显珠等。[1]

写沈著《家庭新论》序。[2]

---

[1] 梁漱溟:《略记当年师友会合之缘》,《梁漱溟全集》第七卷,山东人民出版社1993年版,第441页。
[2] 参见梁漱溟:《漱溟卅前文录》,《人物》1986年第1期。

一九二三年（癸亥　民国十二年）

三十一岁。

在北京大学执教。

春天，先生曾到山东曹州中学讲演，提出"农村立国"的话，但"不敢自信"。①

秋天，开始在北京大学哲学系讲"孔学绎旨"，为期一学年。先生说："当时只系临时口授，虽粗备条目，未曾属文（民国十三年赴曹州办学，遂从搁置）。"②

在北大讲"答胡评《东西方化及其哲学》"，先生说："我读适之先生和其他各位的批评，都有同一的感想；感觉着大家的心理与

---

① 梁漱溟：《漱溟卅后文录》，"槐坛讲演"，《梁漱溟全集》第四卷，山东人民出版社1991年版，第730页。
② 1965年，梁漱溟先生在《我对人类心理认识前后转变不同》一文中讲："1921年《东西文化及其哲学》出版后……慢慢发觉把本能当作人类本性（或本心）极不妥当。……为纠正这些错误，1923—1924年的一学期，在北京大学开讲'儒家思想史'一课，只是口说，无讲义，由同学们笔记下来。外间有传抄油印本，未经我阅正。我自己打算把它分为两部分，写成两本书。一部分讲解儒书（主要是《论语》附以《孟子》），题名《孔学绎旨》；另一部分专讲人类心理的，题名《人心与人生》。但两本书至今均未写成。《孔学绎旨》不想再写了。……"

梁漱溟先生的老学生李渊庭，跟随梁先生治学将近60年，他为了补救梁先生由于年迈体弱未能写出《孔学绎旨》一书的遗憾，在梁先生辞世后，他在84岁高龄、双目失明的困难条件下，由妻子阎秉华帮助，把梁先生1923年讲的"儒家思想史"（即"孔家思想史"）的听讲笔记整理出来，并于1993年出版，书名《梁漱溟讲孔孟》。

我相反。……大家读我的书,大概都像看新闻纸一样,五分钟便看完了。作者下过一番心的地方,他并没有在心里过一道,便提笔下批评。……如果他有一天想到东西方文化问题要来考究,自然会再找这书着意看看;自然会明白。"①

发表《这便是我的人生观》于桂林旅京学会杂志。先生结语讲道:"吾每当春日,阳光和暖,忽睹柳色舒青,草木向荣,辄不胜感奋兴发而莫明所为。吾每当家人环处进退之间,觉其熙熙融融雍睦和合,辄不胜感奋兴发而莫明所为。吾每当团体集会行动之间,觉其同心协力,情好无间,辄不胜感奋兴发而莫明所为。……又或读书诵诗,睹古人之行事,聆古人之语言,其因而感奋兴起者又多多焉。如我所信,我与大地上古往今来之人,盖常常如是自奋而自勉焉。此之谓有生气,此之谓有活气,此之谓生物,此之谓活人,此之谓生活。生活者生活也,非谋生活也。……将谓吃饭睡眠安居享受之时乃为生活耶?是不知生发活动之为生活;其饮食则储蓄将以为生发活动之力者也;其休息则培辅将以为生发活动之力者也;而倒转以饮食休息为生活,岂不惑耶?天下之为惑也久矣!……昔者叶公问孔子于子路,子路不对。孔子曰:'汝奚不曰:其为人也,发奋忘食,乐以忘忧,不知老之将至云尔!'呜乎!是吾道也!吾将以是道昭苏天下垂死之人而复活之!"②

是年十二月,商务印书馆印行《漱溟卅前文录》;收集一九一五年至一九二二年发表的文章十九篇,汇编成集,约八万多字。

夏秋,陈铭枢先生来京访先生谈佛学,二人从此结识。盖此前陈先生与熊十力先生同在南京内学院从学于欧阳竟无先生,从而知

---

① 梁漱溟:《漱溟卅后文录》,"答胡评《东西文化及其哲学》",《梁漱溟全集》第四卷,山东人民出版社1991年版,第748页。
② 梁漱溟:《略记当年师友会合之缘》,《梁漱溟全集》第七卷,山东人民出版社1993年版,第411页。

道先生。①

  是年，在一九一六年发表的《究元决疑论》一文底稿末写"附记"长文。"附记"中讲："这篇东西（《究元决疑论》）现在看起来直是荒谬糊涂，足以误人，我自己早十分后悔了。此文在今日既已悔悟其非，便不当再印行流布。但我想我便不印，而外间终免不了有人传观，反不如径自印布，而将谬误处批注明白声叙知悔的好些。……说句笑话便是要大家取得一种思想上的免疫性。以下我即将此文谬误各点指摘出来。"

  先生就《究元决疑论》一文谬误的大端分三段一一指明。②

  先生几年来，一面对比研究佛学与儒学之异同，一面读了不少外国知名哲学家的名著和文化学术著作，对比研究中西文化，在思想认识上有很大提高和变化。写出此一"附记"正说明先生当时的学术境界和负责精神。

---

① 参见梁漱溟：《略记当年师友会合之缘》，《梁漱溟全集》第七卷，山东人民出版社 1993 年版，第 410 页。
② 梁漱溟：《究元决疑论》，《梁漱溟全集》第一卷，山东人民出版社 1989 年版，第 21—22 页。

一九二四年（甲子　民国十三年）

三十二岁。

在北京、山东。

二月，应武昌师大的邀请，到该校讲"孔子人生哲学大要"。主要内容是：（一）什么是孔学；（二）孔学取材问题；（三）孔子人生旨趣。共计十二讲，主要讲了"对本能说之批评"、"习惯"、"气质"、"礼"等。这一讲演记录由上海《时事报》副刊"学灯"从二月二十七日起至四月四日分期分批连载发表。[①]

暑假，先生辞去北京大学教席，七年之久的北大教学生活至此结束。先生说："这七年之间，我从蔡先生和诸同事、同学所获益处，直接间接，有形无形，说之不尽。论年龄，蔡先生长我近三十岁，我至多只能算个学生，其他同事也都比我年长。所以我说北京大学培养了我，绝非是谦词。"又说："在北大一住七年，增长了我内心的争名好胜，是我摆脱出家意念的重要原因之一。"[②]

离开北大的原因是对当时学校教育只注意知识传授，不顾及学

[①] 梁培宽（梁先生长子）看了"学灯"连载的《孔子人生哲学大要》后讲："其内容似与《人生与人心》一书相近，与《孔家思想史》并非一个内容。"（培宽1984年8月30日来信讲）

[②] 梁漱溟：《纪念蔡元培先生》，《梁漱溟全集》第六卷，山东人民出版社1993年版，第384页。

生的全部人生道路的指引不满，为实践自己对教育的认识和设想，因而辞去北大教席赴山东办学。先生讲："我们办学意思之发动，原始于民国十年（一九二一），（王鸿一先生）有办曲阜大学之提议。""在曹州办学意向所归仍在将来的曲阜大学。""就办学者一面说，则现在办曹校的同人即将来办曲大之同人；就学生一面说，则现在曹州高中有似曲大的预科。"

六月，写《办学意见述略》，内容分四点：第一，曲阜大学之提议及其筹计进行；说明："办曲阜大学的旨趣是想取东方的——尤其是中国的学术暨文化之各方作一番研讨昭宣的功夫，使它与现代的学术思想能接头，发生一些应有的影响和关系。"第二，我们办学之真动机；说明："我们的真动机是在自己求友，又与青年为友。……所谓与青年为友一句话含有两层意思：一、是帮着他走路；二、此所云走路不单是知识技能往前走，而实指一个人的全生活。然现在学校的教育则于此两层俱说不到。……教育应当是着眼一个人的全生活，而领着他去走人生大路，于身体的活泼、心理的活泼两点，实为根本重要；至于知识的讲习，原自重要，然固后于此。……因为要在全生活上帮着走路，尤非对每个学生有一种真了解——了解他的体质、资禀、性格、脾气、以前的习惯、家庭的环境，乃至他心中此刻的问题思想——而随其所需，随时随地加以指点帮助才行。""要办教育，便须与学生成为极亲近的朋友而后始能对他有一种了解，始能对他有一些指导。我们办学的真动机，就是因为太没有人给青年帮忙，听着他无路走，而空讲些干燥知识以为教育，看着这种情形，心里实在太痛苦，所以自己出来试办。再具体的申说两句，就是我们看青年学生中大概似不外两种人：一种是堕落不要强的，在学校里就鬼混，毕业后就谋差赚钱挥霍；一种是自知要强的而常不免因人生问题、社会环境而有许多感触，陷于烦闷痛苦。像这两种人，你只对他们讲功课，实在不中用。现在青年在这种情况下，自己走投无路，实在可怜！我们想与他为友，堕落的怎样能引导他不堕落而奋勉；烦闷的怎样能指点他而得安慰有兴致。总而言之，都要他们各自开出一条路子来走；其如何求知识学问，练习作事，不待言而自然都可以行了。论到从堕落引转而不堕落，从烦闷引转而不烦闷；这段起死回生的神功，谁敢轻易说这句话；确实来说我们并未必能帮助得几何。不过鉴于别人全不管，我们极想从此点尽力则是真的。次当说我们自己求友之一义。我们办学一面固是想与青年为友，一面亦是自己求友；一面固是帮青年走路，一面还想得些有心肝的好汉子大家彼此帮助走路。学生固常不出堕落、烦闷两边，便是我们个人何尝能免于此？即不堕落不烦闷了（殆难有此），难道知识学问其他能力亦已完足？人生始终是有所未尽而要往前走的，即始终是有赖师友指点帮助的。照我的意思，一学校的校长和教职员原应当是一班同气类的，彼此互相取益的私交近友，而不应当只是一种官样职务的关系，凑在一起。所谓办教育就是把我们这一朋友（集）团去扩大他的范围——进来一个学生即是这一朋友团内又添得一个新朋友。我们自己走路，同时又引着新进的朋友走路；一学校即是一伙人彼此扶持走路的团体。故而，我们办学实是感于亲师取友的必要，而想聚拢一班朋友同处共学；不独造就学生，还要自己造就自己。"第三点、第四点讲办曹州高中致力点及入学须知。

先生的《办学意见述略》实际是教育改革的一个设想。从办曹州高中之后，在四十年代创办勉仁中学、勉仁书院、勉仁文学院，都是在"聚拢一班朋友同处共学，不独造就学生，还要自己造就自己"。实践"办学应是亲师取友"原则，因而师生感情深厚。

曹州有恢复重华书院之议，先生为之写《重华书院简章》，讲该院旨趣"在集同志,各自认定较为专门之一项学问,或一现实问题,分途研究,冀于固有文化有所发挥,立国前途有所规划,同时并指导学生研究,期以造就专门人才"。重华书院恢复之事终未实现。①

其时,北大的陈亚三、黄艮庸,四川高节的王平叔、钟伯良、张俶知,北师大的徐名鸿等先生,随先生到曹州,共同办学、读书、讲学。熊十力先生也参加了办学,任导师。

夏季,泰戈尔访华,将离北京时,徐志摩先生约先生去同泰戈尔谈谈。先生与徐先生到时,正值泰戈尔与杨丙辰谈宗教问题。杨丙辰先生以儒家为宗教,而泰戈尔则说不是的。当时徐志摩指着先生介绍说:"梁先生是孔子之徒。"泰戈尔说:"我早知道了,很愿听梁先生谈谈儒家道理。"先生就泰戈尔的谈话而作了辨明。先生考虑到泰戈尔为什么不认儒家是宗教呢?他以为宗教是在人类生命的深处有其根据的,所以能够影响人。尤其是伟大的宗教,其根于人类生命者愈深不可拔,其影响更大;空间上传播得很广,时间上亦传播得很久远,不会被推倒。然而他看儒家似不是这样。仿佛孔子在人伦的方面和人生各项事情上,讲究得很妥当周到;如父应慈,子应孝,朋友应有信义,以及居处恭,执事敬,与人忠,等等,好像一个法典,规定得很完全。这些规定,自然都很妥当,都四平八稳的;可是不免离生命就远了。因为这些规定,要照顾各方,要得乎其中;顾外则遗内,求中则离根。因此泰戈尔判定儒家不算宗教;而很奇怪儒家为什么能在人类社会上与其他各大宗教都有同样长久伟大势力!先生当时答泰戈尔说:"孔子不是宗教是对的;但孔子的道理却不尽在

---

① 梁漱溟:《漱溟卅后文录》,"重华书院简章",《梁漱溟全集》第四卷,山东人民出版社1992年版,第784页。

伦理纲常中。伦理纲常是社会一面。论语上说：'吾十有五而志于学，三十而立，四十而不惑，五十而知天命，六十而耳顺，七十而从心所欲不逾矩。'所有这一层一层的内容，我们虽不十分明白，但可以看出他是说的自己生活，并未说到社会。又如孔子称赞其门弟子颜回的两点：'不迁怒，不贰过。'也都是说其个人本身的事情，未曾说到外面。无论自己为学或教人，其着重之点，岂不明白吗？为何单从伦理纲常那外面粗的地方来看孔子呢？这是第一点。还有第二点，孔子不一定要四平八稳，得乎其中。你看孔子说：'不得中行而与之，必也狂狷乎！'狂者志气很大，很豪放，不顾外面；狷者狷介，有所不为，对里面很认真；好像各趋一偏，两者相反，都不妥当。然而孔子却认为可以要得；因中庸不可能，则还是这个好。其所以可取，即在其生命真处发出来，没有什么敷衍牵就。反之，孔子所最不高兴的是乡愿，如谓'乡愿德之贼也'，又说：'过我门而不入我室，我不憾焉者，其唯乡愿乎！'乡愿是什么？即是他没有他自己生命的真力量，而在社会上四面八方却都应付得很好，人家都称他是好人。孟子指点得最明白：'非之无举也，刺之无刺也，同乎流俗，合乎污世，居之似忠信，行之似廉洁，众皆悦之，自以为是；而不可与入尧舜之道。'那就是外面难说不妥当，可惜内里缺乏真的。狂狷虽偏，偏虽不好，然而真的就好。——这是孔孟学派的真精神真态度。"泰戈尔听先生说过之后，很高兴地说："我长这样大没有听人说过儒家这道理；现在听了梁先生的话，心里才明白。"[①]

是年暑假，先生在北京为曹州高中招生，李渊庭应试，得名列榜

[①] 梁漱溟：《东西文化及其哲学》（第八版），"与印度泰戈尔谈话"，《梁漱溟全集》第一卷，山东人民出版社1989年版，第513页。

首。当时李渊庭只有十八岁，而今已年过八旬。从考上曹州高中至今已逾六十多年，在这大半个世纪里，有五十多年随侍先生左右。李渊庭讲："我有今日，得益于良师益友之提挈、教诲者大矣。"

一九二五年（乙丑　民国十四年）

三十三岁。

在北京。

春天，因山东政局变化，先生将曹州高中交陈亚三先生接办后，离曹州回北京，熊十力先生和一些学生随行，在北京什刹海东煤厂租房，师生十人共住共学。"朝会"自这个时候就开始进行，很认真去作。"大家互勉共进，讲求策励，极为认真。如在冬季，天将明未明时，大家起来后在月台上团坐。疏星残月，悠悬空际；山河大地，一片静寂，唯闻更鸡喔喔作啼。此情此景，最易令人兴起。特别感觉心地清明、兴奋，觉得世人都在睡梦中，我独清醒，若益感到自身责任之重大。在我们团坐时，皆静默着，一点声息都无。静默真是如何有意思呵！这样静默有时很长；亦不一定要讲话，即讲话亦讲得很少。无论说话与否，都觉得很有意义。我们就是在这时候反省自己；只要能兴奋、反省，就是我们生命中最可宝贵的一刹那。……'朝会'必须要早，要郑重，才能有朝气；意念沉着，能进入人心者深，能引人反省之念者亦强。"[①]

先生回京后一度暂住清华园，谢绝外务，辑印梁老先生遗著，

[①] 梁漱溟：《朝话》，《梁漱溟全集》第二卷，山东人民出版社1990年版，第40—41页。

"出公遗稿校理而纂改之。事既,又成年谱一卷。并付印,敬以布之当世"。

辑印遗书六卷:一、《遗笔汇存》;二、《感劬山房日记》;三、《侍疾日记》;四、《辛壬类稿》;五、《伏卯录》;六、《竹辞花记》。

作《思亲记》一文,回顾父亲养育之恩。

农历九月初十,生长子,取名培宽。

是年,正值北伐前夕,南方革命空气高涨。李济深、陈铭枢、张难先三位先生来信,以革命大义相责勉,促先生速南下,而先生此时对中国大局之出路正处于疑闷中:"自己胸中犹豫烦闷无主张,要我跟他们一齐干,还不甘心;要我劝他们莫干,更无此决断与勇气,则去又何用?"

先生讲:"年尾派王平叔、黄艮庸、徐名鸿同去广州了解南方大局,三人旋即随陈真如(铭枢)参加国民革命军北伐之役。"[①]

---

① 梁漱溟:《略记当年师友会合之缘》,《梁漱溟全集》第七卷,山东人民出版社1993年版,第416页。

一九二六年（丙寅　民国十五年）

三十四岁。

一月十五日，与卫西琴先生开讲论会，先生讲："卫先生以去岁杪来京师，先尝与愚辈约，每星期五为讲论之会；兹日之会，实为其端始。"①

春初，在西郊大有庄租房，与熊十力先生、卫西琴先生及门生十余人同住共学，共同研讨儒家哲学与心理学，前后约一年多。

当时讲学的除先生外，还有熊十力先生和卫西琴先生、张俶知先生。学生有：薄蓬山、高赞非、李澂（渊庭）、云颂天、郝葆光、席朝杰、屠嘉英、吕烈卿、武绍文等。

先生开始写《人心与人生》一书，边写边给学生们讲。主要讲"人类是从生物进化演变上来的"。"生物进化到人类，才开始突破了本能而得以大解放，开出了人类的创造性。""生生不息地在那里向上翻新。"

九月，离京南下，原想去武汉会见统帅北伐先锋队的陈铭枢，未成，而转趋上海、南京。

先生讲："到十五年（一九二六）北伐，这种新兴运动到达长

---

① 梁漱溟：《卫中先生自述题序》，《梁漱溟全集》第三卷，山东人民出版社1990年版，第796页。

江,全国震动,青年界尤为兴奋。""在大局沉闷阴霾之中,忽睹此一点阳光朝气,自是使我们同情和注意,我亦于九月南下,想到武汉会见陈真如先生。而且新去广东那两个朋友(王平叔、黄艮庸)亦随师北伐一路到了武汉。但结果我未曾到武汉,只到了上海、南京;旋即北返。"

是年,王鸿一先生曾避居东交民巷使馆界内,先生与王鸿一先生时常见面。先生讲:"民国十三年间,王鸿一先生联合米迪刚先生创办《中华报》,请尹仲材先生为主笔;组织一研究部,要从村治之道讨论得一具体建国方案。我全不参加。""王鸿一先生他们以讨论所得结果,出一本《建国刍言》;内容先谈原理,后提出'中华民国治平大纲草案'。大纲上第一条规定了传贤民主国体,第二条规定了农村立国制;我颇点头承认。然我总不敢信,就是这样便行。《建国刍言》出版时,鸿一先生要我作篇序文,我都作不出。十五年(一九二六),鸿一先生避居东交民巷,我们还时常见面谈这个问题。"①

---

① 梁漱溟:《主编本刊(〈村治〉)之自白》,《梁漱溟全集》第五卷,山东人民出版社1992年版,第15—16页。

一九二七年（丁卯　民国十六年）

三十五岁。

在广州。

一月八日，在《北京晨报》发表头年五月所写《人心与人生》自序。先生讲："为什么有《人心与人生》这本东西出来？——为什么要谈心理学？我们应当知道，凡是一个伦理学派或一个伦理思想家，都有他的一种心理学为其基础；或说他的伦理学，都是从他对于人类心理的一种看法，而建树起来。儒家是一个大的伦理学派；孔子所说的许多话都是些伦理学上的话，这是很明显的。那么，孔子必有他的人类心理观，而所有他说的许多话都是或隐或显地指着那个而说，或远或近地根据着那个而说；这是一定的。如果我们不能寻得出孔子的这套心理学来，则我们去讲孔子即是讲空话。……然欲反求其所指，恐怕没有一句不说到心理。以当时所说，原无外乎说人的行为——包含语默思感——如何如何，这个便是心理。心理是事实，而伦理是价值判断；自然反求的第一步在其所说事实，第二步乃在其所下判断。所以倘你不能寻出孔子的心理学来，即不必讲什么孔子的伦理学。进而言之，要问孔子主张的道理站得住站不住，就须先看他心理学的见解站得住站不住。所以倘你不能先拿孔子的心理学来和现在的心理学相较量，相勘对，亦即不必说到发挥孔子道理。……此书初稿原是《孔学释旨》的一部分。……睹时人言心理者率从俗学,一世耳目皆为所蔽,念非片言可解;而旧讲于此,亦复发挥未尽。因划取其间涉论心理之部分,扩充附益,自成一书,别取今名。"①

先生讲:"我记得一九二七年春,有一天去东交民巷旧俄国(苏联)使馆内访看守常(李大钊之字),只见来人满屋,大都是青年求见者,守常接待忙碌,我不便打扰他,随即退出。不多日后就闻知他全家被捕的消息,原来他家大小同住一起,还有些同志亦同住,因而被捕时一道遭难者颇有多人;但亦有恰好出门而幸免于难者。当时正是张作霖自称大元帅驻军和执政于北京之时,我闻讯从西郊赶入城内访章行严(士钊)先生,愿与章老一同出面将守常家眷保释出来,俾守常少牵挂之念。惜章老不同意,自称(他)与张(作霖)的亲信参谋长杨宇霆相熟,他将去见杨,可保守常亦不死。其结果,直至守常死时,不知道他的家属儿女有没有受到连累;熟友如我未得尽小小之力,抱憾于衷。当我闻悉守常被害,立即从西郊赶入城内,一面看望其家属情况,一面看视他装殓的情况。他家属已回到西城朝阳里旧居。我望见守常夫人卧床哀泣不起。我随即留下十元钱,退出来,改往下斜街长椿寺——据闻守常遗体停柩在此。我到达寺门时,门外一警察对我说:'你们亲友到来,我有交待,我就走了。'我点首应承,随即入内巡视。只见棺材菲薄不堪,即从寺内通电话于章(士钊)宅吴弱男夫人。盖我夙知守常曾为其子女章可、章用、章因的家庭教师,宾主甚相得。弱男夫人来到时,各方面人士亦陆续而来,共议改行装殓之事。"

编写年谱至这一年,我曾向先生问询李大钊先生后事。先生讲:"我是第一个到长椿寺的,是我提议大家凑钱买个好棺材装殓

---

① 梁漱溟:《漱溟卅前文录》,《人物》1986年第1期。

的，我拿出五十元，其他人有的拿三十元，有的拿二十元，还有拿十元的。我是有准备的，带了钱，许多人没有准备。"先生还说："我一生很少流泪，看到守常棺材我哭了！"梁先生当时没有固定收入，靠微薄稿费生活。

先生讲他认识李大钊先生的过程时说："我们相识稍先于北京大学同事之时，彼时（一九一六年）守常在北京《晨钟报》（后改名《晨报》）任职。记得一次他宴客于南城瑞记饭庄，我和陈仲甫（独秀）在座上初次相遇。陈当时是为东亚图书馆募股来京的。恰值蔡元培先生方接任北京大学校长，蔡、陈早相熟，立即邀陈入北大担任文科学长（后改称文学院院长）。同时，我亦受印度哲学讲席之聘，而守常则是章行严（士钊）先生之荐接任（北京大学）图书馆主任的——此职原由章任之，章离京南去。于是，我们便同聚于北大了。""我每次到北京大学讲课，在上课之前和下课之后，必定去他图书馆主任办公室盘桓十分钟至二十分钟。因为彼此很熟，他忙他的事，我进门或离去，均不打招呼。他主编的《每周评论》，我顺手取阅。他有时主动地要我看什么书刊，便顺手递给我，亦不加说明。我接过翻阅后，往往亦无表示。遇有重要书刊，我就声明带回家去看，下次来时交还。总之，彼此十分随便，没有什么客套。"

先生讲："一九二一年冬月，我走访守常于其家，告诉他我即将结婚。他笑着说，这在他已是过去二十年前的事了。因而自述生在父死之后，而母亲又在生他之后不久亦死去。所以他竟没有见到父母的面，全靠祖父母抚养长大。……祖父母自顾年老，便为他早早成婚。婚后不太久，祖父母就故去，只余他与他的赵氏夫人。赵年长他好几岁——似是（结婚时）他十一二岁，而赵氏十八九岁。赵夫人甚贤慧，自愿守在家园而促他去永平府中学求学。中学卒业后,他进入天津北洋法政专门学校,后又去日本留学。"

先生讲:"李大钊先生夫人是家庭妇女,小脚,看去比丈夫老多,但大钊先生对夫人很尊重,相敬如宾,我看了很佩服他!"

先生讲:"守常为中国共产党发起人和领袖,终且为党捐躯。而我则根本不在党。尽管友好相熟,究不便冒昧地自居于交谊深挚之列了。……五四运动时代的那些社会活动、政治活动,我十分惭愧没有能像守常那样勇往地和诸同学在一起,甚至可以说,他是居于领导而我则追随亦不力。"先生讲了五点他与李大钊先生一起活动的事:"(一)少年中国学会组织的发起成立,守常实为骨干。此会在当年十分重要,会员包含南北许多青年有志之士,其后中国共产党和国家主义派(中国青年党)有些人就是从此会分裂出来的。倾左的有毛泽东、邓中夏、恽代英、黄日葵等人,倾右的有曾琦、左舜生、李璜、余家菊等人。……我仿佛未曾参加此会为一成员,却曾应邀为此会的田汉与曾琦两成员之间在宗教问题上的争论,作过一长篇讲演(讲词大意见旧著《东西文化及其哲学》一书)。(二)当年守常先生的活动繁忙,有些群众大会开在前门大街,我曾去过。有一次在总统府门外的集会,我没有参加。(三)记得守常和我两人曾致力于裁兵运动倡导。当时蒋百里(方震)先生曾写出裁兵计划一书问世。可厌的南北军阀混战既多年不休,在洛阳的吴佩孚颇有势力,守常的同学白坚武在吴的幕府。守常因白的殷勤介绍,走访洛阳,似乎不止一次。访吴谈一谈是次要的,根本(目的)要造成舆论,发动广大社会力量才行。我们想联络上海、天津的工商界人士,而就近入手则在眼前的知识阶层。正在要邀请北京八校同人聚谈,不料被胡适、陶孟和等几位抢先召集,且又转变出'好人政府主义'一场戏来。随后果然出现王宠惠、罗文干为首的政府。我们二人只有苦笑!王、罗二位即是参加胡适集会者。(四)一九一九年秋末,北京女子师范学校因学生李超自杀身死开追悼会,守常和我亦偕往参加,在蔡元培、陈独秀、蒋梦麟各位讲话后,守常和我亦各有发言,后来的发言录在《东西文化及其哲学》第五章内。(五)我与守常既而相熟,有时便一同游息。中国革命博物馆存有一张守常、张申甫、雷国能和我四人在中央公园照的相片,推计时间,当在五十年以上(一九一九年),展视之余,不胜追怀感叹之情。"

以上基本摘自先生所写《回忆李大钊先生》长文。①

记得梁先生向我谈他与李大钊先生交往之事时,曾说:"奇怪!陈独秀、李大钊都没有提出邀我参加中共,他们如提出来,我不知将怎样回答,有可能我不是现在这样。"

春,先生为北京学术讲演会讲《人心与人生》三个月,约全书之半。

先生在《燕京社会学界》杂志发表《介绍卫中先生的学说》一文,极富学术价值。先生于《卫中先生自述》"题序"说:"余既未窥其全,理不宜轻出己见。若许其姑妄言之,则且陈三事:先生之学萃于心理,然是异乎今人之所云。今之所谓心理学,先生所讥为'身理学'者也。先生述作数十种,大抵冗中漫然口述而成,拣求精萃,又在'男女新分析心理学'、'人心新力学'二编;本末赅备,自成一家言。……此欲陈者一。先生之学,以音乐引其绪,以教育汇其归。用思抽虑,始终不离事实;故所成就,差幸不致蹈空。凡读先生书者,其勿忘语语皆有所指;而征之于事,以求索解,则必能取益。毋以其不易捉摸,遽薄为玄想空谈。此欲陈者二。先生之学,良与东方为近,故先生尝自谓有契于此土孔子之言。或者《易传》、《礼记》,不无符顺,亦未可知。然先生之为

---

① 梁漱溟:《忆往谈旧录》,金城出版社 2006 年版,第 103—104 页。

学,自犹是西方路数,与此土有别,私意盖以为先生之学,或为钥匙,将以开启此土应尘封久闭之门。——窃窥先生之有契于愚者,独在虚心理会其学,而差能喻于其旨耳。是盖先生十余年来,所未易得之于人者,而独得之于愚;故不觉其情之相得也。"①

是年,王平叔、黄艮庸两先生回到北京西郊大有庄,师生重聚。对王、黄两位先生一年多来从广东"随师北伐一路到了武汉"的这一段新经历与新经验,先生讲:"正有不待切磋而各自觉悟者。……于一向之所怀疑而未能遽然否认者,现在断然地否认它了;于一向之有所见而未敢遽然自信者,现在断然地相信它了!否认了什么?否认了一切的西洋把戏,更不沾恋!相信了什么?相信了我们自有立国之道,更不虚怯!天下事,有时非敢于有所舍,必不能有所取,亦不敢有所舍。不能断然有所取舍,便是最大苦闷。于所舍者断然看破了,于所取者断然不予放过了,便有天清地宁,万事得理之观。"②

五月,应邀到广州。王平叔、黄艮庸两先生同行。当时政治空气既已大变矣。先生讲:"先于上海会到陈真如先生。他特意陪我们到西湖南高峰上住得几日,为是好谈话。记得当时同谈的,还有熊十力、严立三、张难先诸先生。随即南去,到广州,晤李任潮先生。自民国九年底,任潮先生离京回粤,我们已六七年不见。我一见面就问他:从他看现在中国顶要紧的事是什么?任潮先生原是厚重少文的一位朋友;他很迟重地回答:最要紧是统一,建立得一有力政府。我问他:怎样才得统一呢?他说:我是军人,就要军人都拥护政府。——这所谓政府自是党的政府,非个人的。我冷然地说

---

① 梁漱溟:《介绍卫中先生的学说》,《梁漱溟全集》第四卷,山东人民出版社1992年版,第812页。
② 梁漱溟:《主编本刊(〈村治〉)之自白》,《梁漱溟全集》第五卷,山东人民出版社1992年版,第13页。

道：国家是不能统一的；党是没有前途的；凡你的希望都是做不到的！他当下默然。我南游之意，实没有想去发布我的见解主张。因为那时还是十三年改组后的国民党正盛时代，岂容得异样言论？所以去时原就预备闲居读书，慢慢等待时变，希望过一年半载或有机会到来。我在广州住得一周，即同艮庸到他乡间——新造细墟——去歇暑。"

七月，南京政府发表先生为广东省政府委员，因自顾不合时宜，当即恳辞。自是，先生常往来于省城和乡间；而以居乡与青年诸友共读为多。

十二月底，李任潮先生由上海回粤。李任潮先生此时似乎有点回味先生所说的话，极盼先生出乡来。先生亦愿与他谈谈；每作夜谈。先生说："中国在最近的未来，将不能不是些分裂的小局面。此其所以然，是在超个人的法，或超个人的党，都无从建造得起来。在每个小局面中握有权力的人，下焉者便为祸于地方，上焉者或能作些个建设事业。这都不是我期望于你的。我期望你能替中国民族在政治上经济上开出一条路来走，方为最上。如何去替民族开这条路出来，则我所谓'乡治'是已。任潮先生表示接受我所期望于他的；他承认我可以在广东试办乡治。"①

先生在广州曾作《乡治十讲》。讲稿今已无存。

---

① 梁漱溟：《主编本刊（〈村治〉）之自白》，《梁漱溟全集》第五卷，山东人民出版社1992年版，第19页。

一九二八年（戊辰　民国十七年）

三十六岁。

在广州。

先生讲："从民国十四年春到民国十七年春为完全静下来自修思考的第二时期。"

春天，先生与陈真如、李任潮两先生同乘船赴上海。从广州到上海的三天之中，每于早茶午饭后，大家围坐客厅，由先生讲其积年之所研究者。同坐者，尚有朱家骅、谢无量、孙希文诸先生。先生讲："从南京回广州后，代李任潮先生任广州政治分会建设委员会主席。曾在会中提出请开办'乡治讲习所'建议案及试办计划大纲。经政治分会决议，转请中央核示。"先生审量时机似仍未到，决定先到国内各地，考察乡村运动。

其时，王鸿一先生等在北京筹备出版《村治月刊》，电催先生北上，先生未能遽行。

夏天，先生为筹办乡治讲习所，先接办广州第一中学。中学设教务委员会，先生暨黄艮庸、徐名鸿、张俶知任委员。民国十八年（一九二九）春，交黄艮庸先生接办。先生讲："我任一中校长，有几个原因：一、试办'乡治讲习所'，极不愿设在广州城里，而一中地方很宽，颇可借用一部分。所请教师亦可两方通用，很多方便。二、因为友人卫西琴先生答应到广州来办高中师范班，亦以在一中来办较为适宜。我任校长，就可以使卫先生做事便利许多。"①先生曾为一中学生讲话两次：一为《抱歉——苦痛——一件有兴味的事》，一为《今后一中改造之方向》。

应广州中山大学哲学会之请，作《如何成为今天的我》讲演。先生讲他治学之路说："我不知为何特别好用心思，爱留心问题，多年来总有问题占据在我的心里。常常在研究解决问题，而解决不完；心思之用亦欲罢不能。问我为什么好用心思？为什么会有问题？因为很容易感觉到事理之矛盾，感觉到没有道理或有两个以上的道理；我即失了主见，却又放不开。我之好用心思，大概就是由于我易有这样感觉吧。如果大家想治哲学，似乎应有这种感觉才有希望。""兹分八层说明我走的这条路：一、因为肯用心思所以有主见。……对一个问题肯用心思，对这问题自然有了主见，亦即是在自家有了判别。何谓学问？有主见就是学问。遇到一个问题到眼前来而茫然者便是没有学问！学问不学问，却不在读书之多少。二、有主见乃感觉出旁人意见与我两样。……于是就不得不有第二步用心思。自己先有主见，感觉出旁人意见与我两样，而触处皆是问题；憬然于道理之难言，既不甘盲从他人，尤不敢轻于自信；求学问的生机才有了。三、此后看书听话乃能得益。……前人主张，今人言论，稍有与自己不同处，便知注意。不同，非求解决归一不可；隔膜，非求了解不可。于是古人今人所曾用过的心思，我乃能发现而得到，以融取而收归于自己。最初的一点主见便是以后大学问的萌芽。从这点萌芽才可以吸收营养料，向下入土生根而根深蒂固；向上开枝发叶而枝叶扶疏；学问便成了。四、学然后知不足。……用心之后就能虚心；自知当初见解之浮浅，

---

① 梁漱溟：《抱歉——苦痛——一件有兴味的事》，《梁漱溟全集》第四卷，山东人民出版社1991年版，第834—835页。

问题之不可轻谈，前人所见之高过我，天地间事理我未知者尽多，乃打掉了一向的粗心浮气。所以学问之进，不能见解有进境，逐有修正，逐有锻炼；而心思亦见得精密了，态度亦渐得谦虚了。而每度锻炼又于其见解之长进有至大关系。心虚思密实是求学的必要条件。学哲学最不好的毛病是说自家都懂。一按其实，凡前人心思曲折，经验积累，乃一无所领会，而贫薄如初，遇着问题，于前人轻致反对者固属隔膜可笑，而自谓宗主前人者亦初无所窥。此我们于当年科学与人生的论战，所以有大家太不爱读书之叹。五、由浅入深便能以简御繁。……归纳上面四点，一步一步牵涉越多，范围越广，辨察愈密，追究愈深。此时零碎的知识、片段的见解没有了，在心里全是一贯的系统、整个的组织；如此，就可以算成功了，到此时，才能以简御繁，举重若轻。学问家如说负荷着多沉重的学问，那是不对的；他真仿佛没话可讲。反之，学问浅的人说话愈多，思想不清楚的人名词越多。六、是真学问便有受用。……有无受用在能不能解决问题。此时对于一切异说杂见都无摇惑，而身心通泰，怡然有以自得。七、旁人得失长短一望而知。……因为自己从前皆曾翻过身来，深浅精粗的层次都经过，故于旁人得失长短一望而知。八、自己说出话来精巧透辟。……此则思精理熟之象。上述八层，前四层诚然是我用功的途径；后四层，亦不过庶几望见，非能实有诸己。……我要郑重声明的，我始终不是学问中人，也不是事功中人；我想了许久，我大概是问题中人。"①

春天到南京后，曾参观晓庄学校，颇有感触，后来回到广州担任一中校长时，对一中师生讲演中极赞晓庄办学精神，称之为"一

---

① 梁漱溟：《如何成为今天的我》，《梁漱溟全集》第四卷，山东人民出版社1991年版，第850—859页。

件有兴味的事"。认为这是一所理想的学校。[1]

是年，先生得次子，取名培恕。

---

[1] 梁漱溟：《抱歉——苦痛——一件有兴味的事》，《梁漱溟全集》第四卷，山东人民出版社1991年版，第839页。

一九二九年（己巳　民国十八年）

三十七岁。

春离粤北上考察农村工作，后到河南村治学院工作。

二月，先生离开广州北上考察农村。行抵南京，首先到陶行知先生在南京城外办的晓庄师范参观考察。陶行知先生是一位力主教与学、言与行合一的教育家。先生与陶行知先生是第一次见面，交谈之后，十分相投。先生"深感陶先生是革命心、事业心都十分强盛的人，很佩服"。在晓庄参观了两天。先生向陶先生提出"借兵调将"予以帮忙的要求，陶先生欣然答应。后来派了三名学生——潘一尘、张宗麟、杨效春——到邹平山东乡村建设研究院工作。

参观晓庄师范之后，又到江苏昆山，考察中华职业教育社之乡村改进事业；次到河北定县，考察翟城村自治事业暨平民教育促进会在华北的试验区。后到山西太原、清源、汾阳、介休、赵城各县，考察山西的村政。为期约一个月。山西村政流敝极大，唯禁妇女缠足、禁毒品两项工作尚有可取之处。

先生抵山西后，曾去五台山河边村会见正在养病的阎锡山。认为阎锡山初愿是"颇愿望着作到自治地步，然而自治大概是说不上的","全无引人民自动的好方法","政府办理村政督促提挈太重,太多防制,太过助长"。①

六月,写出《北游所见纪略》一文。

从山西回到北京,因广州政局变化,没有返广东。在北京借居清华园内,欲写《中国民族之前途》一书,未果。曾应清华大学文学社之邀讲演。北京大学暨东北大学皆来邀聘,先生都予辞谢。当时梁仲华、彭禹庭诸先生筹办河南村治学院,王鸿一先生介绍彭、梁认识先生,彭、梁即商请先生合作。

秋,到河南辉县百泉(村治学院院址),受聘为村治学院教务长,并推定拟写《河南村治学院旨趣书》及组织大纲、学则、课程等文件。村治学院设农村组织训练部、农村师范部,于十二月招收学生。

先生写出《河南村治学院旨趣书》,在社会、政治和经济方面用中、西对比方法,阐明先生当时何以主张从村治入手,达到民族自救,振兴中国的目的。先生讲:"吾民族自救之道将何如?夫我不为一散漫的村落社会乎?一言以蔽之曰:求其进于组织的社会而已。组织有二:一曰经济的组织;一曰政治的组织。欲使社会于其经济方面益进于组织的,是在其生产及分配的社会化。生产的社会化,欧人资本社会既行之矣;其分配问题犹未能解决焉。分配问题不解决,固缺欠组织之大者。然此在我则或不为难。吾民族精神向来之所诏示于此至为符顺,一也。生产曾未发动,则两面的社会化问题同时并进其势既便且易,二也。吾为农国,农业根本不适于资本主义而适于社会主义,三也。使旧日立于自给自足的经济而进为社会化,则散漫的村落将化为一整组织的大社会;是曰社会主义的

---

① 梁漱溟:《北游所见纪略》,《梁漱溟全集》第四卷,山东人民出版社1991年版,第903页。

经济组织之社会。其美善岂不度越于欧人乎！欲使社会于其政治方面益进于组织的，是在其政治的民治化。政治的民治化愈彻底，则社会于其政治方面益进于组织的，政治的民治化，欧人于此实为先河。然此需于社会个个分子知识能力之增益充裕者极大，而其经济上地位的均齐自亦为关系所在，欧人以产业发达文化提高于前一点似得其大概；而以资本主义的经济之故，于后一点则形成不齐之阶级，故其政治的民主化遗憾正多。如顷所言，我于生产、分配的社会化不难并得，则真正民治主义的政治组织之社会可以实现。其美善岂不度越于欧人乎！……欧人所长，组织一义尽之矣。欧化之弊，畸形的发达一言尽之矣，由其经济上组织之缺欠，而富力集中于都市，集中于少数人以形成一殊强阶级，而社会乃病。由其政治上组织之缺欠，而权力集中于国家政府，以从事野心的武力与外交，而世界乃病。总之，凡集中过剩之力，靡不有所伤害；经济上、政治上过剩之力隐显为一，相缘愈强，其为祸又以益烈；是则今日欧人所自苦莫能挽止者也。中国社会所患在散漫无力，而夐鲜集中过剩之弊，则其幸也。是其所当务，在求进于组织甚明。……盖唯社会益进于组织的，而后富与权二者乃直接综操于社会，间接的分操于人人；斯可免除一切伤害，求得一切福利。斯言信美矣！顾其道何由？曰是在村治。……农村产业合作组织既在，自治组织乃缘之以立，是则所谓村治也。盖政治意识之养成，及其习惯能力之训练，必有假于此，自治人才与经费等问题之解决，亦必有待于此。顷所谓藉经济引入政治，实为不易之途；有异于此者，断知其失败而已。乡村自治体既立，乃层累而上，循序以进，中国问题于焉解决，中国经济上之生产问题必与其分配问题并时解决。圣人复出，不易吾言矣！求中国国家之新生命必于其农村求之；必农村有新生命而后中国国家乃有新生命焉。……流俗之所见，或以为政治问题解决，而后产业得以发达，而后乃从容谈分配问题。或以为必由国家资本主义以过渡于共产主义，而当从事国家资本主义之建造。是或狃于欧洲国家之往例，或误于俄国布尔塞维克之企图，而皆昧于彼我之异势谬欲相袭者，曾何足以知此！"①

先生从村治入手（一九三一年后改称乡村建设），达到民族自救、振兴中国的主张，经过几年的思考和考察，已基本成熟，在这一《河南村治学院旨趣书》中作了较明确的表达。

是年，《东西文化及其哲学》在商务印书馆印第八版时，先生曾再写自序，说明："我这书于民国十年（一九二一）秋间出版后，不久便有几处颇知自悔，十一年（一九二二）付三版时曾为自序声明，其后所悔更多，觉悟得根本有一种不对，在十五年（一九二六）春间即函请商务印书馆停版不印。这书的思想差不多归终儒家，所以其中关于儒家的说明自属重要；而后来别有新悟，自悔前差的，亦都是在此一方面为多。总起来说，大概不外两个根本点：一是当时所根据以解释儒家思想的心理学见解错误；一是当时解释儒家的话没有方法，或方法错误。""而由近年心思所结成的《中国民族之前途》一书，将次写定出版。是书观察中国民族之前途以中国人与西洋人之不同为主眼；而所谓中西之不同，全本乎这书人生态度不同之说，所以两书可算相衔接的。因此，这书现在有复版的必要。这书关于东西文化的核论与推测有其不可磨灭之点，纵有许多错误偏颇缺欠，而大端已立，后之人可资以作进一步的研究。即上面之所谓根本不对的，其实亦自经过甘苦，不同浮泛，留以示人，正非无谓。"②

---

① 梁漱溟：《河南村治学院旨趣书》，《梁漱溟全集》第四卷，山东人民出版社 1991 年版，第 907—911 页。

② 梁漱溟：《东西文化及其哲学》，"第八版自序"，《梁漱溟全集》第一卷，山东人民出版社 1989 年版，第 324 页。

先生从一九二七年五月到广州,一九二九年二月离开广州,首尾约近两年。

是年秋夏有太原之行,是为三度也。①

---

① 参见梁漱溟:《记十八年秋季太原之行》,《梁漱溟全集》第六卷,山东人民出版社1993年版,第541—547页。

一九三〇年（庚午　民国十九年）

三十八岁。

在河南。

一月，河南村治学院开学，先生任教乡村自治组织等课。

春天，先生由百泉移居辉县城内。读书多卷。在《勉仁斋读书录》中，记述了如下数段话："忙中忽得宽暇，随意翻书。得见鲁迅先生《壁下译丛》，其中有厨川白村《东西之自然诗观》，读之大喜。不独愚所判论东西人之分异点，于此又得印证；更喜其所印证者，适在愚所不能举证之文学方面也。""近年来于人类之所以为人类，大有所见；深悟中国古人之学，为人类尽其天赋才能体力之学，遂觉向用'自己调和持中'一语，虽可概说一般中国人之态度，而未足以尽中国古人之精神，道出中国文化之根据。故近年乃恒用'有对'、'无对'字样，以为中西人之分判。无对，即中国古人所谓'仁者与物无对'之无对；有对亦即与物为对之意。盖生物进化到人类，实开一异境。一切生物均限于有对之中，而人类则以有对超进于无对。愚向以'向前面要求'点明西洋人态度，亦尽足见意，而未若'有对'二字之简切。中国一般人自未足以言无对，而其所倾向则在此。中国数千年文化所为与西洋大异者，实由古人认识了人类之所以为人——认识了无对有以开其先，立其基。故言中国精神，必举无对乃得也。

厨川白村所论，亦弥与愚后说相合。"

是年，《东方杂志》"中国美术专号"发表印行（丰子恺先生）写《中国美术在现代艺术上的胜利》一文，先生说他："申论中西画法之异，适与厨川白村说相合。盖西洋人无在不持其有对之态度，中国人无在不以超有对为蕲求，又可于艺术证之。"

夏天，四川刘鉴泉先生之弟子双流徐利宾至北京，先生当时已回北京，徐先生常谒先生，送刘先生所著《外书》与先生。先生读后讲："读之惊喜以为未曾有，《外书》都若干篇；兹所见两篇：一曰《进与退》；一曰《动与植》。其《动与植》一篇，指出动物生活与植物生活二义，为东西文化分殊之点指点说明，极新颖而确凿。"[①]

六月，接编《村治月刊》，先生在该刊一卷一期发表《主编本刊之自白》一文，全文分四小节：一、我是怎样一个人？二、过去几年的烦闷，产生今日的主张。三、最近努力所在和主编本刊的由来。四、我对国民党的态度。

在陈述乡治运动的主张一段讲："我眼中的乡治，是看作中国民族自救运动最后的一新方向。""我所要做的社会运动看出，正是一种最实在的文化运动。我的乡治主张正是切就政治问题、经济问题，而为人生大道的指点。"文中批评民国以来社会上的政治、思想运动说："谁若没梦想过西洋政治制度在中国的仿行实现，则他不注意这仿行的困难，实现的无望，自无足怪。然而我是做过这迷梦来的；数十年间，眼看着事实上是怎样的格格不入，愈去愈远，如何能轻易放过而不深求其所以然？于是……发见了中国民族精神和西洋政治制度间的大刺谬点。""十三年以来的革命潮流，便是这

---

① 梁漱溟：《中国民族自救运动之最后觉悟》，《梁漱溟全集》第五卷，山东人民出版社1992年版，第101页。

样由社会上有力分子所形成的倾向。然而自我们一度经历尝试过后，我们知其无能为矣！他与我们民族精神是大相刺谬的。""而以我们的精神实超迈于他之故，他将无成功之望。这有一个我们所信的大原则在，就是凡高过我们固有精神的，便能替我们民族开新生机；若低下一些，便只益死机……我们所以敢于否认西洋政治制度的在此，所以敢于否认共产党的亦在此。"先生在最后一大段——我对国民党的态度——中，还申述了他那时对国共第一次合作的看法，这是他早期的认识，先生讲："我认为自十三年（一九二四）改组以后，至蒋中正提出整理党务案的时候，只算党史的一段落。此一段落可谓受惑又受制于共产党的时期，抄袭共产党的理论，模仿共产党的方法，随着共产党走。……简直可以说唯十三年改组以后的才不是国民党；因为此一时代，是失掉自家精神。……我所批评多在此一面，是则所批评者并非国民党之本身，乃国民党之袭取诸他人者耳。"先生还认为国民党"亟当回头认取吾民族固有精神来作吾民族之自救运动耳"。[①]

六七月间，先生写出《中国民族自救运动之最后觉悟》一文，发表于《村治月刊》二至四期（连载）。全文计九段：一、觉悟时机到了；二、所谓近世的西洋人及西洋文化；三、中世的西洋社会和他们的文明程度；四、由中世到近世的转折关键何在；五、中国人则怎样；六、解一解中国的谜；七、我们一向的错误；八、我们今后的新趋向；九、附志。

在"觉悟时机到了"一段，说明经过几年的烦闷而得开悟："中国民族以其特殊文化迷醉了他的心，萎弱了他的身体，方旦神游幻境而大梦酣沉，忽地来了膂力勃强、心肠狠辣的近世西洋鬼

[①] 梁漱溟：《主编本刊（〈村治〉）之自白》，《梁漱溟全集》第五卷，山东人民出版社1992年版，第27页。

子,直寻上家门。何能不倒霉,不认输,不吃亏受罪?……何能不胡跑乱钻?……然而到今天来,又何能不有这最后的觉悟!"①

文中,详述西洋文化与中国文化的发展过程与发展趋向的不同之后,承认在科学与民主两大问题上,中国落后于西方;认为"现在之中国问题并不是其社会内部自己爆发的问题,而是受西洋文化的势力(欧美并日本在内)压迫打击,引起文化上相形见绌之注意,而急求自救的问题"。

先生就《东西文化及其哲学》一书中提出人类文化分三个发展时期的理论(第一期人对物;第二期人对人;第三期人对自己),在文中指出:"倘更能参伍错综比较寻绎,以发见世界各系文化之所以异趣,与人类文化转变之前途,则知中国文化者盖人类文化之早熟。""所谓人类第一期文化之完成,以人对物的问题得解决为度;顾不料数千年前之中国,当农业略有进步商业资本初见之时……而已迈进于第二态度第二问题之途……勤于作人而淡于逐物,人对物的问题进展之机于是以歇。""中国之于西洋,有所不及则诚然矣;然是因其不同而不及;或更确切言之,正唯其'过'而后'不及';时至今日吾侪盖已察之熟而辨之审矣。"

在"我们一向的错误"一段中,先生认为:"从来中国民族在文化上的自大,很快地为西洋之实际的优胜打击无存,顿尔一变为虚怯之极,方当受欺吃苦。民族命运危殆之时,我民族志士仁人、先知先觉,未有不急起以图自救者;而内审外观,事事见绌,不能不震惊欹羡于他;所以自救之道,自无外乎学他。始而所学在其具,继所求在其道,自曾文正、李文忠以迄共产党,虽再转再变,不可同语,而抛开自家根本固有精神,向外以逐求自家前途,则实

---

① 梁漱溟:《中国民族自救运动之最后觉悟》,《梁漱溟全集》第五卷,山东人民出版社1992年版,第44页。

为一向的大错误，无能外之者。我们一向民族自救运动之最大错误，就在想要中国亦成功一个'近代国家'，很像样的站立在现今的世界上。……曾不知近代国家是怎样一个东西。他的政治背后，有他的经济；他的政治、经济出于他的人生态度；百余年间一气呵成。我国数千年赓续活命之根本精神，固与他大异其趣，而高出其上，其何能舍故步以相袭？至于数千年即演成的事实与条件不合，又不待论。""无论前期后期运动，一言以蔽之，总皆一反吾民族王道仁义之风，而趋于西洋霸道功利之途。""凡今日之'穷且乱'，正由卅余年间唯尚'利与力'而来，一言可以尽之矣。"先生讲："一民族真生命之所寄，寄于其根本精神；抛开了自家根本精神，便断送了自家前途。自家前途，自家新生命，全在循固有精神而奋斗，离开不得这里一步。"

在"我们今后的新趋向"一段中，先生讲："所谓从民族自觉而有的新趋向，其大异于前者，乃在向世界未来文化之开辟以趋，而超脱乎一民族生命保存问题。此何以故？以吾民族之不能争强斗胜于眼前世界，早从过去历史上天然决定了；而同时吾民族实负有开辟世界未来文化之使命，亦为历史所决定，所谓民族自觉者，觉此也，以吾民族精神早超过一般生物之自己保存性，而进于人类所有之宝爱此民族精神，而不以宝爱民族生命者易之……中国人其果知耻而至死不易吾精神也，则是其所以生者方劲然以在，何忧前途无活命？中国人其果审于世界文化转变之机已届，正有待吾人之开其先路，而毅然负起其历史的使命，则民族前途之恢张，固又于此日之志气卜之矣。所谓民族自觉者，觉此也。"先生说："如我向者之所测，世界未来文化正是中国文化之复兴……我匪独信之也，抑又深识其所以然之故，而窃有见乎其达于实现之途术——是即我所谓村治或乡治是已。""西洋文化之撞进门来，虽加我重创，乃适以启我超出绝境之机；其为惠于吾族者大矣！凡今日一切问题皆若不得解决者，正以见问题之深且大，意义不寻常，而亟勉吾人之为更大努力，以开此人类文化之新局也。"

在第九段——附志，是摘录汪精卫的《两种模型心理之瓦解》一文，盖汪讲的是法美式与苏俄式两种模型的心理之瓦解，并谓："整个模型必须中国人自己制造出来，不能求之外国。"先生当时认可此言。①

发表致胡适之先生的公开信。就胡适之在《新月》杂志第二卷第十号，发表《我们走那条路》一文说："我们真正的敌人，是贫穷、疾病、愚昧、贪污、扰乱。"从而反对用暴力推翻暴力的革命，悬空捏造革命对象用来鼓吹革命的革命。先生讲他对胡适之的这些理论不能无疑，因而在这封公开信中问胡适之："怎能置帝国主义与军阀于不问？"先生在这封信中，曾提及民国十一年（一九二二）十七人联名发表《好政府主义的时局宣言》中说："回忆民国十一年直奉战争后，我与守常（李大钊先生字）同访蔡（子民）先生，意欲就此倡起裁兵运动。其后约期在蔡家聚会，由先生提出《好政府主义的时局宣言》十七人签名发表。我们平日都不肯彻底想想究竟我们走哪一条路才能达到我们目的地。守常先生向来是肯想这问题的，竟自因此作了中国共产党的先进。我虽百不行，亦颇肯想这问题。类如我民国七年写的《吾曹不出如苍生何》，极荷蔡先生的同情与注意；类如我在北大独与守常相好，亦为蔡先生所知。然我则没有和守常走一条路的决心与信力，更没有拦阻他走那条路的勇气与先见。现在旧日朋友多为这问题洒血牺牲而去（守常而外，还有守常介绍给我的高仁山、安体诚先生）；留得我们后死

---

① 梁漱溟：《中国民族自救运动之最后觉悟》，《梁漱溟全集》第五卷，山东人民出版社 1992 年版，第 44—118 页。

者,担负这问题了。"①

先生怀念故人李守常先生的深情溢于字里行间。

七月,先生发表《我们政治上的第一个不通的路——欧洲近代民主政治的路》,在《村治月刊》一卷三期连载。

先生讲:"中国怎样才能好?要改换一种政治制度才能好。""然此新政治制度又何所指呢?大约在大家心目中所有的便是欧洲近代那种政治制度。""欧洲人在近世纪开出来这一种新政治制度……即所谓民治(Democracy),以我的了解,则此种制度实有使我们不能不迷信的两点:一点是我们不能不承认他的合理;一点是我们不能不佩服他的巧妙。"先生在阐明上述两点后说:"这种制度如此合理,如此巧妙,真使我不能不迷信他,在清季则期望着开国会,在民元则期望着有政党内阁;民二(一九一三)以后则痛心约法的破坏,主张护法;并期望联省自治,无非是在梦想这种制度的成功而已。直到民国十一年(一九二二)才渐渐觉悟。——这觉悟当然由十几年的变乱所给的启发不少。以我推求所得,其不能成功而反以召乱者,大概可分三层去说。三层之中:从头一层看,可以明白他所以未得成功;从第二层看,可以知道他一时无法成功;从第三层看,便晓得他永远不能成功。"先生在所讲的头一层说:"二十年来所以未得成功之故。……在这种制度里面是要权操自多数人的,所以又称多数政治。……但在中国的政治革新,却是出于少数知识分子所作的摹仿运动;在大多数人全然无此要求的。""第二层原因,就是物质条件不合。"第三层即永不成功"在精神不合",先生指出:"此制度所需于社会众人之心理习惯,必依之而后得建立运行者,乃非吾民族所有;而吾民族固有精神实高越于其所需要

---

① 梁漱溟:《敬以请教胡适之先生》,《梁漱溟全集》第五卷,山东人民出版社 1992 年版,第 33—34 页。

之上。"并指出:"欧洲近代政治,实是专为拥护欲望,满足欲望,而其他在所不计或无其他更高要求的。我名之曰'物欲本位的政治'。从来的中国国家断断乎做不到此,要亦未甘如此,不屑如此。""则我之不能学他,亦既可明白矣。"

先生最后指出:"中国今后而有前途,则其开出来的局面,不能不比他既往历史进一步,不能不视西洋近世史高一格,这亦可说是一个定命论。"①

十月,发表《中国问题之解决》,刊载于《村治月刊》一卷八期。

燕京大学、北京大学先后邀请先生演讲,先生均以这个题目"粗陈意见"。自然还是"乡治论"的一部分。

先生讲:"我们提出此问题,是想讨论以下两点:一、中国问题之解决的主动力何在?换句话说靠什么人来解决中国问题?二、中国问题之解决的方式如何?是改良,抑或革命?"

"现在对中国的看法,不独国民党与共产党不同;即在国民党内或共产党内,亦复见解分歧,派别对立……"先生认为:"中国问题的特征,一则是'不一';二则是'不定'。'不一'是说外面、内部以至种种都有。'不定'……而我们意思更指问题中的各方面,其关系不决定。……如封建地主与农奴,资产阶级与无产阶级,帝国主义者与其殖民地,这些在中国都不分明。……我们亦只是半独立国家,未曾干脆地作了人家的殖民地。就内部说,则中国社会在封建社会与资本社会之间,谁亦说不清是个什么社会。俄国共产党干部赏名我们为'半封建'——大概遇到中国事加一'半'字都颇适当。其实中国社会,一半因其不进步,一半因文化的特

---

① 梁漱溟:《我们政治上的第一个不通的路——欧洲近代民主政治的路》,《梁漱溟全集》第五卷,山东人民出版社1992年版,第133—170页。

殊，乃异常散漫而流动。他不独没有形成阶级的对抗，乃至职业的或经济上同地位的联结，亦每为家族的或地方乡土的关系所掩。""自满清推翻，共和宣布，法律上看去更像是政治机会已经公开而平等；但实际上则任何法律制度均未建树得起，二十年来已陷于无法律状态。于是乃由散漫流动，而更进于混乱不清。此时而欲于其间分出几方面，判定其关系，直为不可能。"先生并就关于中国问题之解决的主动力的几种说法——一、全民革命说，吴稚晖主之；二、各阶级觉悟分子团结革命说，国民党中汪精卫主之；三、农工小资产阶级（或小市民）联盟的革命说，国民党中改组派如陈公博等许多人倡之；四、被压迫民众的革命说，南京中央党部颁发出来的《党员训练大纲》就有此说；五、有产者革命说，一九二三迄一九二七年以前的共产党，大都认为中国革命属于对外的民族革命及对内的民主革命……都是出自资产阶级的要求；六、无产者革命说，共产党中反对现在干部之托洛斯基派主之。先生当时认为："上列各说，有的不能令我们满意，有的我们认为错误。"先生还认为："眼前的中国社会已完全陷于无法律无秩序状态，压迫者与被压迫者已失其决定性，而没有分野。因最高权力寄于枪杆，大小不等，头绪纷纭，又且是转移无定，得失瞬变的。"先生说："我对于第一点的答案是：中国问题之解决，其发动主动以至于完成，全在其社会中知识分子与乡村居民打并一起所构成之一力量。……照我的分析研究，现在之中国问题并不是其社会内部自己爆发的问题，而是受西洋文化的势力（欧美并日本皆在内）压迫打击，引起文化上相形见绌之注意，而急求如何自救的问题。""中国人于其固有政治、固有经济，初未必到了不能安不能忍的分际；其所以成为问题，实有文化改良文化提高之意义与其不得不然之势在。故我以为中国问题的内涵，虽有政治问题、经济问题，而实则是一个文化问题。——文化亦可概括政治、经济在内。"先生当时还认为："中国问题根本不是对谁革命,而是改造文化,民族自救。……此民族自救运动,求诸全民族则宽泛无当;求诸某阶级某部分人,则狭窄不洽;而谓不在接触外面之先知先觉、感触亲切之志士仁人而又在谁?文化改造之任务,不在一社会文化中心之知识分子而又在谁?于此际也,先知先觉、知识分子明明是主而不是宾矣。""我们现在可以看出许多先生呆笨地想从农工、无产者、被压迫者寻求中国革命的动力之错误。""中国问题真可说是一个变例;革命的,不在多数被压迫剥削的劳力生产者,顾在少数可以压迫剥削他人以自了之人。这全为中国革命是受外来文化刺激而为意识地牵拉使之向前改变,不同乎因经济演进而社会自尔机械地被推动向前变化,如西洋往例。""我们对于感受迫害虐苦的多数人之极求解除苦痛那件事实,原不否认;只是他自己太没方向。然此自是社会中潜伏的解决社会问题之一大力量,为有革命方向的知识分子所必凭藉。否则,知识分子而热心革命者为数几何?又何能斡旋得全社会,成此远业?不过照我们的认识,他是宾而不是主耳。……方向在谁身上,谁是主。""所谓革命的知识分子所必凭藉的社会中潜伏之一大力量,我是指乡村间居民而说。"先生还指出："我敢断言,如果这上层动力与下层动力总不接气,则中国问题永不得解决;而上下果一接气,中国问题马上有解决之望。如何可以接气?当然是要上层去接引下层,即革命的知识分子下到乡间去,与乡间人由接近而浑融。……我们自始自终,不过是要使乡间人磨砺变化革命知识分子,使革命知识分子转移变化乡间人,最后二者没有分别了,中国问题就算解决。这其间的步骤,我推想是如下的:一、知识分子于回到乡间之前或后,必须有相当联络组织。二、即从回乡的知识分子间之广大联络,逐渐有于散漫无统纪的中国社会,形成一中心势力之望。今日社会太没力量（尚不如清末），而只见滥充执行国权的军阀有无限威力；由此形势可望转移。三、知识分子下乡后，其眼光见解乃剀切问题而不务虚蹈空，其心志乃注定于革命而不移……在乡间人一面，则渐得开化，不再盲动于反对的方向去；不为土豪劣绅所操弄，乐近知识分子而不疑，双方各受变于对方，相接近而构生一个新动力。于是仿佛下层动力得了头脑眼光，又像上层动力得了基础根干。四、此广大联合而植基乡村的势力一形成，则形势顿即转移过来，彼破坏乡村的势力乃不得不软化克服于我。……所谓社会中潜伏的大力量之开发而观其功用即指此。""所以我以为解决中国问题，就是知识分子如何将乡间人拖引得上来一件事。"先生说："现在我肯定地说：中国问题之解决方式，应当属于'革命'。"但是先生当时却认为："革命是秩序的改造……因此中国之政治问题、经济问题，皆是如何建造成功新秩序的问题……"①

是年，蒋（介石）、阎（锡山）、冯（玉祥）中原大战，村治学院成立未满周年，即以蒋军入主开封而告终（十月间停办）。学生三百余人结业散去；其中有以精神感召始终不失联系者数人，为孟宪光、赵道一（德庆）、李健三、常泰和等。②

是年还写了《敬答陈嘉异先生》、《答张廷健先生》、《建设新社会才算革命》、《答晴中君、马儒行君来书》、《悼王鸿一先生》、《答李朴生先生〈村治运动的正路后〉》、《敢告今之言地方自治者》、《关于〈我们走那一条路〉一文的讨论》。以上各文多数发表并收编于《中国民族自救运动之最后觉悟》一书。

---

① 梁漱溟：《中国问题之解决》，《梁漱溟全集》第五卷，山东人民出版社1992年版，第206—220页。
② 参见梁漱溟：《略记当年师友会合之缘》，《梁漱溟全集》第七卷，山东人民出版社1993年版，第410—418页。

一九三一年（辛未　民国二十年）

三十九岁。

在山东邹平。

冯（玉祥）部将领韩复榘先为河南省政府主席（有名义无实权），冯部西撤入关中时，韩脱离冯而东进，蒋介石以中央政府名义任命他为山东省政府主席。河南村治学院结束后，原副院长梁仲华去济南向韩复榘作报告，韩即面邀村院同人到山东来继续未竟之志。商定院址设在邹平。

年初，先生与村治学院一部分同人、学生到山东邹平，开始筹备工作。先生与梁仲华等同人商议，不沿用"村治"或"乡治"两词，提议用"乡村建设"一词，并改学院为研究院，此即"山东乡村建设研究院"名称的由来。为了把理论研究和具体实验有机地结合起来，院内分设研究部及乡村服务人员训练部，并以院址所在地之邹平县地区为实验区之一。推梁仲华先生为研究院院长，先生为研究部主任。实验县政府隶属研究院，县长人选由院方提名而省政府任命之。

六月，山东乡村建设研究院正式成立。后又在菏泽建一分院，实验县是菏泽。邹平是一小县，比较安定，因取正常步骤，从社会、教育、经济等方面改革着手。菏泽一向多匪，故选从乡村自卫着手。

写出《山东乡村建设研究院设立旨趣及办法概要》。关于提倡乡村建设运动的缘由，已在一九二九年所写的《河南村治学院旨趣书》一文中有所阐述。经过一年多的办学实践，先生决定把乡村建设研究工作与具体实验工作在有机的联系中同时开展。文中讲："乡村建设运动，题目便是辟造正常形态的人类文明，要使经济上的'富'、政治上的'权'综操于社会，分操于人人。其纲领则在如何使社会重心从都市移植于乡村。""自救之道，要在建设一个新社会组织构造，或曰新礼俗、新秩序。新礼俗何指？即中国固有精神与西洋文化的长处二者为具体事实之沟通调和。""此新社会组织以伦理情谊为本原，以人生向上为目的，可名之为情谊化的组织，或教学化的组织。""纯粹是一个理性组织。""理想的新社会，应是：一、农业、工业依乎顺序适宜配合；二、乡村为本，都市为末；三、人为主体，人支配物而非物支配人；四、伦理本位合作组织，不落于个人、社会两极端；五、政治、经济、教育三者合一不分；六、理性代武力，教育居于最高领导地位。"

邹平乡村建设的实验工作，即在实验如何可以实现此理想的新社会。初步就百余户至三四百户之区域，成立"乡农学校"；化社会为学校，目的在推动社会、组织乡村。乡农学校之实验，原供乡村运动者在现行法令之下的一般县区推动乡运的设计。当时山东开办乡农学校的即有二十余县。教员的职责以及各乡农学校之间的联系与合作，都有明确阐述。

先生所写《村学乡学须知》说："本县整个行政系统悉已教育机关化，应知以教育力量代行政力量。"[①]

[①] 梁漱溟：《村学乡学须知》，《梁漱溟全集》第五卷，山东人民出版社1992年版，第462页。

八月,写出《敬答严敬斋先生》,信中讲:"先生极言乡村间礼之不可变,古礼(乡饮酒、乡射)之当兴复;此最有眼光之言。中国乡村生息濡染于中国文化以至今日,流风亦已歇,流弊亦已深;谋乡村改进者自非有真情实意运乎其间,盖未易识得其问题之深由,而有以见乎其出路之所从。出路何从?则礼是也。……在西洋人则有其个人本位、权利本位的法律;在中国未来则将靠其古先哲人所发明之礼。"[①]

九月,发表《我们政治上第二个不通的路——俄国共产党的路》。刊于《村治月刊》二卷五期。

这是继头年发表的《我们政治上第一个不通的路——欧洲近代民主政治的路》而写的政论文章,系统地阐明先生当时对中国社会的认识和"第三条路"的政治主张。

先生讲:"布尔西(什)维克自是一个企图经济改造的党,然而这种企图的成功,则将寄于他的'革命政治'——这是他的新发明。中国人因亦想取经于此,排除国外压迫、国内障碍,建设理想的国家,近以自救,远以世界大同为期。"然而先生当时认为这是"我们政治上第二个不通的路"。文中强调中国社会的特殊性,认为:"马克思解说社会的蜕变改进,我想在欧洲或是适用的。""东方智慧的民族,则已转变了方向。其最大的见征,即在经济方面,生产方法不更进步,生产关系不更开展,现出一种留滞盘桓的状态;千年之后,犹无以异乎千年之前,唯物史观家莫能究其故。""在唯物史观家所谓'上层建筑'的法律政治及一切精神生活过程,应视其'经济基础'为决定者,在东方殊不尽然;有许多处,或宁说为从上层支配了下层较近事实。"先生当时认为俄国共产党

[①] 梁漱溟:《敬答严敬斋先生》,《梁漱溟全集》第五卷,山东人民出版社1992年版,第258—259页。

发明的路在中国不通的具体原因有三难:"第一,阶级基础难。共产党的社会基础即是无产阶级。""然而如近世的产业在中国又有几何?由此而来的无产阶级其于全社会比例当然微乎其微。""手工业者不是什么'阶级'","农民散漫非常,只有个人,不成阶级,将如何能期望他们革命?将如何能依以为基础呢?何况还有:(一)内地乡村社会的锢蔽……(二)传统的观念和习惯太深","我敢说,一切劳苦群众但有工可作,有地可耕,不拘如何劳苦,均不存破坏现状之想";"其实他是与革命无缘的!""第二,革命对象难。……大家以为:革命对象在国际资本帝国主义者和军阀甚属明白确实,尚何所疑?我以为……如细心思之,则知其正大有问题在。""大家说:我为被压迫民族,压迫我者即是欧、美、日本帝国主义,敌我岂不分明?""我们对帝国主义者,以武力反抗,或经济上不合作来反抗,眼前都不行。彼此力气强弱相悬,较量不来。""中国革命既已不到民族革命分际,不能实行对帝国主义者进攻";"则其所认取封建势力为革命对象,是否合适,'封建势力'一词,一般革命家是指着军阀、贪官污吏、土豪劣绅等而说,其中自以军阀为首……军阀果为正确的革命对象否?照我的回答,军阀不能成为革命对象"。"革命是一社会根本秩序的推翻与改造,秩序与国家二者几乎是不可分的。""革命对象主要在对那秩序,其次乃对人。""军阀是人的问题,还是秩序问题?我敢决定说,不是秩序问题。""正因为军阀而国家法律失效,而社会秩序破坏,他恰好是与法律秩序势不两立的东西。"先生"建设新社会才算革命"答晴中君文中曾讲:"中国今日正是旧秩序破坏了,新秩序未能建立,过渡期间一混乱状态。军阀即此混乱状态中之一物,其与土匪只有大小之差,并无性质之殊。""中国革命对象的中国社会旧秩序,早随满洲皇帝之倒而不存;此不成秩序之军阀制度……非革命对象矣。""革命对象抓不到,革命力量无所施;不得其用,而枉用滥用,那得不自己溃败?敌(革命对象)我(基础力量)分不清,没有拘界,那得不散乱?——国民果又何从成其为党?"

先生当时认为还有一难,即"理论统一难"。文中说:"总之,在革命理论界中,有两大可注意现象。一是极见分歧;一是每每流于灵空玄妙……""(一)共同信奉一主义,许多人结合起来往前走,此中国夙昔殆所未有之事;尤于中国士人风气习惯不合。""(二)因其夙来散漫无团体,故团体生活中的两大要件——组织的能力和纪律的训练——他都没有。""(三)中国士人个性发达,乐于自尊,不乐于依附;对于强权或大势力是生反感。""(四)从乎中国社会之组织构造,故中国人要讲是非,而西洋人贵谈利害。""(五)旧日之中国社会,其组织构造与西洋殊异;……革命就是阶级斗争,马克思所诂甚确。这自是西洋社会要有的事,中国社会顾何从而言之?中国社会只有他历史上的一治一乱,改朝换代,而社会组织构造无何等变更。""(六)中国是尚和平的民族,最宽容而有理性,斗争非所屑,以斗争教中国人,是悖乎其精神之大者;即此一点,足以断定此路之走不通。""(七)中国实一'不像国家的国家'。……一、自秦汉以后,变列国分争之局而为天下一统,外围环境不同;二、同时其内部构造但有统治者而无统治阶级。……此中国历史之特殊。""(八)从前的中国人与其国家,殆成两无交涉的状态。""中国人虽至今自由无保障,不能比于任何国民;然自古确有比任何国民更多之自由。……因为中国是最优游自如的民族。布尔西维克主义(严厉干涉制裁的生活)方且为欧洲人所不惯,其于数千年生活习惯正相反的中国人,更当如何?不问可知是调融不来的。"先生最后讲:"中国现社会自有其一种形势,中国问题的解决必有赖乎此形势之自然……从乎民族历史之演变,民族精神之趋向，所谓政治平等、经济平等，其势固将有异乎西洋之民主与共产。"①

十月，先生写出《丹麦的教育与我们的教育》一文，发表于《村治月刊》二卷二至八期。

先生因思忖中国经济问题的解决，因留心农业与农民合作的事，而注意到丹麦这个国家，并听到丹麦农业之发达，合作之隆盛皆以其教育为动力。所谓丹麦教育——就是他的民众高等教育。先生看了孟宪承先生新译《丹麦民众学校与农村》后，感想颇深，因写此文。全文计六大段，一至五段，介绍丹麦教育的根本精神、创始人物、主要科目、要点及迁进与扩展。丹麦教育的根本精神是："民众高等学校目的，是以历史和诗歌为媒介，而唤起民族精神的觉醒，刺激能力的发展。精神的觉醒，能促社会和经济的进步。"第六段"从而论到我们的教育"。先生对比丹麦教育与我国教育，指出："我们知道丹麦教育正是一种乡村教育，一种民众教育。今日中国教育界的新觉悟新趋势不期乃与数万里异国之八十年前旧事相合。……然我们虽不想处处求合于丹麦教育，丹麦教育固尚有足引起我们觉悟而极图改变之点，窃以为我们的教育当前有两大问题极待考量的：一、是教育将趋重知识技能，抑要着眼人生行谊的问题；二、是教育将主于官办，或听由社会上私人经营的问题。"文中讲："我可以断言：中国学术除非不复兴盛则已，如其兴也，必自人生问题之研讨入手，乃引起其他一切若近若远之科学研究；抑必将始终以人生问题为中心而发展一切学术焉。中国教育除非从此没办法则已，如其有办法，必自人生行谊教育之重提，而后其他一切知识技能教育乃得著其功；抑必将始终以人生行谊教育为其基点

---

① 梁漱溟：《我们政治上的第二个不通的路——俄国共产党发明的路》，《梁漱溟全集》第五卷，山东人民出版社 1992 年版，第 261—294 页。

而发达其他知识技能教育焉。……中国教育今当置重于乡村教育、民众教育。"先生最后还指出:"我们敢说要想中国教育有生机,非打破推翻今日官办教育的局面,得一大解放不可。官办教育愈办愈死,官不办教育,而听社会上有志教育的人去办教育,才得愈办愈活。"主张政府应退处于考核、监督、奖励、补助地位。[①]

[①] 梁漱溟:《丹麦的教育与我们的教育》,《教育论文集》,开明书店民国三十四年,第27—63页。

一九三二年（壬申　民国二十一年）

四十岁。

在邹平。

九月，《中国民族自救运动之最后觉悟》一书由北京村治月刊社出版，收入《主编本刊之自白》等十六篇文章，全书约二十五万字。

继续在邹平从事乡村建设运动并主编《村治月刊》。《村治月刊》社设于北京旧刑部街。①

冬，应邀参加在南京举行的内政会议。这次会议侧重讨论地方自治问题。

十月，《中华教育界》发表《梁漱溟先生述山东乡村建设研究院工作》。

十二月，应邀参加国民党内政部召集的全国第二届内政会议。这次会议讨论地方自治问题。同月，南京市政府公报发表先生在会上的发言《地方自治问题》。

---

① 参见梁漱溟：《略记当年师友会合之缘》，《梁漱溟全集》第七卷，山东人民出版社1993年版，第410—418页。

一九三三年（癸酉　民国二十二年）

四十一岁。

在邹平。

二月，应邀参加教育部讨论民众教育问题的会议。会址在南京。会上推选先生与钮永建等五人负责起草《民众教育在教育系统上的地位》草案。

三月，被教育部聘为民众教育委员会委员。

五月，在无锡教育学院讲"民众教育何以能救中国"。

七月，全国乡村工作者集会于邹平，举行"乡村工作讨论会"第一次会。讨论会于十四日举行，十六日结束。参加这次会的有六十三人，代表三十五个机关团体，来自北平、河北、河南、上海、南京、广东、浙江、江西等十几个省、市、地区。除从事乡村工作的单位或个人外，一些大中小学也派人参加讨论，如燕京、齐鲁、金陵等大学都派有数人参加讨论。

到会者公推先生、晏阳初、黄炎培、章元善、江恒源、许仕廉等六位先生为主席团。先生主持开幕式并致开幕词说："因为近年做乡村运动的很多，虽然彼此常见面，但没有过大的聚会。去年十二月，内政部召开第二次内政会议，许多朋友相聚南京（有晏阳初、王怡珂、梁耀祖、李景汉、高阳等），就商量要有个组织，以便彼此切磋，彼此提携。"

在讨论会期间，先生作了《山东乡村建设研究院工作报告》（是先生自己写的），讲到宗旨说："顾中国今日之乱，系由近百年来遭遇另一种不同文化，陷入一全新环境中，所以引起其自身传统文化之一大激变，夙昔社会之组织构造节节崩溃。""此时而言求治……非从根底上重新建立其自身所适用之一种组织构造不可。……所谓村治或乡村建设者，意在新组织构造必于乡村中养其端倪，植其苗芽。""本院现时工作本于前旨，着眼于三点：（甲）研究实验中国乡村社会现在所切需且其所能有之组织方式。（乙）启发乡村自救意识。（丙）倡导知识分子回乡运动。"①

十六日，与会人士参观了山东乡建院及其附近之工作——机织合作社、林业工会、民众学校等组织。

这次大会的影响很大，主要有三点：一、进一步加强了乡建工作者的联络合作；二、交流了经验；三、促进了全国的乡建工作。

在这次讨论会上，通过成立乡村建设学会。

八月，中国社会教育社于济南举行年会，先生参加，并发表《社会本位的教育系统草案》；提出关于中国教育制度之改造草案，主张学校教育、社会教育融合不分，而一切设施必先厘定其社会区域，以为教育对象；即以社会区域之大小统属，别其等级，著为系统，定为国学、省学、县学、乡学、村学之制；而无取于大学、中学、小学，如今日者。② 草案主要内容：一、学校教育、社会教育不可分；二、教育宜放长及于成年乃至终身；三、教育应尽其推进文化、改造社会之功。先生仍本其"教育居于最高领导地位"观

---

① 梁漱溟：《山东乡村建设研究院工作报告》，《梁漱溟全集》第五卷，山东人民出版社 1992 年版，第 389 页。

② 参见梁漱溟：《创办私立勉仁中学缘起暨办学意见述略》，《梁漱溟全集》第六卷，山东人民出版社 1993 年版，第 59—67 页。

点,进一步明确提出:"本案盖即以学校教育而特别注重教育推广工作。特如所谓:学校应为地方社会之中心,教员应以社会之指导者自任。""本案以社会运动纳于教育系统中,直以教育解决社会问题。"并说:"学问以自己求得为真,自来名家每出于学校教育之外。故由公家供给图书及实验设备而奖励好学者之自修,实为教育设施之要图。"

四月,《中国民族自救运动之最后觉悟》一书由中华书局印行。

是年,乡建院开办讲习会,"商讨吾们的问题,找出路子,解决烦闷"。燕京大学头年毕业学生田镐(字慕周)慕名来到邹平,参加讲习会,后留乡建院,参加邹平户籍室工作。

这一年先生还发表了《建设与崩溃》、《乡农学校的办法及其意义》、《我们的乡村运动》、《乡村建设理论提纲》、《请大家研究社会问题》、《乡村建设是什么》、《乡村建设些什么》、《民族复兴问题与途径及乡村建设之要点》、《解决中国经济问题之特殊困难》等文章。①

---

① 参见刘定祥:《梁漱溟先生著述年谱(二)》,《社会科学家》1989年第1期。

一九三四年（甲戌　民国二十三年）

四十二岁。

在邹平。

一月上旬，在乡建院讲习会上发表题为《自述》的演讲。这次演讲从三日开始，每日讲一大段，至六日结束，共讲了四次。先生叙述了自己自童年时代到当前的人生思想转变过程。说自己一生有四不料：一不料由厌恶哲学而到大学讲哲学，终被人视为哲学家；二不料自幼未读四书五经而后来变为一个拥护儒家思想、赞扬孔子的人；三不料自己几代人都生长在北京的都市，而成为从事乡下工作，倡导乡村建设运动的人；四不料乡村建设运动竟然与民众教育，或说是社会教育为一回事。先生还叙述了自己思想经历了三度变化：一、十四五岁至十九岁，为实用主义，可谓西洋思想；二、二十岁至二十八九岁，为佛家出世思想，一心想当和尚，可谓印度思想；三、二十八九岁后，由佛家思想转入儒家思想，发表《东西文化及其哲学》，可谓中国思想。"仿佛世界文化中三大流派，皆在我脑海中巡回了一次。"先生说自己脑子里问题多，"但归纳言之，不外人生问题与社会问题两类"。并讲"肄业顺天中学时，我即很想做一个有用之人，为社会为国家做一番事业，有所建树；于此亦可看出我之关切大局,热心爱国"。①

春,政府公布"五五宪草",征求国人意见。先生写《中国此刻尚不到宪法成功的时候》一文,在天津《大公报》发表。文内申明:"中国制宪毫无用处;只有乡建运动才是中国产生一部宪法底运动。"②

七月,在乡村建设研究院讲"精神陶炼要旨",说明服务乡村所需要的精神是什么,并发表于当年《乡村建设》(旬刊)。先生讲:"精神陶炼含有三方面:一、合理的人生态度与修养方法的指点;二、人生实际问题的讨论;三、中国历史文化的分析。""合理的人生态度与修养方法的根本,是深心大愿。……要从启发我们每一个人的志气活力,而复活中国社会、中国民族。……如果中国人还是死气沉沉,无丝毫活力,则什么也不要讲,不必讲。""农村工作,为什么首先要使乡下人活起来呢?""一面中国文化传之日久,机械性大;一面中国农业社会例多保守死板;再则,近数十年来的天灾人祸太厉害,大家受不了,精神也便消沉下去。……此时,若要乡村中人进取,非先使他活起来不可。"关于人生实际问题的讨论,先生指出:"我们作乡村工作的人,必须对于人生实际问题有一个认识、判断、解决。比如家庭问题、社会问题,如何处父子、夫妇、兄弟、朋友等,自己先有一点见地,然后才能给乡村中人开路子。"关于中国历史文化的分析,先生讲:"中国民族精神是人本的,是现世的,中国虽无科学,而其精神接近科学,远于宗教,而合于思维。中国人的精神是什么?中国人精神之所在,即是人类的理性。""除非中国文化完全没有价值,如果有其价值,则他对人类

---

① 梁漱溟:《自述》,《我的努力与反省》,漓江出版社1987年版,第53—96页。
② 梁漱溟:《中国此刻尚不到宪法成功的时候》,《梁漱溟全集》第五卷,山东人民出版社1992年版,第466页。

的贡献只有一点——就是对人类的认识。只有中国人反回头来认识了人类是怎么一回事，中国文化的可贵即在此。中国古人最先认识了人类，就从这一点上开出了中国文化。""人类之所以为人类，在其具有理性。中国古人很早就认识了人类的理性，发挥了人类的理性。所以中国民族虽遭遇今日之难关而无碍。""从中国历史文化的分析，找出中国文化的特征，而后可看出现在及未来中国社会所应走的路。""所谓合理人生态度的指点、人生实际问题的讨论、历史文化的分析，三者皆以'中国民族精神'为核心。""何谓理性？平静通达而有情。""理性从何来？无私的理智，开发出无私的感情。无私的感情就是理性。"

八月，国民政府首次举办孔子诞辰纪念会，先生应邀参加，发表题为"孔子学说之重光"讲话。指出：孔子学说的真价值，就在于他自己了解自己，自己对自己有办法。可以说孔子毕生致力的学问就是使自己生命"顺适通达，了亮清楚"的"自己学"。西洋人上穷天际，下极地层，对一切都考察研究过，一切都明白，都有办法，但不体认自己，对自己没办法。而中国人尽管对物缺乏研究，但由于"一向受孔子的启发与教导，曾经在了解自己的学问上用过心"——让智慧回到自己生命。先生在讲话最后指出："西洋人对于人类根本地方，少所了解，少有办法，所以我断定他们亦要失败。等到西洋人失败的时候，中国文化的坠绪从新接续，慢慢再发挥光大，为人类所公认，重光于世界！"[①]

九月，发表《杜威教育哲学之根本观念》一文。文中说："生物学进化观念是杜威学说的根本。""杜威的主要观念——生命观念：宇宙是一大生命，了解生命即了解宇宙。虽然到处是生命之所

---

① 梁漱溟：《孔子学说之重光》，《梁漱溟全集》第五卷，山东人民出版社1992年版，第548—556页。

表著,可是有一个地方是宇宙大生命的核心,这个地方就是人。生命是活的,宇宙最活的就是人心。""教育就是看人心的重要路口;从教育上追求便摸着根。教育是人类个体生命与社会生命的贯串。""宇宙现象无非此二者而已。教育正抓着了二者的中心,故能将各方面贯串一气,上下追求,四面皆通。杜威的学问得力于此。"先生还介绍了杜威的《民本主义与教育》,并说:"他讲来讲去是讲人生外面的事和用。杜威没有发现人生的真价值。""所有他的主张中没有不合乎道德的地方,但他未发现道德。他与儒家相近,而缺其一面。……他的学问从哲学来,只看见相对,未看见绝对;只见用未见体;只见变未见不变。"①

十月,第二次全国乡村工作讨论会在河北定县召开。先生在会上讲了"乡村建设旨趣",提出以农业引发工业,农业、工业为适当的结合;以乡村为本而繁荣都市,乡村、都市为自然均宜的发展的方针。认为乡建运动的旨趣在建设以乡村为重心的新文化。

增划山东济宁专区等十四县为实验区。梁仲华先生调任济宁专员。先生继任乡建院院长,黄艮庸先生任研究部主任,张俶知先生任训练部主任,陈亚三先生任菏泽实验县县长。李渊庭在院长办公室工作,《乡村建设论文集》第一集即由李渊庭编辑成书。

十二月,对邹平实验小学教职员讲"目前中国小学教育方针之商榷",指出近几十年来中国教育离社会太远,主张"教育要兼顾个人和社会"。

《乡村建设论文集》第一集由邹平乡村书店出版,约十三万六千多字,汇集一九三三至一九三四年先生所写文章十八篇。

是年,先生在报纸、刊物上还发表了:《邹平乡村建设一般》、

---

① 梁漱溟:《杜威教育哲学之根本观念》,《教育论文集》,开明书店民国三十四年(1945)版,第7—26页。

《邹平乡村建设的几个重要问题》、《乡村建设与社会教育》、《山东乡村建设研究院最近工作概况》、《民众教育何以能救中国》、《社会教育与乡村建设之合流》、《乡村建设几个当前的问题》、《与丹麦教育家贝尔斯和作家安得生谈话》、《乡村青年的训练问题》、《三种人生态度——逐求、厌离、郑重》、《研究乡村建设的途径》、《本院设立旨趣及办法概要》、《村学乡学释义》、《拿出家的精神来做乡村运动》、《山东乡村建设研究院及邹平实验县工作报告》等。

一九三五年（乙亥　民国二十四年）

四十三岁。

在邹平。

先生原籍广西桂林，久有回乡看看的愿望，又值广西当局——李宗仁、黄旭初、白崇禧等屡邀先生前往广西讲学，遂于是年一月间离鲁赴广西一游，李渊庭随行。先到南京在中央饭店小住数日，有新闻记者来访，由李渊庭出面谈先生此行用意及北方乡村运动与邹平乡村建设概况。后经上海搭船到香港转广州而到广西梧州，恰值春节（二月四日），稍事休息，即赴戎墟看望先生老友李任潮先生，谈福建事件的梗概。小住数日，即由梧州搭汽车径赴桂林，下榻独秀中学。先生看望了本族宗兄，游览了桂林山水。后来，由桂林转赴广西省会南宁市，先住广西国民基础教育研究院，由该院院长雷宾南（沛鸿）做东招待，先生为该院学生讲学数次，继移居南宁市内乐群社（广西省招待所）多日。李、白、黄等来访谈话数次，并请先生为广西军政干部讲话，白崇禧亲自带领干部数百人站立听讲。先生对广西当时施政措施有所批评，并把北方乡村运动及山东乡村建设详加说明。先生讲话时精神振奋，声震屋瓦，听讲者无不为之动容。先生讲完，白接着说："今天梁先生为我们上了很好的一课。值得我们深入思考，研究借鉴。"在此期间曾赴武鸣县参观广西所实行的一些地方自治设施。

在南宁大约住了个把月，先生乘飞机（只能容驾驶员及乘客二人的小型飞机）返广州，李渊庭一人乘轮船沿西江返广州。先生应邀在中山大学讲学。后于是年四月底回鲁。

先生在广西时，广西大学校长马君武老先生来访，马老刚正之气溢于言表。马老走后，李渊庭向先生吐露敬佩马老之情。先生对李渊庭讲了两件事。先生说："我第一次见到马老时，年仅三十二岁，马老甚赞我正值妙龄，前程远大。还有，孙中山在日本组织中国同盟会时，许多人热烈拥护，纷纷参加，唯独章行严（士钊）拒不参加，马老硬是饱以老拳，迫章参加同盟会，而章倔强得很，始终没有参加。从此事可以看出马老的为人。"

八月二十日，夫人黄靖贤在邹平因难产逝世。黄夫人是满族，一九二一年冬与先生结婚。婚后生二子：长子培宽，次子培恕。夫人逝世时二子均在幼年。夫人秉性贤慧，夫妇感情融洽。先生深为悲伤。

蒋百里先生适于这日到邹平来访，知夫人病故，便径自返回上海。

十月十日，在无锡教育学院举行全国乡村工作讨论会第三次大会，先生应邀参加，并在会上提出书面报告《一年来的山东工作》。报告中，除叙述划定鲁西十四县为县政建设实验区情况及研究部、训练部结业同学分配在实验县及各县乡农学校工作外，并讲了农场、卫生、金融及邹平实验县工作。

报告中讲："院内农场的改进……其中较大一项……为本院与金陵大学农学院，华洋义赈会山东分会，去济南辛庄成立合办农场。""为重视其育种工作……将辛庄地方一部分让与播种。至于本院在邹平的农场，人才设备，种种不足……只好作推广工作。""本县医院兼邹平县卫生院系一九三四年夏天筹备，九月成立，招收男女学生二十人加以训练，为将来分乡成立卫生所、广设病床、完成全县医疗设施作准备工作。""邹平合作事业指导委员会成立……邹平的合作运动，始于本院农场之推广。种棉、提倡造林、指导养蚕等事业。""农村金融流通处改组成立，趋重于信用合作社之倡导扶持。""邹平实验县的实验项目：（一）农村金融流通处改组……（二）县政府组织变更……（三）举办青年义务训练。在去冬循往例训练农民壮丁……除大部集中城内训练……试行青年义务训练，强迫十六岁以上，卅岁以下之男丁受教育……（四）疏浚杏花沟。（五）举办户口调查，实行人事登记。……成立各乡学户籍处，县设户籍室。（六）村学之整顿……（七）凿井抗旱……（八）试行学友制……（九）取缔婚姻陋俗。（十）举办自新习艺所。"[1]

十月，华北紧张（日寇所谓华北五省三市自治运动），山东的乡村工作便转入备战阶段。计划着分期分区训练民众，组织民众，而以集中训练八校师范生下乡担任其事。

十月至十二月，先生推动山东省主席韩复榘拟定以改革地方行政和民众自己训练为主要内容的"三年计划"（一九三六——一九三八），为应付敌人（日寇）入侵，实行自卫作准备。

先生讲："一九三五年后山东乡村工作之大展开，则激于日寇侵略，悻然唱出'华北五省（晋、绥、察、冀、鲁）三市（北京、天津、青岛）自治'口号而来。原计划以三年时间全省（山东）各县普设乡农学校为基层地方行政机关，并适应国防需要，负责当地壮丁的军事训练，惜只进行得七十余县而日寇遽侵及鲁境，加以

---

[1] 梁漱溟：《一年来的山东工作》，《梁漱溟全集》第五卷，山东人民出版社 1992 年版，第 769—777 页。

省当局自违其初衷而失败。"①

又讲："一九三五年十一月，为'华北五省三市自治'酝酿最紧迫之时，华北局面将为如何恶化的变幻，全决于此际。忆余当时以全国乡村工作讨论会双十节在无锡开会，于闭会后过南京（十月十七日）获闻此消息，即赶回山东。为决定我们在山东的进退，极须探明韩氏（复榘）态度，迭与同人梁仲华、孙廉泉两先生，或相偕或分头在此十月下旬迄于十二月初旬之间，先后访韩氏谈话多次。……其态度十分正大而有深心……其表见有二：甲、坚拒敌人的胁迫。当时关东军参谋几度乘飞机到济南，胁迫韩氏同赴平津开会，韩始终拒绝未去，由是土肥原五省三市自治的计划，为之打破；其后何应钦北来，乃结局于冀察委员会。乙、积极采定国防政策。此即决定一个三年计划，以两项工作在三年内分区分期推行于全省。两项工作：（一）地方行政改革——在县以下以乡农校为下级行政机关，改善县政府组织，添设行政专员等。（二）民众自卫训练——初级训练在乡农学校，高级训练集中于行政区。此计划定后，一切均按步骤进行，一九三六年为第一年，成立第一、第二、第三行政专员区，改组县政府，普设乡农学校。一九三七年为第二年，成立第四、第五、第六、第七专员区工作如前。一九三八年应为第三年。未得完成计划，而大战遽起。""吾侪工作自邹平开始，而扩充至菏泽，继则利、滨、沾三县亦具相当关系，又继则有济宁等十四县。在确定'国防政策'三年计划后，工作更加开展……乡校推行至七十余县；研究训练机关则于研究院外有山东全省乡村服务人员训练处，有第一、第二乡建师范，有乡建专科学校。乡建工

---

① 梁漱溟：《我致力乡村运动的回忆和反省》，《梁漱溟全集》第七卷，山东人民出版社1993年版，第425页。

作同人同学不下四千余人。"①

十月,在研究院讲演"我们的两大难处"。先生讲的两大难处是:头一难"高谈社会改造,而依附政权";第二是"号称乡村建设运动,而乡村不动"。提出,为"不致自毁前途",应"守定社会运动立场,绝对不自操政权";"我们的领袖要退居政府之外","工作机关只受政府津贴而不受政府干涉"。

十月,《梁漱溟先生教育文录》一书出版。是唐现之先生汇集先生有关教育论述文章二十二篇编辑成书的,由邹平乡村书店印行。

是年,先生在《乡村建设》发表了《乡村建设理论》(连载)、《咱老百姓得练习着自己作主办事》、《广西国民基础教育与乡村建设运动》、《目前中国小学教育方针之商榷》、《促兴农业的办法》、《欧洲独裁之趋势与我们人治的多数政治》、《中国文化的特征在哪里?》、《政教合一》、《中国合作运动之路向》、《欢迎陶希圣的发言》、《广西见闻杂谈》、《农村运动中的三大问题》、《往都市去还是到乡村来——中国工业化问题》。同年发表的文章还有:《如何能使中国有团体组织》、《我一生思想上的三个转变》、《邹平农村金融流通处的工作》。②

---

① 梁漱溟:《告山东乡村工作同人同学书》,《梁漱溟全集》第六卷,山东人民出版社1993年版,第12—13页。
② 参见刘定祥:《梁漱溟先生著述年谱(二)》,《社会科学家》1989年第1期。

一九三六年（丙子　民国二十五年）

四十四岁。

在邹平。

年初，先生应广州教育界之约，去广东讲学，途经上海时访蒋百里先生于其寓所，蒋谈日本大举入侵我国将不在远及我方应有之应付策略应植基山东、山西之农村。

春天，先生到日本考察其农村复兴工作，朱经古、黎涤玄、秦亦文、黄明等陪同前往。先生到东京时，刚刚在日本所谓"二·二六"事件之后不久。先生说："日本复兴农村的一切工作，外表上与我们乡村建设绝相似，而处处比我们见出有办法，有成绩。但我们却效法不来。何以故？他们政治有系统（议会有种种立法而中央以至地方行政机构为之执行），经济有系统（例如金融系统、全国合作社系统等等），教育有系统（从学术研究、学校教育到社会教育），互相配合做起事来效率自高。试问在分裂内战又一切落后的中国何从得此好条件？……然而却要知道……他们的农村工作尽管有效率，却无前途，总不过是改良而已，要想达到社会主义，不可避免地还要经过大革命推翻资本主义才行。中国却不然，正为其没有那一大系统力量来救济农村，亦就没有一大力量阻碍着广大农村自求其前途。乡村建设只是近乎改良……而实则其使命乃在完成中国革命的。"①

先生从日本考察回来后,在山东乡村建设研究院为乡村工作人员训练处学生系统地讲述了《中国社会构造问题》。主要讲了如下内容:

"所谓社会构造即指一个社会人与人之间方方面面种种的关系,或者说一个社会里面的政治、经济、教育各种制度即叫社会构造。换句话说社会构造就是社会秩序。""我在日本参观三个礼拜,感到日本真是进步啊!从前,我们与日本同样是东方各自关门过日子的国家,后来同样被西洋人撞开了门,同样受西洋影响,同样去学西洋,同样各有变法维新革命等运动,同样学西洋以求应付西洋,而结果日本学成功,走上西洋人的路,国家一天天进步了;中国却老不能进步。这到底是什么缘故呢?照我的解释这完全是一个社会构造问题。日本自明治维新以后,他的社会构造虽有变化却没有根本改变。他一面维新一面尊王复古,所以让他的社会构造得到一个转变改良而没有中断。他的社会构造没有中断,社会能有秩序,这是让他所以能进步的根本原因。而我们虽也有维新革命等运动,不但没有让我们的社会构造得到一个转变改良,反让它日渐崩溃破坏了。社会构造破坏,社会没有秩序,整个大社会日渐向下沉沦,哪里还能进步呢?"

先生说:"中国最大的问题就是内战内乱,因为内战所以让社会没有秩序,而所以有内战也可以说正是由于社会没有秩序而来——内战是社会没有秩序的因,也是社会没有秩序的果。社会没有秩序,没有条理,大家没有轨辙可循,结果必要自乱。正是因为连年内战,社会没有秩序,社会就不能进步;而且中国近几十年来,不但不能进步,反倒是自己完全毁坏自己,促使中国社会构造

---

① 梁漱溟:《我的努力与反省》,漓江出版社1987年版,第398—399页。

日趋崩溃了。

"中国社会构造崩溃，社会秩序紊乱的原因可分两点来说：

一、武力的分裂：中国因为武力分裂，政局常常变动不安，武力横行，法律无效，结果便让社会秩序紊乱了；

二、观念心理的不统一：此刻中国人的思想、信仰太分歧，社会上的风俗、习惯、道德、观念太不一致，头绪太多了，因此非让社会紊乱不可。

"中国社会构造的崩溃，社会秩序的紊乱，多半受从观念心理的不统一，态度行为的不一致而来。自从西洋文化过来后，遂引起我们对固有文化的怀疑批评，这便是固有文化动摇的开头，也就是中国社会构造崩溃的开头。中国文化受西洋文化影响而开始动摇破坏，这是由于中西文化不同的原故。"

先生经过多年的研究分析认为："西洋社会团体与个人太发达，家庭便被隐盖着；而中国社会团体与个人不发达，家庭便显露突出。西洋中世纪封建社会宗教势力最盛，团体干涉个人太厉害，到了近代，经过文艺复兴与宗教改革，个人主义抬头，这样西洋社会团体与个人两相对立抗衡，从而淹没了家庭。中国既没有团体，也反映不出个人，所有的就是家庭，而从家庭在社会生活中的重要位置便产生了中国的伦理。什么叫伦理？人一生下来便与周围的人们发生了种种关系，在此相互关系中便自然发生了情，由情便有了义，有情有义，便是伦理，伦理关系就是情谊义务的关系，人人互以对方为重。中国人互以对方为重，含有一种让的精神，而西洋社会不论团体或个人均以自己为中心，互相对立，必然就要相争了。让与争是中西文化的一大不同，中国人尚让，在几千年来的伦理生活中所以就养成他一种讲礼让、尚和平的精神；西洋人尚争，在近二三百年来的欲望生活中就形成他一种尚竞争，好侵略的精神（西洋人生活靠团体，而团体就要为满足大家的欲望而斗争）。西洋的个人主义（个人本位，自我中心）或反个人主义的集体主义都与中国的伦理道理相冲突。这种文化上的不同，实在是近百年来引起我们社会构造崩溃破坏、内战内乱的根本原因。

"这样看来，我们眼前是失败了，陷入一蹶不振的混乱状态。但是今天的失败正是由过去在文化上的胜利与成功而来，绝不是偶然的。现在拿西洋与中国对照比较一下：西洋在宗教、阶级、国家三方面都是过的团体生活，而中国由于缺乏宗教，阶级分化不够壁垒森严，国家观念不够，所以这三方面的团体组织就很难形成了。中国缺乏宗教，农业开发早，家庭观念重，便让中国社会落于散漫，不能有团体，不能有组织了。人类在竞争时，有团体则能胜利，没有团体必然失败。而西洋经历的是彻头彻尾的团体生活，人在集团对立时的心理很难平静，最易冲动，因为易于冲动，对外便宜冲突斗争，因为斗争就更有形成团体的必要。中国则正与它相反，中国历来过的都是散漫生活，因为散漫故讲和平，因为和平则更散漫。在散漫生活中，一个人的心理容易平静；在平静时容易自思其错，自思其错则对外无争；无争也就不需要团结而更散漫了。以这样一个和平散漫的国家处在今日剧烈竞争的世界，哪能不失败呢？西洋学斗争学习了一两千年，中国则讲和平讲了三四千年，两下相遇，我们是注定要失败的！

"我们要知道：中国历史的长久，国土的广大，在世界上是无与伦比的，一个民族以他自己独创的文化来维持他民族的生命，能像中国这样长久的，世界上还没有第二个国家。中国从来不以武力胜人，从来不欺凌弱小，中国文化程度高，从来是以理服人，而不以力胜人。四邻小国对她心悦诚服，不知不觉地跟着走，就化而为一了。中国广土众民就是靠他崇高优异的文化所取得的伟大成功。

至于中国民族寿命的绵永、历史的长久，也是靠文化而有的成功。中国也曾两次被外族征服，但赖文化的力量，历史终未中断。例如满洲人以武力征服了中国，他仍得用中国文化来统治中国，因此中国文化照样延续下去，到末了连征服者自己也变成中国人，让他自己也认不出自己曾用武力征服过中国而同化于中国了。他用武力征服了中国，中国却用文化征服了他。

"我们说：中国文化这样高，这样优越有效用，为什么呢？这有两点原因：

一、中国文化是非宗教的——

中国文化是非宗教的，它是以儒家道理为根本精神。宗教是强人信它（信宗教），而儒家道理则是让人自信，让人各自信自己心里的道理，如所谓'是非之心人皆有之'，他认为道理就在各人身上，无假外求，他只是启发你本来有的理性，尊重自己就够了。这样一来，我们虽是信从儒家，跟儒家走，也等于信从自己，靠自己走了。儒家所指示给人的道理是最合乎人类理性，最合乎人类心理要求了。所以人人都愿意信从他，跟他走。而以如此儒家道理为根本精神的中国文化也就最合乎人类理性，最合乎人类心理要求，因而它能延续得久，传播得广，无论哪个民族遇到了它，都安之若素，感到非常合适。——这是中国文化所以能同化外族，所以优越有效的最要紧的一个原因。

二、中国文化是非团体的——

前边说过中国缺乏团体，向来不划小范围，视天下为一家，与人不分彼此，没有狭隘的国家观念，没有排外性，所以他容易与人合一，因而就让中国的疆土日渐扩大，人口日渐加多，民族生命与文化历史延续不断了。

"本来在今日竞争剧烈的世界上是须要有团体的，而人类社会最初的团体，多半由宗教来，如西洋有宗教亦有团体，而中国二者都缺，所以相遇之后就非吃亏不可，非失败不可。不过现在中国固然失败了，可是不要忘记从前也曾有过很大的成功，并且今日的失败正是从过去的成功来的。俗话说'飞得高，跌得重'，中国正是如此。我们要知道：中国文化的优越之处就是：和平、宽厚、廓然大公、对人存好意、不狭小、不排外、不存成见……凡此都是合乎人类理性，合乎人类心理要求的。这是我们固有文化的长处，也正是西洋人与日本人的短处，他们将来是要来学我们的。我们还要知道：今日世界上演出了许多惨剧，都是由缺乏理性，缺乏中国文化的长处而来，例如今天充满世界的种种斗争，彼此利用科学技术（如飞机大炮各种武器）来互相惨杀；如此下去，岂不要毁灭人类，毁灭文化，毁灭大千世界！

"我们要问：人类（包括文化）如何才能得救呢？那只有大家都发挥理性，都认取中国文化的长处，才能免除毁灭的惨剧。所以人类历史再往前进，是要归到中国文化这条路上来的。我们不要短视，要放大眼光来看，人类的得救，正要靠我们，靠我们发挥中国固有文化的长处，发挥人类的理性。我们相信：中国固有精神必然重光，中国文化必然复兴！"

是年，《乡村建设理论》（一名《中国民族之前途》）一书由邹平乡村书店出版。汇集了先生一九三二至一九三六年在研究院讲话之记录共计九篇，分编甲乙两部。甲部，认识问题：一、乡村建设运动由何而起；二、中国旧社会组织构造及其所谓治道者；三、旧社会构造在今日崩溃的由来；四、崩溃中的中国社会——极严重的文化失调；五、中国政治无办法——国家权力建立不起。乙部，解决问题：一、新社会组织构造之建立——乡村组织；二、政治问题的解决；三、经济建设；四、我们所可成的社会。附录：我们的两大难处。

先生的乡村建设理论"萌芽于民国十一年,大半决定于十五年冬,而成熟于十七年"。基于对中国社会特殊性的认识,先生当时认为中国仿行"欧洲近代民主的路"是行不通的;取法于"俄国共产党发明的路"也是行不通的。只有乡村建设的道路才是中国民族自救的唯一道路。

书中强调:"中国问题并不是什么旁的问题,就是文化失调——极严重的文化失调。"认为秦汉以后两千多年间中国社会是"伦理本位,职业分途"的社会。在这种社会中,虽有贫富、贵贱之差,但升沉不定,流转相通,对立之势不成,于是否认中国旧社会主要矛盾是存在阶级、阶级斗争。并一再说明中国社会问题是由于西洋文化势力侵入所引起的文化失调问题,反对阶级革命。还认为中国社会改造的方法,只有根据伦理本位的特点,在伦理情谊的精神基础上,引进西方的团体组织和科学技术。并且先从农村着手,创造一个雏形的组织形式,叫作乡村组织,开出一个小小的端倪,慢慢地形成一个大的社会组织,来影响政治和控制政治。"我们要辟造正常形态的人类文明,要使经济上的富,政治上的权,综操于社会,分操于人人,其纲领则在如何使社会重心从都市移植于乡村。"

"农民是中国经济问题的主人翁","中国经济建设的下手处就是组织农民","就是散漫的农民,经知识分子领导,逐渐联合起来为经济上的自卫与自立;同时从农业引发工业,完成大社会的自给自足,建立社会化的新经济构造"。为此,"提倡:一、要大规模普遍推行合作社于全国乡村,要从农民的联合以达于整个社会的大组织,既不是个人营利,也非国家统治。二、只能从农业引发工业,而不能从商业发达工业。三、自始即倾向于为消费生产,最后完成为消费而生产，不蹈欧美为营利而生产的覆辙。四、大力引进外面的科学技术到内地乡村。同时，非常重视要促进农民的团体生活，要农民接受文化教育、合作教育，避免走资本主义自由竞争之路"。提出："运用教育的力量，去实现一个理想的社会，纳社会运动于教育之中，以教育完成社会改造。就是用教育的方法，培养新的政治习惯，结成团体，加强社会的团体组织，普及教育文化，引进技术。"先生用八个字概括："团体组织，科学技术。"

书中上半部——认识中国问题之部，分析论证中国问题是整个社会的崩溃，而其苦闷的焦点则著见于政治问题之无法解决，"国家权力建立不起"。而在下半部——解决中国问题之部，讲到政治问题的解决时，阐明这里没有"政权属彼或政权属我问题，只要统一稳定的国权建立起来就对了"。还认为："中国政治问题要分两步解决，树立统一稳定的国权是为头一步，有此统一稳定的国权即可进行有方针有计划的建国——建设一个政治上达成民主主义，经济上达成社会主义的新中国。必须到建国完成，方为政治问题的完全解决，是为第二步。""从开头到末尾说作两步，却全靠一个乡村建设运动贯彻于其间，乡村运动实是建国运动；它为自己创造出它在政治上所需的前提条件——统一、稳定的国权——于先，又随着经济和文化的建设而推进政治的民主化，以至奠定完全的民主政治制度于后。"

书中虽也注意到在乡村要解决土地问题，但认为："土地问题要容乡村运动建立起统一国权后再来解决。"[①] 先生当时还认为："中国社会一向散漫流动，历史上只有一治一乱之循环而无革命，现在仍未形成阶级，即便倡导斗争，亦斗争不出结果来；结果仍指

---

① 梁漱溟：《乡村建设理论》，《梁漱溟全集》第二卷，山东人民出版社 1990 年版，第 141—204 页。

一新政权的建立。""依通例,应以社会改造运动的团体(革命党)掌握政权,施行建设,完成社会改造,中国亦不能例外,但以中国革命本质的不同,社会形势有异,所以解决政治问题的途径随之而两样。"①

关于乡建运动与政府之间的关系,"那就是要以全国乡建运动联合组织的中枢为知觉和用思想的机关,而以政府为行动机关。但不必从法律上取得此种地位,而要在其能从事实上代表此广大社会的痛痒要求,并能集中人才以学术头脑规划前途,给政府施政作指针,即不患其无地位。"②《乡村建设理论》中讲到"我们所可成功的社会"一段时说:"唯人类能运用理智,辟造文化,日有迁进。""唯人类到达乎理智,故唯人能无所系定;其生命豁然开大,曾无局限,实得一大解放焉。"先生讲人类社会建设的四个原则中,原则一、原则二强调人类到达乎理智,"人类生命遂得廓然与物同体,其情无所不到。……故吾人当建设一个能代表人类一体之情之社会。……无私的理智,开发出无私的感情;故人心有是非,不以利害而泯。语云,'所欲有甚于生者',人类生命之高强博大于是见焉。故人类社会之建设当求其如义得理。原则之三:本能者有所能而止于所能。人初若无一能,而顾有无限之创造力,故其究也无所不能。此创造力之必求得所发抒,盖人类最强要求之一;亦唯得所发抒,乃不负其所以为人。人之创造力各有所偏,亦曰个性。尊重个性,鼓进创造,此建设人类社会必不可忽。……原则之四:唯于人类而后教育为可能;亦唯人类生活乃需要教育。……故人类社会之建设,应处处出之以教育眼光,形成教育的环境,启人向学之诚

---

① 梁漱溟:《乡村建设理论提纲初编》,《梁漱溟全集》第五卷,山东人民出版社1992年版,第1040页。
② 梁漱溟:《乡村建设理论提纲初编》,《梁漱溟全集》第五卷,山东人民出版社1992年版,第1047页。

而萃力于创造自己。社会于人，至此乃尽其最大之效用"。①

附录《我们的两大难处》一文，是先生一九三五年十月在研究院的演讲记录。两大难处："头一点是高谈社会改造，而依附政权；第二点是号称乡村建设运动，而乡村不动。"显然，先生已开始意识到乡村建设运动存在的根本问题。

是年，先生在报纸、杂志还发表了下列文章：《乡村工作中一个待研究待试验的问题——如何使中国人有团体组织》、《乡村工作人员修养方法》、《我在日本参观后的感想》、《中国民众的组织问题》、《我们应有的心胸态度》、《东游观感纪略》、《民众教育路线问题》、《中国社会构造问题》、《我们当前的民族问题》、《中日农村运动的异同及今后中国乡村建设的动向》、《非常时期小学教师的责任》。

---

① 梁漱溟：《乡村建设理论》，《梁漱溟全集》第二卷，山东人民出版社1990年版，第152页。

一九三七年（丁丑　民国二十六年）

四十五岁。

在邹平。

日寇悍然发动武装侵华大战，中华民族抗日救亡刻不容缓。先生坚持军民团结抗日主张。一面宣传抗日，动员群众，一面对韩复榘的撤退、不抵抗行径进行多次说服，并向当局汇报。

先生讲："在七七卢沟桥炮声未响之前，我们抗敌的情绪已经紧张了。"四川省主席刘湘屡次函电邀请先生入川，先生于五月底飞赴重庆、成都两处。为时一个月之盘桓，作了三十次以上的讲演（有时一天两三次）。

六月十三日，在成都省党部大会场作了"我们如何抗敌"的讲演，说明平时努力的乡村工作和抗战的关系："我们正是准备抗敌，才从事乡村工作。""中国今日要抗敌，应采取两原则：一是必须靠无限的兵力。""一是不求摧敌于一朝，而要能与之作持久战，取得最后胜利。"因之需要"一、增厚国民的抗敌情绪及能力；二、加强政府的抗战力量"。并指出当前存在的问题乃"上下之情未通"；"民众都缺乏组织与训练"；"要政府的力量强大，希望老百姓支持政府似难，要下层机构健全灵活更作不到"。"必得要启发出老百姓拥护政府的情绪，并且加以训练及组织才行"，"就是要从农业和农民入手作功夫"。"所谓从农业和农民入手的工夫有二：一、先解除农业上种种妨害（灾害、匪患、苛捐杂税等等）；更进而积极促兴农业（技术、金融、合作等等）。二、切近农民日常生活予以组织训练（自卫、自治、合作等等）；更进而为临时对外抗敌的组织训练。""为何定须如此作功夫的理由：一、国民之大多数在农民。二、非政府关切农民生活问题，替他设法，则农民不会爱国，不会拥护政府。三、非感情相通，则组织训练不会成功。四、非有日常生活上的组织训练，则临时抗敌的组织训练就无根。""我们的乡村建设工作，正是切近农民日常生活加以教育及组织，健全地方下层机构，为政府统治运用之准备；正是解除一点农业上痛苦，培养农民爱国情绪，并增加其抗敌能力的。所以我们正是从事抗敌的工作。""我们主张扩大乡村建设工作以应敌。"

先生总结上述各点讲："抗战前夕，我的努力、我的主张是这个。"

先生于六月二十九日出川，经武汉北上，七月到北平（北京）。当时北平情势紧张，已有风雨欲来之势。

七月四日南下，五日在济南下车，返邹平一视。旋即回济南，准备南下，而七月七日卢沟桥炮声响了，从此以后，"即为抗战奔走，东西南北，没有休息"。

八月十三日上海抗战爆发之前夕，八月十日至十二日，先生在上海《大公报》发表《怎样应付当前的大战》一文（连载）。文中提出："抗战三条大原则——第一，全国军民的动作，乃至他们的生活，都要在最高统一的军令下面而动作而生活。第二，政治要民主化，政府与社会要打成一片。第三，有钱的出钱，有力的出力，有知识的出知识。"同时提出十四条较为具体的主张办法，内容包括："国家行政以迄地方行政的大改革；教育制度的改造；政治的改造等。"先生讲:"总起来,我是采取两大方针:一方向统治走去,一方向民主走去。"①

八月十七日,首次应邀参加最高国防会议参议会。先生自认为这是先生参与上层(中央一级)政治活动的开始。

八月十七日夜间,南京政府在中山陵园召开国防最高会议参议会,先生在会上发言,主张大规模发动知识分子,有计划地分布下去以从事民众动员工作,并建议改革教育制度,经过一番周折,蒋介石曾嘱托先生、晏阳初、黄炎培、江问渔四人起草具体计划,计划末后由先生负责草成交去,没有结果。一面因上海失守,京沪沿线动摇,当局无心及此;另一面因陈立夫出掌大本营第六部,主管民众组织之事,根本不肯让党外人插手。

先生说:"我的心愿在这一面既不得遂,三八年一月一日即由武汉飞西安转赴延安,访问中共中央,这是我奔走国内团结的开始。"②

为推进军民团结抗敌,自八月至十月初,多往来于济南、济宁、邹平之间。先生讲:"八月二日下午四时韩氏由京回抵济南省府,余以五时往访,而济南日本领事有野等三人已先在,闻系电话招来者。事后据日本报纸所传,韩对有野等声明三事:一、外间传说中央任彼为右翼总指挥非事实;二、外间传说中央派蒋伯诚来山东协助军事亦不确;三、日侨未离济南者照旧保护。又布告市民应镇定,禁造谣,传谕商店开门营业。其态度显然一变。"

"十月,日寇侵入山东境,韩氏虽亲在前线指挥其部队抵抗,然其退志殆亦决于此时矣。十三日,日寇下平原达禹城,省府深夜

---

① 梁漱溟:《怎样应付当前的大战》,《梁漱溟全集》第五卷,山东人民出版社1992年版,第1033—1037页。

② 梁漱溟:《我的努力与反省》,漓江出版社1987年版,第355—356页。

开会，决定大部分（约十之八九）公务员迁退宁阳。十四日晨余闻讯急访韩，惊问何故欲退。韩答，彼个人决不走，省府亦尚未搬家，唯大部分公务员，此时无用，不如离去。余谓，如此必致全市恐慌，市民都走，后方动摇，影响前线士气，最好不动，或将无用公务员给资遣散，亦不必退驻宁阳。韩不纳。午间，许德珩、程希孟两君访余，促余再向韩劝阻，余即再访韩言之，终不纳。……韩既急切欲退，自不发动民众抗战，亦不复顾惜地方而只想将地方枪支、壮丁、财款带走。人心怨嗟离叛，惶惶不可终日。"

"二十六日余及同人梁仲华、工绍常、陈亚三诸君，并余处长心清、何厅长思源，集于何家，共商所以建议于韩氏者，曾草订下列几条：一般的原则，亟应收拾人心，安定人心，然后乃能完成军民合作一致抗敌。其中有：一、应将地方自卫组织与国民兵役分为两事；二、关于征训壮丁，补充兵役，应有计划行之，在这一条中曾明确提出'请通令本战区各部队，并布告民众，对于地方自卫组织，如乡农学校等受训壮丁，不得任意抽调，对于其枪支，不得任意收用'等建议。"

"二十七日晚，仲华先生以韩氏邀谈，曾粗陈大意，不见听。"

"二十九日余携上项条陈，同韩登千佛山细谈，计自午前十时谈到午后三时，始终说不入。"

"三十日李宗仁（司令长官）自徐州来电，邀余赴徐州，即晚离济南。此一席谈遂为余与韩氏最末一次的谈话。……以余推论韩氏态度由紧张而松弛，由光明而暧昧，实以当时各方情势启发其一种取巧心理所致。"

"十二月三日余应李公宗仁之召到徐州，曾详言于李公，并请制止韩氏之撤退。九日到武汉，曾于国防参议会上作一次报告。二十一日谒蒋公于湖北省府官邸，并陈韩急切欲退之状，蒋公笑云：

'我全已知道。'"

十二月九日，抵武汉，出席国防参议会。

西安事变后，在国防最高会议内设立参议会，吸收社会上有名人物参加，商量抗日的事情。救国会沈钧儒等出来了，还有北大胡适、天津南开大学张伯苓、职教社的黄炎培和河北定县的晏阳初等。

后来先生讲："我与周总理第一次见面就是在参议会上。……我参加国防参议会后，到武汉与董老见面，对他说我想去延安。一方面与董说，一方面与蒋介石说，我要去延安看看。蒋表示同意，董老电告延安，延安表示欢迎。"①

日寇占领了华东、华北，山东形势危岌，先生率同人等于一九三七年十二月下旬撤退。先生讲："我从山东邹平撤退，有大队人马，计一千多人，八百多条枪，现款十多万元。""我们撤退出来，停留在河南镇平县，住在城外大佛寺内。后又到武汉。"

"国民政府军事委员会，委员长是蒋介石，委员会下设政治部，部长陈诚，周恩来是副部长。我们与蒋介石接头，去见他，告诉他我们从山东撤出来，有这么多人和枪，我们还要回山东打游击战，打日本。蒋介石把这件事交给陈诚办理。周恩来是副部长，郭沫若是政治部第三厅厅长。我们对政府没有别的要求，只要求给我们一个抗战的名义。他们给的名称是'中央直属第三政治大队'。我们决定回山东发动民众，积极抗日。蒋介石告诉我：'已派于学忠去山东了，为苏鲁战区游击总司令，他带有两万多人，你回山东游击抗日，与于学忠配合。'"②

---

① 梁漱溟：《告山东乡村工作同人同学书》，《梁漱溟全集》第六卷，山东人民出版社1993年版，第3—12页。

② 《与北碚唐宦存同志谈话记录》。

先生带出来的人在河南镇平集中受训后,以当时政府所给之"中央直属第三政治大队"名义于一九三八年秋整队开拔渡河返鲁抗敌(全副武装而且枪多于人,有现款十余万,皆原来携出者今又携回)。①

是年六月邹平乡村书店印行《朝话》,是先生在朝会上所讲的话;由听者记录汇集成册。一九三五年,《乡村建设》半月刊曾发表一部分。先生于这书"增订版序言"中讲:"我若干年来办学,大都率领学生作朝会;尤其自民国二十年夏至二十三年夏一段,我任乡村建设研究部主任时,行之最勤。天天黎明起来就作朝会(冬天都须点灯),极少间断过。后两年,便无暇天天亲自出席了。在朝会上的精神如何,与这一天大家(师生)的精神息息相关。即朝会作得好,则这一天大家的生活都要自然温润些、奋勉些。当时讲话很不固定,有时一次中零碎讲了几点,没有个题目;有时一个题目一次讲不完,次日续讲。讲话内容多半是有感而发;或者从自己身上发出的感想,或从学生身上发出的感想,或者有感于时事,凡是切近当下事情的一种指点,每每较之泛论有裨益于人。而集体生活,每每较之零散的个人接触要有趣味,易得精神向上;这都是体念得到的。"

《朝话》所辑六十则,兹节录有关先生自述者数则:

"今早想起论语上'盍各言尔志'一句话,现在就言我之志。我愿终身为民族社会尽力,并愿使自己成为社会所永久信赖的一个人。"

"我自己行动多悔,差不多几十年来总是这样子。所谓心安理得者,在我心中很不容易继续,即很不容易比较没有问题,不后悔。这有两层原因:自己从小时起,要强,不同流俗的意气盛,这

---

① 梁漱溟:《朝话》,《梁漱溟全集》第二卷,山东人民出版社1990年版,第38页。

种意气支配了自己，就容易有悔有悟。还有一层，就是这时代正当大转变，入于纷乱，无正轨可循，无路子可走。碰到这时代，很难作到平稳。……本来在这时代，在这世界，所需要的是对大局有判断，对自己生活能奋爽有力，而我生活上的奋爽有力却不能长，心中常是徘徊游移。"

"在人生的时间线上须臾不可放松的，就是如何对付自己。如果对于自己没有办法，对于一切事情也就没有办法。……大概有聪明的人，好出风头，爱面子，对声色货利，等等，格外比旁人贪求；这是他斩不断的病。本来他要强的心也比旁人明白，可是他为坏的心也比旁人高；如果内心不澄清，认不清楚自己，这时他心里一定有很多问题。""如何使内心的矛盾冲突平下呢？只有忏悔自新才能够解决问题。如果谁能够对于自己的责备越严，其忏悔也越深，这种人都是好人。""我的忏悔自新，可以说完全是从对人类生命有了解，对人类生活有同情这个地方来的；所以也每每从这个地方去引导人忏悔自新。……""在自新的时候，就是回头一看，看清了许多都是机械、可怜、糟糕、要不得！把好恶的心，真的好恶的心透露出来，觉察出从前的琐琐碎碎，真是臭的，所谓'如恶恶臭'。由恶才知其臭，才看不上，才能够舍弃。如果真的对于这个东西恶，知道往好处去用力，生机就能够透露出来。孟子很能发挥指点这恶绝的意思：'毋为其所不为，毋欲其所不欲，如此而已矣。'这话说的实在到家。"

先生讲："我的长处，归结言之，可有两点：一为好学深思，思想深刻；一为不肯苟同于人。至于短处……大概说来就是自己不会调理自己、运用自己。我自己有一个方法，就是诚。"

先生讲："我曾有一个时期致力过佛学，然后转到儒家。于初转入儒家，给我启发最大，使我得门而入的，是明儒王心斋先生；

他最称颂自然,我便是由此而对儒家的意思有所理会。开始理会甚粗浅,但无粗且则不能入门。后来再与西洋思想印证,觉得最能发挥尽致使我深感兴趣的是生命派哲学,其主要代表者为柏格森。柏氏说理最痛快、透澈、聪明。美国詹姆士、杜威与柏氏,虽非同一学派,但皆曾得力于生命观念,受生物学影响,而后成其所学。凡真学问家,必皆有其根本观念,有其到处运用之方法,或到处运用的眼光;否则便不足以称为学问家,特记诵之学耳。再则,对于我用思想作学问之有帮助者,厥为读医书(读医书与读佛书同样无师承)。医书所启发于我者仍为生命。我对医学所明白的,就是明白了生命。中国儒家、西洋生命派哲学和医学三者,是我思想所从来之根柢。"

先生讲:"人生本来始终脱不开与人互相关系的。越往后,人生关系越密切;彼此应当互相提挈合作,才是对的。可是和人打交道,相关系,有一个根本点,就是必须把根本不相信人的态度去掉。……不信任人的路,是越走越窄,是死路。只有从信任人的路上走去,才可开出真正的关系和事业前途来。"[1]

是年,先生在《乡村建设》等刊物发表过下列文章:《我们对时局的态度》、《中国政治问题之解决》、《追悼王柄程先生》、《中国之经济建设》、《怎样阅读〈乡村建设理论〉》、《乡村建设运动纲领讲述》、《乡村建设与合作》、《略述乡村建设要旨》、《我们如何抗敌》、《青年与时代》、《中国近来社会上几个趋势》[2]。

---

[1] 梁漱溟:《朝话》,《梁漱溟全集》第二卷,山东人民出版社 1990 年版,第 74—78 页。
[2] 刘定祥:《梁漱溟先生著述年谱(二)》,《社会科学家》1989 年第 1 期。

一九三八年（戊寅　民国二十七年）

四十六岁。

往返于延安、徐州、武汉、重庆。

一月一日，先生从武汉乘飞机到西安。林老（伯渠）在西安城外七贤庄住，先生见到林老后说："他给我一个方便去延安。这是很不方便的方便。……叫我与运东西到延安的大卡车司机坐一起……走了几天才到延安。那时天气很冷，优待我，住处一个炭盆不够，烧两个炭盆。"五日到陕北，七日到榆县（延安），在延安停留十八天，二十五日回到西安。[1]

先生访问延安的动机，主要是要做两件事："一是对于中国共产党作一考察；二是对于中共负责人有意见要交换。"先生说："若论其意绪动机，则蕴蓄已久。我是要求社会改造的人，我始终同情共产党改造社会的精神。但我又深深反对共产党不了解中国社会，拿外国办法到中国来用。我认定北伐后，老社会已崩溃，只须理清头绪来建设社会，没有再事暴动破坏的必要。这里有两句话：'从进步达到平等；以建设完成革命。'这是我的信念……""我访问延安的两件事，其一所谓考察者，不是考察别的，是专为考察共产

---

[1] 梁漱溟：《告山东乡村建设同人同学书》，《梁漱溟全集》第六卷，山东人民出版社1993年版，第6页。

党的转变如何。其一所谓交换意见者,不是交换旁的意见,是专为求得国家进一步的统一,而向中共负责人交换意见。"

先生在延安停留期间,了解当地人民生活情况、教育设施,并参观了政府、党组织及司法机关。参观地方党组织机关的时候,由郭洪涛同志接谈;参观地方政府的时候,由时任代主席张国焘接谈。张谈边区的民主政制甚详。与郭谈,了解到民众团体以前及现在的组织现状,运动亦改为以救国为号召,一致对外。经过多方面了解,先生讲:"我作个结论罢。大致所见事实和谈话接触上,使我们相信中共在转变中。他们的转变不是假的,不是一时策略手段如此。他们不愿再事内战的情绪很真切。他们对中国前途的三段看法和他们说的两大任务,是切合于他们的理论的,不是饰词。"

先生讲:"在延安谈话最多的是毛泽东先生,前后共谈八次。有两次不重要,一是他设宴招待的一次,又一次是临走之前,他来送行。其余六次,每次时间多半很长,至少亦两个钟头。最长者,就是通宵达旦——这样有两次。"①

先生讲:"当时我对国家前途是悲观的,日寇侵略我们,全国处于崩溃边缘。日寇来了,各自逃难,抵抗不了,我非常失望,对蒋介石政府失望,对全国统一不起来悲观。我是在悲观失望中去延安的。""在延安看到毛主席,谈国家大事,毛是完全乐观的。毛主席指出:日本是个小国,它侵略中国,兵力很有限。我们是大国,地方辽阔,大得很,我们退到西南了,日本的兵力就分散了,它的兵力不够用了。毛主席又指出:日本的野心想独吞中国,欧洲列强不会允许。日本人一定要失败。世界许多国家站在中国一边,美国站在中国一边,派了斯蒂威将军来中国,美国有两个军事人员在延

---

① 梁漱溟:《我努力的是什么》,《梁漱溟全集》第六卷,山东人民出版社 1993 年版,第 193—194 页。

安。毛主席谈的很多，越谈我越兴奋，中国有希望。毛主席完全乐观，我是悲观的，我听他的谈话，也就由悲观变为乐观了。他对我谈话很多，中心是《论持久战》的内容，这篇文章那时还没有发表，他就是以这篇文章来说给我的，说中国一定胜利。我听他的抗日谈话，把我心中烦闷一扫而光，完全佩服，非常佩服。毛主席给我的谈话，就是《论持久战》那些观点，中国不妥协，日本必败。

"毛主席讲中国必胜的结论时说：'中国各方面包括共产党和国民党两党和两党以外的各方面要团结，我们团结就能胜利。'毛主席再三致意，中国自身的团结，是抗战胜利的根本条件。

"我和毛主席谈话都是在晚上，夜间谈话，因为他白天睡觉，睡到下午六时，他起床了，吃早点了，看文件了，都是晚上六七点以后。谈通宵，直到第二天天将亮。天将明他就睡觉了，他生活如此，我就随他，下午六时就引我去谈话，天将明我就走了。谈了两个通宵，我非常佩服他，五体投地的佩服。

"但对抗日胜利后，如何建设新中国，彼此所见不同，就争辩。争论的问题在哪里呢？就是从建设新中国谈起，先谈如何认识老中国……他的理论主张四个字'阶级斗争'，我就反对他的阶级斗争。……与毛主席争论，我认为老中国是缺乏阶级斗争，明、清近五六百年，阶级分化不明不强，贫、富、贵、贱，当然有，可是上下流转相通，不固定，跟欧洲社会不一样。中国的老话'耕读传家'……还有'朝为田舍郎，暮登天子堂'，'将相本无种，男儿当自强'。农家的人读书，学成中举，点翰林，还可做官当宰相。这跟欧洲社会不一样，贵族与农奴阶级不一样……欧洲的老社会是地主兼领主，这是上层阶级，下面就是农奴，自由民少。近代社会工商发达……工人与资本家阶级对立，关键是资本主义起来。中国资本主义没有成功，只有萌芽。……与毛主席争论……毛主席说

'你过分强调中国社会的特殊性',我说'你对中国社会特殊性认识不足'。……这样就没有什么话好讲了,争论就结束了。""当时我提议要确定国是国策——把对外求得民族解放,对内完成社会改造两大问题同时有所确定——以解决党派问题。毛主席告诉我,两大党在武汉正有八个人起草共同纲领,劝我回武汉进行。但我挂念山东(属第五战区)的事情,且与李宗仁(第五战区司令长官)有约,没有去武汉而去徐州。在徐州住一个月,与散失的山东同人设法联系,并检讨自己的失败而写了《敬告山东乡村建设工作同人同学书》(付印)。"

先生胞妹新铭之子邹晓青,思想倾向进步,先生乘访问延安之机,将邹晓青从国民党统治区带到延安,邹晓青留在延安,参加了革命。

一月二十五日,先生回抵西安,二十九日去开封。在西安、开封均略作考察。

二月二日到山东曹州,与旧日山东同人会晤。二月四日到徐州,一面系应李德邻(宗仁)先生之约,一面亦系谋与鲁西、鲁南同人恢复联络,鼓励抗敌。留徐州一个月之久。

三月初,在徐州写完《敬告山东乡村建设同人同学书》,书中附《山东乡村工作人员抗敌工作指南》,由武昌乡村书店代印。书的内容分三部分:(一)山东问题与吾侪工作;(二)争取抗战胜利的核心问题——如何更进一步的团结;(三)迅速建立我们的团体组织。

书中,首先分析当时抗战形势,说:"战败失地不可怕;未战先败……崩溃最可怕。失败犹可诿之军事,崩溃不能不说是政治。""与内战同为国家受祸之近因者则政府之贪污腐化。""内战与腐化二者由何而来?则余亲切感觉实由北伐后执政者忘记革命,政治上缺乏方向之所致。十年来党政诸公，大多沉于享乐，竞求安逸。……北伐后之国民党及国民政府正为眼前面缺乏一努力奔赴之目标，由是而腐化，由是而内战。若真有其方针目标而努力奔赴，断不会腐化，亦早无内战发生。"

先生说："又如今日，以濒于消灭之共产党，年来……要求团结抗日，尤以西安事变所表现者为最好，遂得全国同情，抗日战起，声光几出国民党之上。优劣异势，荣枯顿转，全属政治策略之成功，曾未耗一兵一卒之力，吾人视望中国共产党继续争取政治上的成功，今后再不要靠军事来维持党的生命。"

"中国最大的致命伤，即其三十年来政治上不统一不稳定，由此而断送了一切。""我们今日既失败，必须在后方培养新力量以求继续抗战。……培养新力量……则势须认真发动民众……而谈到发动民众便已深入政治问题。非各方关系进一步的调整，树立更健全有力的政治机构，便不能使民众工作较今日更进一步，到好处。""但对政治究系如何一种要求？""一、我们要求抗战的政府，应在广大社会里有其根基，上下气脉相通，政府与社会打成一片。二、我们要求消除各方面（党派、阶层以及种种）以及各个人间的隔阂、猜忌、牴牾、摩擦，而合全国为一个力量的抗日。三、我们要求充分利用知识头脑，将一切事情为有统制、有计划、有条理、有秩序地进行，不要敌人未来破坏扰乱而我们先自毁自乱如今日者。总而言之，我们要求民族社会力量的调整与发挥。我们必须调整好我们自身，使自身发出力量来才能抗敌。或说，我们要求全国更进一步的团结，以加强抗战政府的力量。"

"如何实现更进一步的团结？余以为须实行下列两层：

一、确定国是国策，或曰'共同纲领'。

二、于此共同纲领中，应将下列两大问题及其细目均有确切之决定：

（一）如何抗敌，完成民族解放？军事、外交、内政、经济，一切为其内涵之问题，均各有所决定；

（二）如何建设，完成社会改造？决定理想目标，并且就事实决定其达于实现之路线、步骤。"

"果能由政府领导，使各方意见均得充分交换后，而将上两层作到，则所谓'更进一步的团结'乃其当然结果。"

"中国共产党曾向政府提出确定共同纲领之要求，其用意亦不外此，但其所求之纲领，似仅就眼前抗敌问题所决定，而未能包括第二问题，余此次赴延安访问，即在向中共方面就此点上交换意见。"

先生在书中详细叙述了韩复榘在抗日态度上的变化，以及他与梁仲华等多人多次劝韩坚持抗战到底而不被采纳的情况。先生说："一九三五年十一月至一九三七年上半年，在韩氏有抗敌御侮之心时，曾采纳乡村建设工作规划，以乡农学校为基层行政组织，教育训练民众。及至决定退离山东，遂毁灭乡村建设工作。"先生对他在山东的乡村建设工作的发展、被摧毁以及工作中存在的问题作了详尽总结。

先生讲："吾侪工作肇始于邹平，而发展于菏泽。邹平工作侧重乡村组织，求有以启发培养乡村自身力量，不能有速效，始终未向邹平以外推广。菏泽工作一面革新行政，以行政力量推广一切，一面从民众自卫训练进而为各种训练，树立各项建设基础。其收效较快，亦且适合国防需要，故二十四年（一九三五）十一月感受国际压迫刺激，当局决定推广；即前所叙之三年计划，工作更加开展……乡校推行至七十余县，研究训练机关则于研究院外有山东全省乡村服务人员训练处，有所谓第一、第二乡建师范，有所谓乡建专科学校。……吾侪工作既基于国防意义，而为有计划地向全省推广，何以大战之来不能有所表见，而反至一败涂地？此则除吾人自身有其欠缺外，实受山东问题之影响。分两段言之：

第一，抗战起后，未容吾人尽力于抗战的民众工作。……因韩氏态度影响，致未能顺沿过去路线一贯作去；而有关方面互相排挤，未能合作，又更使当局防制民众运动。……

第二，当局（指韩复榘）急切退离山东，遂以毁灭吾侪工作。吾侪工作主要在乡农学校，乡农学校一面为社会教育、民众训练机关，一面又为下级行政机关。……一切政令均藉此执行，当初曾藉以推动各项建设者，今则以当局要壮丁、要枪枝、派差派款，执行其一切苛虐命令。凡当局一切所为之结怨于民者，乡农学校首为怨府。更以其为民众训练机关，平素之集合训练在此，壮丁、枪枝皆甚现成，于是当局每每整批带走。假使无此民众训练，或不兼为训练机关，则当局虽要壮丁、要枪枝不能如此方便，乡间亦自有许多通融挪移回避之余地。然今以乡农学校而不能。……至此毫无办法，自己落于欺骗民众地位。甚至有时乡农学校亦在被骗之列，而乡民仍认为乡农学校行骗。我同学之死于此者竟有数人之多，曷胜痛悼！……以建设乡村之机构，转而用为破坏乡村之工具，吾侪工作至此，真乃毁灭无余矣！吾同人同学几乎不能在社会立足，几乎无颜见人矣！言念及此，真堪痛哭！"[①]

三月初，先生回到武汉，当时蒋介石正为曾想合全国为一党，遭中共拒绝而恼怒，先生关于解决党派问题的建议提不出来。

七月六日至十五日，国民参政会在汉口召开第一届第一次会议，先生被选为参政员，参加大会。

[①] 梁漱溟：《告山东乡村工作同人同学书》，《梁漱溟全集》第六卷，山东人民出版社1993年版，第11—12页。

在第一次参政会上，先生提出一个建议案，三个询问案。建议案是请政府召开战时农村问题会议，并于政府中设置常设机关；三个询问案是，就抗战建国纲领中第十八条，第二十五条及第十四条中，有关"发展农村经济，奖励合作，调节粮食并开垦荒地，疏通水利问题"、"发动全国民众组织，农、工、商各职业团体，改善而充实之，使有钱出钱，有力出力，为争取民族生存之抗战而动员"二文中，就各地农会素来有名无实，或并其名而无之，究应如何改善而充实的问题，以及"改善各级政治机构使精简合理化，并增高行政效率以适合战时需要"一文，就此三问题究竟在中央计划如何？实行如何？分别提出询问。①

先生曾联署郑震宇提出的"精诚团结拥护抗战建国纲领案"，此提案联署者二十七人。曾在大会上讨论过。

先生等二十二人提出"召开战时农村问题会议，并于政府中设置常设机关建议案"提案，提案说："农业为我们经济之基础，抗战时期，粮食自给与安定农村问题，尤属重要。"建议案所提召开战时农村问题会议，以求了解下情，沟通各机关对于农政设施一节，自属可行。应建议政府筹划举办，并附加说明。（略）

决议：照审查意见通过。

十月二十八日至十一月六日，参政会在重庆召开第二次大会，先生出席。提有改善兵役一案。先生在会上曾询问关于内外债停付本息问题；先生与董必武、王卓然等五人联名询问关于疏散公务员薪金之节存及用途；先生又与王志莘等五人询问向外借款情形及发行法币总数等。

先生与张一麐等五人，提出询问"战时农会组织通则案"，就

---

① 梁漱溟：《我努力的是什么》，《梁漱溟全集》第六卷，山东人民出版社1993年版，第172页。

上届有关这一问题的提案，询问政府对于此事曾否注意进行，办理至何程度，缘何迟滞如此？

先生等人并提临时动议"请开全体审查会，并请政府当局出席，切实检讨抗战工作案"。案文中针对蒋介石对大会讲话——"凭我整个民族相呼应"，以及《中央日报》发表《前方将领谈话》中所强调之"全国范围发动广大运动战"，指出"尚属理想"，并说："而实则军民未能配合，各方武力头绪纷乱，更未能互相策应，论后方，则吾人寄一切希望于抗战新力量之培成，而实则各地方治安尚成问题，遑论其他。日日绑拉壮丁，则民众之发动何在？农、工、商业破产，则生产之增加难言。所有前后方之情形，实觉不堪检讨。……拟请将开全体审查会，并请政府当局出席，共同切实讨论，以资警策，而于事实有所推进，抗战前途幸甚。"

本案并无决议。①

由于国民党猜忌排外，对群众动员工作包而不办，不许外人插手，仅以征兵问题就民不聊生。先生讲："征兵变成胡乱拉兵，其景象是惨极，凶恶之极。我在四川感受刺激，于是再度努力……奔走于地方当局、地方人士、地方教育界三方面……我主张这三方面配合起来，建立系统机构，而以最大注意贯彻到乡村。三方面乐意接受，并于人事安排、经费筹措都有些准备。十月七日，张群（西南行营主任）、王缵绪（四川省主席）、张澜（地方人士）和我四人同飞成都进行其事。没想到只开了一次动员会议，就有人（张伏云，四川省府法制室主任，黄埔系蓝衣社的人，资格、地位并不大）公然叫嚣不许外人僭窃领导。会后邵（从恩）、张（澜）诸老顿形消极，我一个外省人更无能为力。经过这次又碰钉子后，我认

---

① 梁漱溟：《请开全体审查会，并请政府当局出席切实检讨抗战工作案》，《梁漱溟全集》第六卷，山东人民出版社1993年版，第57—58页。

识清了党派问题是一切事情的总障碍。此后用力方向所以转移到团结统一上，实决定于此。"

十二月，先生根据自己一向对中国问题的认识而参以在延安所得印象，提出一个根本解决党派问题的方案。其内容主张分三步进行："第一步：召集全国各方面会商，确定国是国策（相当于共同纲领）。

第二步：建立党派综合体……为国是国策之赓续不断地补充或修改。

第三步：政权治权划分开，党派综合体代表国民行使政权，而以治权属之政府。政府是代表国家的，国家惟一绝对。政府不能含有党派性。它要忠实于国是国策之执行，不得有一毫出入（我因戏称为'无色透明体'），对党派综合体负责。"

先生将此文章交重庆《大公报》发表，送审时被检扣，由当时国民党宣传部长叶楚伧和刘百闵当面退还先生，说："用意甚好，但若发表，必招致争论而使党派关系更恶化。"[①]

是年，先生还发表《关于"五四"的谈话》于《战时文化》创刊号。

[①] 梁漱溟：《我的努力与反省》，漓江出版社1987年版，第142页。

一九三九年（己卯　民国二十八年）

四十七岁。

在重庆，曾到游击区巡视。

国民党撤退到重庆，国民政府设有国民参政会，先生是少数驻会委员之一。但是没有多少事可做。先生与张群、卢作孚、八路军驻重庆代表秦邦宪等先生商量，说明先生在山东许多年做乡村工作，有许多乡村运动的学生，都分散在山东各县，想与他们取得联系，发动他们做抗日工作；同时想与年前返鲁抗日的第三政治大队取得联系，看望他们，了解他们的情况。这事得到国、共两方支持，蒋介石还送了一万元路费，给了电报密码本，说必要时用电报报告敌人情况。先生要求秦邦宪同延安说明，希望延安方面通知苏、鲁一带抗日队伍（游击队），给予方便配合。①

二月二日，先生自重庆启程，经西安去游击区，随行人员计有黄艮庸、王靖波、王福溢、李健三、翟茂林、张荫平六人，前五人皆豫鲁乡村工作之同人或学生，已相从先生甚久；张荫平是先生到洛阳后临时邀其参加的。

先生于二月十日飞抵西安，经与各方接洽，一时尚无入鲁之方

---

① 《与北碚唐宦存同志谈话记录》。

一九三九年（己卯　民国二十八年）　147

便，故前后在西安停留多日，其间，曾到秋林晤阎（锡山），了解晋中战况，并访程颂云（潜）商谈去战地视察事宜。

一夕胡宗南、邓宝珊曾相偕来访先生。①

二月十二日至二十一日，参政会在重庆召开第一届第三次会议。时先生已离川前往游击区。但会上有"梁参政员漱溟等提'办理兵役极应改善各点'提案"（提案第七十九号）。提案中叙述"川黔各省办理兵役不良情形，至今依然严重"情况，并提出改进意见。内容以南充为主，颇似南充提出的提案。②

三月二日，先生偕同人乘火车离开西安去洛阳。深夜过黄河，敌人隔黄河岸打炮，所以必须在黑夜通过。在洛阳晤第一战区司令长官卫立煌。

四月十日，到达永城书案店，晤新四军彭雪枫司令及副司令吴芝圃，承招待停留三日，随新四军滕团往李士林。彭司令以一白马赠先生代步，当晚在李口休息，候至夜一时乃以急行军越过公路。

四月二十一日，行抵郝楼，砀山县长窦雪岩（原邹平乡村工作人员）赶来相接。并带队护送至丰县中兴集，陪同一周。先生说："凡此所云县长皆潜伏敌后之游击县长也。"

四月二十三日，傍晚起行，六时许经过小山，夜二时，由黄口（车站）之西渡桥附近，越过陇海铁路。一夜之间以行军姿态行九十里。

四月二十五日，入鲁境单县。

五月二日，行抵定陶，住县政府。三日，第三政治大队（即先生带出的山东乡村工作同人，由当时军委会政治部指导下编成并命

---

① 梁漱溟：《敌后游击区域行程日志》，《我的努力与反省》，漓江出版社1987年版，第221—256页。
② 参见梁漱溟：《改善兵役实施办法建议案》，《梁漱溟全集》第六卷，山东人民出版社1993年版，第52—54页。

名）同人张勖仁由鄄城来接并送至菏泽住第六中学分院。四日，先生应邀在民众剧院讲演，先生讲："此行沿途每为人分析抗战形势作动员工作，先后讲话次数甚多，然开大会，对群众作讲演，则自此始。"第二日第三政治大队同人宋乐颜（鲁西支队长）亦至，同至鄄城，与同人裴雪峰等会晤，在鄄城留住五日。

五月十六日，行抵杨桥，住东进支队杨勇团部，适值一一五师政委罗荣桓在此（据说在某处与敌作战七昼夜之久，疲极来此就睡），曾出来见先生。

十七日，经杨团派人护送先生等人，晚六时离杨桥往汶上县之葵林，夜行军至翌晨到达。

五月三十日，行抵王庄，到八路军山东纵队指挥部。沿途见有欢迎标语，又承群众远迎于途。受欢迎者为于学忠总司令及先生两人。于系应沈鸿烈邀往东里店省政府，与先生同时到达，先生在此见到张经武及郭洪涛同志等多人（张于一九三六年与先生相识，郭则于一九三七年认识）。于未多留即去，先生留下参加群众大会。午饭后到东里店。第三大队同人秦亦文等迎接先生于路上。是日，先生伤足。因先生及同行者、送行者、迎接者都骑马，马多而山路窄，调转拥挤时，右足被擦伤，住入政治大队办事处。翌日下午，沈（鸿烈）、于（学忠）同来先生住处看先生，并邀赴欢迎大会（欢迎于及先生）。

六月一日，与同行者到达水北（地名）第三政治大队总队部，与同人同学相会，并停留三日，先生曾在朝会上讲话并开会座谈，足伤益见重。

六月七日，折回东安（地名）省府招待处休息。第三政治大队王伯平来报告说："鲁北支队队长李星三同学在滨县接受伪军某部投降时被害身死。"第三政治大队计共分鲁北、鲁南、鲁东、鲁西、豫北五个支队。先生闻讯伤痛之极，说："星三在研究部（山东乡建院）同学中，曾被认为最有为之人，不意其遭遇如此！"

是日午前十时半，有敌机十五架自北飞来轰炸东里店，伤亡二百余人，公私房屋大都焚毁，所存无几。东里店原为一普通农村，自沈鸿烈设省府于此，从未遭敌扰。久已乐而忘忧。此次敌人大举扫荡，当上空投弹之时，早已四面包围。同时，于学忠的总司令部（上高湖）、八路军之指挥部（王庄），各相距六十里、四十里，亦为其扫荡目标，均不能不各自转移，先生与同人亦不得不转移。当时先生足伤未愈，骑马目标大，于是将一方凳倒转，用两木杠抬之而行，并决定不随任何其他大队同行。

六月十日，于黎明抵连谷峪，入民家小睡，遽闻炮声，先生等出门一看，遥见敌骑在西面山岭上，空中并有飞机，他们即刻向东南趋奔，沿途与省府、财厅等机关相遇，各皆狼狈不堪，先生讲："幸有保安二旅及五十一军与敌军相持，我等乃得安全退却。"行抵东郭庄，在庄外树林下与八路军方面一工作团（非战斗员）相会，随后五十一军军部亦到。先生一行遂同工作团移往九山官庄。休息至夜半起行登摩天岭，往西越过公路，已天明。

六月十一日，行抵沂水之虎岩庄。工作团商请庄长提供给养，庄人虑被敌人发现，嘱在庄外山沟内休息进食（红薯加豆粟煮粥，五百余人分食），晚七时许起行。

六月十四日，先生从被八路军误捕之苏鲁总部之便衣探兵口中，得知于学忠即隐驻在山南之水牛里。先生先派黄艮庸去水牛里联系，黄返后，先生即与黄等一道到水牛里访于学忠，谈战况，并商先生返川之计。

六月二十二日，从头天晚起至晨十时，共约走了百里之路，行抵坡里。乡建院同学陆升训任八路军特务团团长，其团部驻此。陆与先生见面，先生讲："患难之后见面，倍觉亲切。"下午秦亦文来迎先生，即偕往岱崮与第三政治大队同人同学会见，甚欢。由于敌人又分两路而来，于是又转移。秦亦文派大队的公竹川与先生同行，照顾先生，并派秦弘同学率武装小分队为先生任警卫，先生一行至下午，途中遇雨，雨落愈大，昏暗愈甚，出手不见五指，山路崎岖坎坷而滑，两次有人坠落沟涧。先生回忆说："余虽骑马，而夹在人众行列，举步迟缓，有类蜗牛，通夜行不过五里。"翌日黎明，雨不稍停，衣履湿透，饥疲且冷，行抵封经峪一小村，亦文让先生先入村休息，他则率大队往前走，至石人坡休息，先生等人入村不见一人，正讶其衣被柴粮俱在，方解衣烘烤觅求饮食之间，听到石人坡方面枪声大作，先生等出村向东北一高山攀登，初隐于后山窝一郑姓人家，方得喘息，忽又告警。先生等出门，见有挟衣裹粮扶老携幼者，即随之行，至山脚入岩洞内隐蔽。此时前后各山头敌我两军渐集，不久开火，各种枪声、炮声、炸弹声、飞机声震耳，往返冲突，或远或近，近者如在头顶。约从午后二时起始，七时后其声乃渐疏渐停。先生等在洞内过夜。

翌日（六月二十五日）天亮，才知洞内人众已各自离去，皆不知其所往，洞内只有先生一行六人。约七时许，敌我又开火，此时洞内可以走动，先生等向外瞭望，对面山头敌人旗帜军官皆在目中，约十时后，战场转至北方，枪声稀少，敌旗撤走，三两敌人下山搜索，两次经洞外走过，却不入内探视，先生等得以安然无事。紧张既过，先生一行人才陡然思食，他们不进食已两日，遂就群众所遗筐篮捡觅食物，而群众亦陆续回洞收拾遗物，不觉相对失笑。据云，敌人曾巡搜到郑家，见先生马，谓必有游击队至此。郑妇诡称从邻村延医所用，而敌人发现马鞍下系有小提包（内有洗漱刮胡各用具），非乡村所习见，怒鞭郑妇甚重。先生等人虽庆更生，而却无处可以安身，经商定由郑西堂之子引至北岱崮，露宿于山上大石隙间。雨后大风彻夜，先生等人一行寒冷不能入寐。

六月二十七日，移住西小峪。上午，仍远闻枪炮声，有第三政治大队宣传队孟队长及大队所雇之挑夫多人从石人坡逃回来。备言日前遭敌人包围情况，大队人员伤亡甚多。

六月三十日，先生嘱黄艮庸、公竹川等三人往石人坡为第三政治大队办理善后。他们途中获悉有负伤之第三政治大队官长、士兵王仲全等三人留村养伤，于是前往探视慰问，并各留给养伤费用。适有该大队孙医官德芳由邻村来探视伤员，因而偕往当日战地巡视，残迹凄凉，殊不忍睹，总计阵亡二十五人，横尸山间及道左，多数已为土掩盖，间有露半身者，面目模糊不可辨。乃就原地加土垒石围之，不使暴露。并共同相度一可作公墓之处，备将来再行改葬。三人返回姚峪，已入夜。

先生等一行辗转西行，于七月六日出蒙阴境，行抵泰安境太平集，投东进支队部，晤王参谋长，商量赴鲁西，作返川之计。

七月十二日，先生病，患痢疾，连日同行人中翟茂林、李健三均病，盖精神紧张劳顿之后，天复时晴时雨，夜眠无被盖，容易致病。

七月二十二日，继续行进，虽仍辛苦，但基本上已进入昼行夜宿一般赶路状态。敌人似仍追踪，故仍有时行进，有时隐避。

七月二十九日，先生一行已在两天前与六支队取得联系，并被迎接到六支队司令部，与政委董君毅、参谋长于会川晤谈。这天午前张北华司令员来会先生，东平四区区长尹鼎新等同来，据云今日已得消息，前第三政治大队走散人员曾会集在泰安境者百余人，已越过铁路西行。在六支队停留到八月八日，才动身继续西行。在六支队停留期间，受到款待，曾参加座谈会三四次，并为召开欢送会。

八月十一日，往张坊，与罗荣桓政委、陈光师长会晤，并承苏孝顺秘书长招待一切。先生住胡楼。先生讲："据我记忆，当时缺乏粮食，生活艰苦之极，所云用膳，其实只有水煮南瓜一味，无所谓饭，无所谓菜。"

八月十七日起身南行，由杨勇旅部派便衣六人护送，夜二时抵彭庄，有雨，遂留宿，自晨至夜计行约百里。人疲马乏，以麦秆藉地而睡。

以上是先生辗转于鲁西、鲁南之行程概况。

八月十九日，晨二时半起床，四时出发，下午四时许到达田家铺（先生在头一天听说第三政治大队之宋乐颜等在此），与宋乐颜、裴雪峰、赵道一各人见面，乐颜见先生喜极而哭。赵道一（赵德庆，第三政治大队豫北支队长）由豫北来迎先生。晚上，乐颜、雪峰等与先生会商，认为先生留游击区意义不大，决定即经豫北返大后方，致力于国内团结工作，以巩固抗敌之根本。翌晨三时半即起行。赵道一随行。

八月二十一日，行抵王庄，有省保安司令部廖参谋长安邦来会（多谈两党摩擦事）。下午行抵濮县，住民教馆内，乐颜、雪峰及司景法同学又从鄄城赶来，再度会面作别。翌日，留濮县。中午邹平、济宁受训同学之在濮者多人，集会招待先生等一行午餐。次日，同人、同学集合与先生照相后，先生一行即出发西行。

八月二十三日，下午行抵濮县之陈庄，冀南丁树本专员驻军于此。丁专员来看先生于住地。丁与范公筑先同为北方抗日名之专员，此时拥有实力两万余人。第二天，当地各界人士为先生举行群众欢迎大会，先生讲话。翌日仍返陈庄。丁专员来访先生，谈及各方与八路军摩擦情形，先生说："颇觉可虑。"

先生于八月二十八日下午五时,应邀在县府讲演。第二天早晨五时半即出发行四十里,入河南境。以后先生多以驴代步,间或以马、以骡代步,沿路凡过驻军之处,曾受接待,并应邀曾在九十七军军部讲演,又应四十军庞炳勋军长邀请,为其干部学员讲话。所过县政府,县长多亲自赶来探望或招待。

九月十六日,行抵西杨村,会晤朱军长怀冰,朱招待午饭,并得帮助,于十七日上午渡黄河,当晚到洛阳。[1]

先生在抗日战争之第三年,毅然偕友五六人到抗日前线,出入于敌后游击区域八个月,到过六个省的八个地区,经过的县市有五十多个(只山东就有二十二个),食宿过的集镇、村庄将近二百个。经历多次惊险奔波,备尝饥渴风雨之苦,而且多数是在黑夜赶路,其辛苦可想而知。及抵洛阳,此艰苦之行程才算告一段落。

对这次巡历各战地后的见闻,先生说:"总括来说,有三句话:第一句是老百姓真苦;第二句是敌人之势已衰;第三句是党派问题尖锐严重。""见闻不少,感想亦多。""第一个感想,便是中国老百姓太好。……为了抗战,他们所受苦难,都没有怨恨国家、怨恨中央之意。第二个感想,民国三十年来正经事一件没有做,今后非普遍从乡村求进步不可。对民生之穷苦,风俗之固陋,看得更真切。""故如何急求社会进步,为中国第一大事。然此第一大事者,到民国已是三十年的今天,竟然没有做。""我们平素主张乡村建设,就是有计划地用社会教育普遍推进建设工作,求得社会平均发展(反对欧美都市畸形发展)。从观察了内地社会真情以后,这一要求更强。""第三个感想,今日问题不是敌人力量强,而是我们自己不行。……这个不行,不是军事的,是政治的。说起来只有惭

---

[1] 梁漱溟:《敌后游击区域行程日志》,《我的努力与反省》,漓江出版社1987年版,第221—256页。

愤。""今后既要反攻，必须调整政治，以立其本，更加强各战地政治工作，启发民众抗敌力量。如其不然，恐无翻身之日！""第四个感想，中国目前的问题全在政治，而政治的出路却并不现成。因为这政治问题后面有深厚的文化背景，不是平常的封建民主之争。"①

先生回忆说："当出发之时，未尝没有留于前方抗敌之意。不想到了前方正赶上敌人大扫荡，又逢着'摩擦'开始，踟蹰于鲁南山区，辛苦备尝而一筹莫展。同时看到党派关系恶化如此，抗战前途已受威胁，推想各方必然要求解决党派问题，可能就是到了问题解决的时机，所以马上又回转后方，计一往一返共经历了豫东、皖北、苏北、鲁西、鲁南、冀南、豫北、晋东南各敌后游击区，末后于'九一八'回抵洛阳，双十节回抵成都，为时共八个月。此行除增加一些见闻外，可算劳而无功。"

先生到达成都和重庆，"得悉党派关系恶化在大后方亦同样严重，不过在前方表见者是武装冲突，大后方都是单方面——执政党方面——对党外的压迫钳制无所不用其极"。

先生到重庆时，重庆满街上都在开会座谈宪政，非常热闹。曾邀请先生，先生一概谢不参加，认为"这是一场空欢喜，国民党决不会践言"。先生说："我只认定我的路线，作我的团结统一运动。""我分向三方面进行我的运动。所谓三方面就是两大党及其以外之第三方面。记得似是十月二十五日，访问中共方面，会见了陈绍禹、博古、吴玉章、林伯渠、董必武五位先生。""只记得我讲到问题严重时，我就说了一句'军队非统一于国家不可'的话，并说：'军队、警察应该是政府代表国家行使治权、执行国策的工具。'陈表示：'你的方案是可以考虑的……军队属于国家是可以

---

① 梁漱溟：《我努力的是什么》，《梁漱溟全集》第六卷，山东人民出版社1993年版，第186—204页。

的，只要国民党实行，我们就照办。'诸老所表示，亦都是对我勉励的话。谈话从晚间开始至夜深人静才分手。"

先生访问共产党方面后又访问国民党方面，主要是同张群谈话。先生指摘当时的宪政运动是"文不对题"，张最表赞成。当先生强调军队必须脱离党派而属于国家时，张群转问先生："你向共产党谈过没有？他们如何表示？"先生说："他们表示国民党实行，共产党就照办。"张群听了拍手笑说："他们深知国民党不会实行，所以不必从他们口里拒绝你的提议……老实对你讲，国民党的生命就在它的军队，蒋先生的生命就在他的黄埔系。……你向谁要军队就是要谁的命！谁能把命给你？你真是书呆子！"先生说："张群这一席话对我真如同冷水洗身。"①

先生这次"华北之行"，可能使他对共产党更有了好感，对国民党独裁统治的反对更为坚决。他对共产党虽仍怀有戒心和责备，但还是勉强承认，并说："或许只有他们才能最后解决中国的问题。"

同年十月初，先生在成都会见了晏阳初、黄炎培和李璜等先生，邀请他们开了个协商会。会上，先生提出了他在视察中思考出的结论，（国共两党的矛盾）近则妨碍抗战，远则重演内战，非想一解决办法不可。第三者于此，无所逃责。零零散散，谁也尽不上力。故第三者联合起来，共同努力，当为第一事。黄、晏、李等诸公都十分赞成。相约到重庆再多觅朋友商量进行。

先生等诸公回到重庆后，取得了沈钧儒、邹韬奋、章伯钧等诸公同意后，便共同为发起筹备成立"统一建国同志会"而积极地开展了活动。②

---

① 梁漱溟：《我的努力与反省》，漓江出版社1987年版，第361—365页。
② 参见梁漱溟：《我的努力与反省》，漓江出版社1987年版，第365—369页。

十一月二十九日，成立统一建国同志会。关于成立统一建国同志会的由来和它的使命，再补充一些如下：

先生提议的"军队国家化"主张在张群那里碰了钉子以后，先生说："我亦晓得要有实力才解决得了问题。但我不相信只有军队是实力。我相信我能代表广大人民要求，便是实力。我要把同我一样要求的人结合起来。所以我的运动原以第三方面——一些小党派和在野闻人——为第一对象。经我在成都、重庆两地奔走联络之结果就酝酿出一个'统一建国同志会'来。我说明：在当前危机下，所有两大党以外的人有其不可逃的任务，就是不许内战起来妨碍抗战，然而零零散散谁亦不配来说完成这一任务。只有我们大家彼此合拢来，而以广大社会为后盾；那么，这个力量却是不小的。……这个会——统一建国同志会把两大党以外的所有派系和人物差不多都包含在内了。""这时，正是国民党反共高潮的时候，参加这次会的有国家社会党（罗隆基）、青年党（曾琦、李璜、左舜生等）、第三党（章伯钧等）、救国会（沈钧儒、邹韬奋、张申甫、章乃器等）、中华职教社（黄炎培等），我是以乡村建设派参加的。张澜先生在四川是长者，有声望，但由于他是个人，所以是在统一建国同志会成立后，由我邀请才参加的。统一建国同志会为了能在国民党统治下合法存在，先把会内通过的十二条纲领送给张群、王世杰，请其转蒋，并要求见蒋。"

十一月二十九日，先生见蒋介石。原来公推黄炎培先生和先生两人见蒋，后因黄先生去泸州，临时只先生一个人去。先生向蒋递交了统一建国同志会的"信约"，并着重说明统一建国同志会的"第三者立场"，要求蒋介石允许民主人士"有此一联合组织"。蒋介石提出不组织正式的政党为条件，允许成立。在谈话中，当先生讲到成员中有沈钧儒先生时，蒋介石插话说："他（指沈）恐怕同你们不一致吧!"意思是与中共关系密切。先生回答说:"我以为还是和我们在一起好,无碍于统一建国同志会的第三者立场。"蒋没有再说什么。谈话间,王世杰曾问先生:"这是否一政党?"先生答:"不是的,这只是为了求得全国团结,推动两大党合作而形成的一个推动力。"①

---

① 梁漱溟:《我的努力与反省》,漓江出版社1987年版,第360—361页。

一九四〇年（庚辰　民国二十九年）

四十八岁。

在重庆。

年中，先生与同人、学生住在璧山来风驿，发起创办勉仁中学。

一月，由先生写出《创办私立勉仁中学缘起》及《办学意见述略》。文中讲："愚自华北巡历战地归来，顾念大局艰难，无可尽力，将退而聚徒讲学。适在川从游诸子以兴学为请，时则中等教育之有待改善不异畴昔，而教育当局今实示其改善之机（如新颁导师制）。吾与诸友夙尝着力于是……本其经验，并力以图，稍抒其疾痛难已之怀耶！"

先生为董事长，并推定陈亚三、黄艮庸两位先生偕同王平叔、云颂天先生发起筹备。先生向无私财，当时只有参政员俸，除留少许生活费外，皆移作筹备办学开支。

三月底，先生写出《抗战与乡村——我个人抗战中的主张和努力的经过》一文，发表于《师友通讯》。

四月一日至十日，参政会召开第一届第五次大会。开会期间，先生等六人，在第一次会议上提出询问："关于战区自相冲突事件之处置办法。"四月三日第三次会议上，先生询问"关于第一次大会充实农会组织及召开战时农村问题会议两案之办理情形"。四月四日第四次会议上，先生询问"关于户籍行政之准备工作"、"关于'建教合作'之进行情形"。并与张申府等五人询问河北赈灾情形。四月五日第五次会议上，先生等提："请厘定党派关系求得进一步团结以利抗战。"①

提案中讲："迭闻各战区各地有我军自相火并之事，是以敌人残我而不足，而又自相残也。灭弱抗战力量，援敌人可乘之隙，天下可痛之事孰逾于此。"要求讨论提出"如何求其根本解决之道"。

关于上述提案提出前后过程，先生讲："春间，参政会又开会。'五五宪草修正案'被打消……那些热心宪政的人才冷静下来。然而大家对统一建国同志会亦不起劲，当时前方军队火并情形严重，何应钦向参政会作过报告，我据以提出'解决党派问题求得进一步团结建议案'。国民党方面对这个建议案的态度，初时很震动，声言不给通过，但蒋却很巧妙，亲笔写了一张字条给我，大意说：'这是军纪问题，本不能加以讨论的，但你们要讨论亦可以。'同时嘱王世杰通知我，提案可以修正通过，希望我不必发言，以免引起争论。其实我原案很简单，只强调问题应在参政会内解决，建议组织一特种委员会负责搜集问题研究方案。案子不声不响通过，特种委员会亦成立（不给我参加），却不发生一点作用。似只开过一次会，听取了秦邦宪先生与何应钦交涉的报告而已。"②

先生说："统一建国同志会并未正式成立组织机构，似半为当时重庆遭受敌机轰炸所影响，一半自然就是大家不起劲。"

六月初，先生写《青年修养问题》，发表于《读书通讯》第

---

① 梁漱溟：《为我军自相火并事询问案》，《梁漱溟全集》第六卷，山东人民出版社1993年版，第97页。
② 梁漱溟：《我的努力与反省》，漓江出版社1987年版，第364页。

三期。

"秋末,轰炸期过后,常用一种聚会方式座谈座谈,新四军事件前夕,聚会较多。"

十二月二十四日,先生讲:"早晨我展看报纸,有新的一届参政员名单揭晓;名额扩充,反而把原来为数极少的党外(国民党外)人士更减少几个,例如章伯钧、陶行知、沈钧儒等几位先生都被排除,所增加的都是他们党内的人,这样引起人们对国民党一种非常大的悲观。……气闷之余,出门散步,走到张君劢家,恰巧黄炎培、左舜生两位亦先后来到,四人聚谈,同声致慨,黄老兴奋地站起来说:'我们不应妄自菲薄,而应当自觉地负起大局责任来才对。'在互相敦勉的气氛中,君劢提出统一建国同志会不中用,必须另行组织。他主张要秘密进行组织,并布置一切。必须在国民党控制不到而又极接近内地的香港建立起言论机关来,然后以独立姿态出现,不必向政府当局取得同意。我们一致赞成他的意见。后来事情就是按照这样做的。二十五日,黄任之先生又找来了冷御秋、江问渔,正式研究了成立'中国民主政团同盟'。"[①]

---

① 梁漱溟:《我的努力与反省》,漓江出版社1987年版,第212页。

一九四一年（辛巳　民国三十年）

四十九岁。

在重庆、桂林、香港。

一月初，新四军皖南事变发生后，中共严重抗议，中共参政员宣布将不出席参政会。先生与统一建国同志会同人不能坐视国内分裂之发展，自二月中旬起为此事集议奔走双方，直至三月二十七日方停顿。

关于奔走调停皖南事变之事，先生说："我们是站在国民立场向两党提出要求，要军队今后脱离党派关系而属于国家，并且要监督执行其事，这是一点，再一点是要检查和督促那公布已久的抗战建国纲领的实行。为了这两桩事，主张成立一个委员会（包含各方面的人）来负责。条文全是由我起草，并承同人推我和沈老（钧儒）两人征求中共方面的意见。中共方面，周（恩来）、董（必武）二公看了条文，表示愿电延安请示。假如双方都同意了，他们就可出席参政会。对于国民党，则公推张（澜）、黄（炎培）诸老见蒋，蒋满口应承，完全同意。其后此事终于不协。"调停颇有曲折，有一段时间，参加调停的人俱已辞谢调停之任，而先生还声明

"要一个人单独奔走到底"。①

中国民主政团同盟组织的秘密进行，就夹杂在为皖南事变而奔走的许多聚会之间。

统一建国同志会是中国民主政团同盟的前身。但当时却不是把整个同志会转变而成，如沈老（钧儒）为首的救国会的同人原在同志会，而当时却留在外边，因为救国会当时有"中共外围"之称，而民主政团同盟的产生却不愿被人看作是出于中共所策动。

为皖南事变奔走调停终于三月二十七日。

这时中国民主政团同盟秘密筹备工作亦大致停当。大家经过多次聚会反复协商了纲领、章则，三月十九日，在重庆上清寺特园召开了正式成立大会，会上推选执委十三人，其中常委五人，有黄炎培、左舜生、章乃器、张君劢和先生，互推黄炎培担任常务委员会主席，左舜生担任总书记，先生是秘书长，并确定先生去香港办《光明报》。会上还通过了《中国民主政团同盟纲领》、《敬告政府与国人》和《中国民主政团同盟简章》。数月后黄炎培辞去主席职务，又推选张澜为主席。

先生讲："成立'中国民主政团同盟'（以下简称民盟）中共方面是积极支持的，特别是在重庆的周恩来先生，更是具体帮助指导，起了很大的作用。民盟是第三势力，中间偏左，许多重大问题是支持中共的，这对中共也是有利的，延安《解放日报》还发表社论，称'这是民主运动的生力军'。民盟在民主运动中的确是很有力量的。"

"国民党蒋介石对民盟的成立，则先是追查继则破坏。方民盟正在会商进行时，同人甚密其事，而竟为当局所发觉。三月二十一日，蒋介石在餐席上当众责问张岳军（群），张立时以电话询君劢

---

① 梁漱溟：《忆往谈旧录》，金城出版社2006年版，第220—221页。

（张君劢），君劢否认之。次日又访君劢于家，君劢适外出，张语君劢介弟公权，谓：'已探得宣言全文，又知有纲领十二条，而未得其文。'且指出：'迭次聚议之地在特园某号。'黄公（炎培）与余等共商应付之策，以统一建国同志会的活动及信约等为词对答之。民盟工作则继续进行。"①

三月一日至十日，国民参政会召开第一届第一次会议。先生出席。刘王立明提"彻底巩固国内和平，奠定世界大同基础案"，先生连署。连署者计二十四人，其中有晏阳初、沈钧儒、钱端升等。提案提出六条要求：

一、厉行抗战建国纲领。

二、速开国民大会制定宪法，实施民主宪政。

三、所有军队改称国防军，所有服役军人上自将官，下至士卒，一律脱离党籍。

四、国内一切问题，以政治方法解决，停止军事冲突及其准备，以促进互尊互信。

五、基于科学化、近代化、生活化大原则，以诚相见，建设精神国防。

六、国内各特务机关及其工作人员，除保留一部分在沦陷区内对付敌人汉奸者外，余应从速一律取消裁撤，以安人心。

同日，冷遹提"调节劳力，整理交通，改善金融与粮食管理以平物价案"，有二十二人联名，先生亦联名。

三月二十九日，先生离渝赴香港筹办《光明报》。先生讲："离重庆前夕，我到曾家岩密访周恩来先生，向周恩来先生商谈办

---

① 梁漱溟：《中国民主政团同盟发起成立之经过略记》，中国社会科学院近代史研究所中华民国史组编：《中华民国史资料丛稿增刊》第六辑，中华书局1980年版，第48—53页。

报方针。周恩来先生热情支持我们办报，我们直谈至深夜，当晚住在曾家岩。我表示愿与他们在香港的人取得联系。周恩来先生告诉我，中共驻港代表是廖承志。"

先生离开重庆后先到桂林。在桂林停留了一个时期才到香港。在桂林期间（四月至五月上旬），应广西大学（桂林良丰）校长雷沛鸿邀请讲学，所讲内容即为以后所写的《中国文化要义》的一部分。

先生在桂林时会见李任潮（济深）、李重毅（任仁）两位先生。他们与蒋介石有矛盾，不站在蒋介石那边，他们拿了几万元支持民盟办报纸。

五月，《中国文化问题》发表于《曲江民族文化月刊》。其内容：一、谁认识中国文化；二、怎样认识中国文化；三、两大问题有待宣白；四、中国文化的特征；五、中国本位文化问题。

先生在文中结合抗日战争，说明中国"今日正好进于一新阶段，这新阶段即自抗日开始……由抗战促进了中国人的自觉，并展开了新中国的前途"。文中指出："中国人今后一天一天将逐渐认出其固有文化的面目……今后世界上人都将晓然于中国文化的精神和在人类文化中的意义，是没有疑问的。""要认识中国文化……正不妨从眼前事实来看。眼前的事实，是抗战四年而中国依然存在。……这在我们一面，究竟靠着什么？……这全靠我们的家业大，就是国家大。……中国为什么能这般大，我想这是中国文化结果之一面。""不能不说中国文化具有非常伟大的力量。""中国文化的特征在人类理性开发的早。……而理性则是人类的特征。……中国古人对于人类文化最大贡献即在认识了人之所以为人，得以有这种根于人类理性而发育成的文化。""一般人最大错误，是只看见中国不及西洋的一面，而不知中国尚有高过西洋的一面。"

五月二十日，由桂林飞抵香港，开始筹备民盟机关报工作；一面与参加民盟在港的曾慕韩（琦）（青年党）、徐梦岩（国社党）、伍宪子（宪政党）、周鲸文（东北同乡会）、张云川（第三党）、甘介侯（桂系）等人会商，一面与当时在港左翼人士，如何香凝、廖梦醒、廖承志、柳亚子、阳翰笙、彭泽民等接触，以推动民盟机关报的筹备工作。先生到香港后知道中共在香港的人，不只廖承志一个人，还有范长江。范也在香港办报，他办的报叫《华商报》。先生与范长江也有接触。先生讲："余之被推赴港……顾余虽愿以言论自效，素日谨守，殊乏肆应之才，又不善西文，民盟内定主持报事者实为罗君隆基。君劢先生时亦有赴港协助之说。而黄公（炎培）方任劝募战时公债委员会秘书长，有各处巡视督导之责，行动最便利，则毅然自任赴港照料一切。"

先生得知黄炎培先生于五月初抵港，遂于二十日飞抵香港，原期与黄会面，不料黄恰于此日飞返重庆，正好相左。先生久等罗、张诸君不至，只好与上述诸君着手筹备。

八月初，先生接得内地民盟通知，决议以先生为报社社长，萨空了为经理。之后并决定报社总编辑为俞颂华，新闻版负责人为羊枣。

先生等人计算国民党参政会应于九月中旬开会，民盟宣言及纲领必须在会前发表，报纸至迟要在九月一日出版。不意忽生波折，七月二十六日李政君飞港，受黄炎培先生之托自渝带来密函并抄件。盖黄公于七月初自渝抵滇，张君劢亦自大理来会，所有昆明同人迭有聚议。抄件即黄返渝后就议决事项摘示其要点。先生讲："其中可注意者：一、对原来纲领十二条，保留四条，先发表八条。所保留者皆揭出吾人衷心要求之条文（如反对国库负担国民党党费，反对特务机关等），且于发表诸条文字亦有删改（原第二条删去'结束党治'四字),要之,力避刺激国民党。二、对于即将开会之参政会,除海外同人可不出席外,在内地者均出席。三、对外间为黄及某君守秘密,否认其参加组织。"八月三日又收到罗隆基自昆明托人带来密件,内计开谈话会(非正式会)商决之事二十余项,比渝件详细。

八月十二日,先生约同人集会,报告渝、滇来件,无不愕然,一致认为纲领不能分别发表,而删去有力条文,尤所反对;民盟一切主张,应认定发表于(参政会)会前,商洽(与当局商洽)于会外之原则,不必预做出席与不出席之决定。至于为黄守秘密一层,自当照办。先生同时报告他个人已分函内地同人坚决反对,今问题涉及根本,在根本问题解决前,报社筹备暂停进行,众议佥同。曾(慕韩)、徐(梦岩)诸公并各函内地表示意见。先生讲:"其后昆明来信,证明此一变动果出于黄公所为。欲求问题解决,非得与内地同人面谈不可,而尤致盼于黄公之来港。""八月十八日晚黄公到港,十九、二十两日连在九龙塘学校与余单独洽谈。黄表示其环境实不容其出名参加民盟,而留他在外,于民盟、于大局未始无用,于是决定黄公不列名。既不列名,故于纲领内容、发表时机等问题一切听由同人决定。二十一日,黄公约慕韩会晤,余亦在座,黄面许同盟揭晓后,当亲写一文在《国讯》发表以示赞助。盖黄公此来,题在募债,而实筹备其职教社之香港分社,自建其言论机关《国讯》海外版也(后来《光明报》出版不久,《国讯》亦出版。黄有《我与中国民主政团同盟》一文,如其言)。黄公既不固执,则一切问题唯待与内地同人商定。……余急草成十大纲领并写一长信托卢广声君带内地……信内重申'发表于会前,商洽于会外之主张'。……九月二十二日同人集会,渝、滇各有函到,对于十大纲领完全同意,一字不改。宣言则嘱海外草订,内地事后予以追认，并同意双十节发表。……民盟发表成立宣言及对时局主张纲领，自应由负责人署名，而主席黄公不列名已经决定，似应另推主席，但黄公初未自己辞职，又已离港……无从商量，余于万分无可奈何之中，只得服从众议，执行不列名之发表。日期逼近，余不得已连夜起草成立宣言，经同人通过，双十节得如期发表，发表时，国际各大通讯社记者多以未具负责人名，不肯接受拍电。一般舆论，亦以不具名致疑，未得引起有力同情。而执政党方面即藉口于此，肆其攻击，并以有意变更政权不啻第五纵队相诬。"

先生说："我在一生中精神上感受烦恼痛苦莫过于此。时在香港之生活，国民党方面先则派刘维炽（立法院副院长）自渝飞港，密求港政府勿许《光明报》出版。顾因《光明报》办好立案及交押金等手续在先，且聘有律师顾问，自无法受其请托，但允为报纸出版后加以压制摧残。《光明报》出版，'民主政团同盟'揭开。孙科又继来港，对于民盟组织则以全国抗日中的'第五纵队'相诬。恰以民盟成立宣言及十大纲领之发表，不写明组织负责人及地址，态度实欠光明正大，我衷怀愤恨难言。港政府素来钳制报纸言论，必先一日送交检查后乃许刊出，否则罚款。……乃从我所为创刊词开始，以至我写的《我努力的是什么》一文，往往无理检扣许多字句，甚至删去几行或一段，以致文气不通畅，意义不明白。我走访其主管人，他竟直言不讳：'此系上级特嘱，不得不然。'"

"最可恨者，亲近国民党的青年党曾琦也到香港，行踪鬼鬼祟祟……多方与我为难，民盟组织成立宣言公开发表于报端，竟无负责之人具名，固由黄之逃避责任，而不具名之议实发之于曾，与我争持，蛮不讲理，旁人委曲调解，陷我于无可奈何之中，此一事也。再一事，我任用萨空了担任《光明报》的经理，绰有才能，社内事物早已就绪。曾忽推举青年党的陆荣光为副经理，我当然没有同意，他们就恐吓我,要以敌人来对付我。……曾貌似文雅,如老书生,乃凶顽至此,可叹!"①

关于办《光明报》的经费来源问题,先生讲:"在香港办报,要用很多钱,我们是书生,哪里有那么多钱?!我在离开重庆之前,民盟的负责人如黄炎培、张君劢、左舜生每人(即各派各方)出一万元法币。我经济能力差,出了六千元。只凑了几万元法币。当时法币与港币比值太低,五元比一元。当然不够。经过联络,云南的龙云,四川的刘文辉,他们与蒋有矛盾,不站在蒋介石那边,他们拿了十万元(刘四万、龙六万)支持民盟办报。

"在香港政府统治下;办报要交押金四千元,还要律师,请律师又得花钱。廖承志、范长江很关心我们的报纸,报纸出版对他们也有很大方便,中间偏左,对中共有利,希望我们早出版。报纸出不来,他们很着急,还帮助想了一些办法。范长江对我说:'南洋华侨很关心中国抗日,知道你们在香港办报,很支持你们,愿意帮助你们数千元,你写个收条就可以了。'第二天,范长江就送来了四五千元港币。这些钱很能办些事,我捉摸这笔款是中共给的。"

阎秉华一九七四年(或一九七五年,记不确了)曾到萨空了同志家中看望萨公,适冯亦代在座。闲谈中,萨公谈到与梁先生在香港办报一事时说:"一九四一年夏,当时我在重庆办一杂志,突然接到电话,通知我到曾家岩去。原来是周恩来副主席找我谈话。这是我第一次见总理。总理讲:'梁漱溟先生在香港办报,决定派你去帮助他。他目前经费困难,给你带上五千元(港币)交给他。'我到香港见了梁先生,他头一句话就问:'你是不是共产党员?'我

---

① 梁漱溟:《中国民主政团同盟发起成立之经过略记》,中国社会科学院近代史研究所中华民国史组编:《中华民国史资料丛稿增刊》第六辑,中华书局1980年版,第48—53页。

看他神色很严肃，就没有实说，告诉他'不是'。原来当时国民党正攻击他，说民盟是抗日中的'第五纵队'，他为了避嫌，所以问我。我带的那笔钱就不好讲是周恩来副主席给的，后来由范长江出面转了个弯交给了他。"一九八五年，阎秉华在闲谈中把萨公讲的这件事告诉梁先生时，先生说："哦！原来是这样！我当时就感到诧异，范长江说，是南洋华侨捐的，我只写个收条就行，我心里猜想哪会有这样的好事！可能是中共支援的，但未说出口。萨空了是中共党员，我早从他与范长江之间的说话态度和口气看了出来，但也装了糊涂，没有再问。"

就这样，《光明报》出版了。[1] 先生讲："蒋介石派人去香港阻止《光明报》出版，青年党又进行恐吓，都没有达到他们的目的。"

"九一八"创刊《光明报》。双十节，《光明报》与内地配合，同时揭出民主政团同盟成立宣言和十大纲领。"宣言"、"纲领"发表后，国民党压力日增，王云五、李石曾、杜月笙等先后出面"劝"先生返重庆，先生均辞谢。

先生讲："纲领固所早有，余又润饰之，统一建国同志会纲领十二条，经反复商改，改为十条。宣言系我属草，二者均送内地同人核定，一字未改，此二者足以代表我那时的思想和主张。特别是宣言……不难看出纯粹是从要求团结统一出发。……而其中'军队国家化'、'政治民主化'的文句亦许是第一次出现。"

在抗战的关键时刻，国民党蒋介石于一月间制造了新四军流血事件之后，先生等爱国人士，在内忧外患的严重形势下，奋起建立

---

[1] 根据《我的努力与反省》、《中国民主政团同盟发起成立之经过略记》、《我努力的是什么》、《与北碚唐宦存同志谈话记录》综合。

民主政团同盟①及其言论机构——《光明报》，正告国人："中国之兴必兴于统一，中国之亡必亡于不统一。"对于时局之主张，核心是"坚持团结抗战，反对妥协"。

十二月上旬，由于太平洋战争爆发，香港形势危急，《光明报》被迫停刊。

《光明报》从九月十八日创刊至十二月七日出了最后一张报，仅仅八十多天。先生在报上发表二十多篇文章。创刊号上，就发表了：《开场的话》、《从"九一八"纪念而有的联想》及《我努力的是什么》三篇。《我努力的是什么》连载至十一月三日。这是先生自述从抗战起所有的言论主张、奔走活动情况的。连载五十余日。先生追忆其主要内容时说："抗战前多致力于社会活动，战后我在政治上的奔走活动为多。然而一切用心却依然是从战前一贯下来的。""《乡村建设理论》曾有谈到准备抗战的几句话：'我认为中国不应当在如何摧敌处着想，乃至在我们被毁后如何容易恢复上着想。尤其要紧的是在调整内部关系，以树立应付（国际）环境的根本。'这就是后来一切言论行动的张本，所谓'不容易毁'和'被毁亦容易恢复'，指发动民众，组织民众，培养成民族抗敌活力而言。所谓'树立应付环境的根本'，指要有能统一全国以对外的国家权力而言。这一下一上的两面，相资为用，缺一不可。在战前说，虽多致力于社会（下面），而我眼光所注实在上面（政治）；在战后说，我虽多为团结统一（上面）奔走，而用意恰在下面（民众总动员），所谓'我努力的是什么'即指努力在这相关的两

---

① 编者按：民盟中央一九八一年编印的《民盟四十年》中讲："中国民主政团同盟的成立，是中间势力政治力量发展中的一件大事，是'民主运动的生力军'，并为民主运动的发展开辟了更好的前途。中共中央机关报《解放日报》热烈称赞中国民主政团同盟的成立，并说：'抗日时期，民主运动得此推动，将有重大发展，开辟更好的前途。'"

面，自始自终没有离开一步。"

香港于十二月二十五日被日寇占领，第二天——二十六日，先生在萨空了和张云川两位先生陪同下，避居知用中学的小学部三楼，备受惊险恐吓折磨，详见萨空了著《香港沦陷日记》。

这年，先生发表了《成功与失败》、《调理自己必须亲师益友》、《我努力的是什么》等文章。①

---

① 参见刘定祥：《梁漱溟先生著述年谱（二）》，《社会科学家》1989年第1期。

一九四二年（壬午　民国三十一年）

五十岁。

在香港、桂林。

一月十日上午，先生与范长江，陈此生等一道乘船离港，经澳门、台山、梧州、桂平、贵县、柳州，于二月五日到达桂林。陈劭先先生欢迎先生住在八桂庭"建设委员会"，后又受雷沛鸿先生之邀请，住入七星岩"教育研究所"，再又移住穿山"国学专修学校"（校长冯振），受冯校长招待。

时日寇占领香港后大批文人学者纷纷退入内地而到桂林。国民党参政会欢迎这些人士到重庆居住，有刘百闵（CC派）到桂林来迎接大家入川。刘百闵来看望先生，问到先生行动，先生说："这次我不去重庆。"刘拍手说："好极了！"原来，他从重庆坐飞机来时，王世杰赶到机场送行，曾说："最好不要欢迎梁先生来，他来了我为难，蒋先生对梁先生很恼怒。"

先生住七星岩"教育研究所"时曾去东门外远郊区看望被软禁的叶挺将军，谈话并留饭。

先生住穿山"国学专修学校"时，曾被邀为该校学生作《中国文化要义》为内容的讲演。

二月，先生写成《香港脱险寄宽恕两儿》信，发表于桂林

《文化杂志》。信中叙述脱险经过后说："但我自有知识以来（约十四岁后），便不知不觉萦心于一个人生问题，一个社会问题（或中国问题），至今年近五十，积年所得，似将成熟一样。"关于人生问题，信中说："孔孟之学，现在晦塞不明，或许有人能明白其旨趣，却无人能深见其系基于人类生命的认识而来，并为之先建立它的心理学而后乃阐明其伦理思想。""又必于人类生命有认识，乃有眼光可以判明中国文化在人类文化史上的位置而指证其得失。此除我外当世亦无人能作。""前人云：'为往圣继绝学，为来世开太平。'此正是我一生的使命。"最后说："或许我完全看错了，民族复兴，并不延宕；文化阐明，别有其人，那怪我自己糊涂，亦无所怨。"

三月，先生为蔡孑民先生逝世二周年，在桂林《文化杂志》发表《纪念蔡先生》一文。文章指出："蔡先生一生的成就，不在学问，不在事功，而只在开出一种新风气，酿成一大潮流，影响到全国，收效于后世。""更要紧底乃在蔡先生的器局识见，恰能胜任愉快。……因其器局大，识见远，所以对于主张不同、才品不同的种种人物，都能兼容并包，右援左引，盛极一时。而后来其一种风气的开出，一大潮流的酿成，亦正孕育在此了。""胡先生（适）的白话文运动，是当时新文化运动的主干。然未若新人生思想之更属新文化运动的灵魂。此则唯藉陈先生（独秀）对于旧道德的勇猛进攻，乃得引发开展数十年中西文化较量斗争，至此追究到最后，乃澈见根底。……然而今日的局面、今日的风气（不问是好是坏）却是他们那时打开来底，虽甚不喜之者亦埋没不得。自然是说起当时人物，并不止陈、胡二位，例如李守常、陶孟和、顾孟余、周树人（鲁迅）、钱玄同、高一涵诸先生，皆其著者且亦各有各的神通。所有陈、胡以及各位先生任何一人的工作，蔡先生皆未必能作。然他们诸位若没有蔡先生，却不得聚拢在北大，更不得机会发抒。聚拢起来，而且使其各得发抒，这毕竟是蔡先生独有的伟大。从而近二三十年中国的新机运，亦就不能不说是蔡先生实开之了。"文中谈到蔡先生引进先生到北大教书事说："我们又可以说蔡先生的伟大，不止能聚拢许多人，且能培养许多人。……如我这样非学生而实受培养者，盖亦不少。""若问蔡先生何以有这种成功？——他能罗致人才，能造成学风，能影响到全国大局，使后之言历史者不能不看作一划时代的大节目；其成功之由果何在？""他只是有他的真好恶。……然后他一言一动，不论做什么事，总有一段真意行乎其间。这样，他便能打动人。"文章最后说："总之我所了解底蔡先生，其伟大在于一面'有容'，一面'率真'，他之有容是率真底有容；他之率真是有容底率真。……坦率真诚，休休有容，亦或者才是一切伟大人物之所以为伟大吧！"

四月，写成《论广西国民中学制度》，发表于《广西教育研究月刊》。

五月，写成《教育的出路与社会的出路》，发表于桂林《广西日报》。并写《中国民主政团同盟发起成立之经过略记》一文（编入《忆往谈旧录》）。

六月，着手写《中国文化要义》一书。

十月，为《桂林自学月刊》写《我的自学小史》。

《我的自学小史》，原列出目次十八节：一、我生在这样一个家庭；二、我的父亲；三、一个瘠弱而又呆笨的孩子；四、经过两度私塾四个小学；五、从课外读物说到我的一位父执；六、自学的根本；七、五年半的中学；八、中学时期之自学；九、自学资料及当年师友；十、初入社会；十一、激进于社会主义；十二、出世思想；十三、学佛又学医；十四、父亲对我信任且放任；十五、当年倾慕的几个人物；十六、思想进步的原理；十七、东西文化问题；

十八、回到世间来。后因《中国文化要义》一书亦在属草,难于兼顾,只写出前十一节发表。

先生在序言部分,阐述了自学的必要和重要及自学的途径。先生讲:"学问必经自己求得来者,方才切实有受用。反之,未曾自求者就不切实,就不会有受用。""知识技能未到融于自家生命而打成一片地步,知非真知,能非真能。真不真,全看是不是自己求得底。""所谓自学应当就是一个人整个生命向上自强,要紧在生活中有自觉。单是求知识却不足以尽自学之事。在整个生命向上自强之中,可以包括了求知识。求知识盖所以浚发我们的智慧识见;它并不是一种目的。有智慧识见发出来就是生命向上自强之效验,就是善学。""自学这话,并非为少数未得师承底人而说;一切有师傅教导底人,亦都非自学不可。""任何一个人的学问成就,都是出于自学。学校教育不过给学生开一个端,使他更容易自学而已。青年于此不可不勉。"

先生讲:"秋冬间(或次年春),张云川从重庆到桂林,传递周恩来先生的一封密信给我,劝我去苏北或任何靠近他们的其他地区,建立乡村建设或民盟据点,他们愿帮助我创开一个局面来。这不止是中共方面的意思,民盟同志亦如此希望我。我当时差不多没有什么考虑,就坚决地辞谢了。因我内心上觉得我不能靠近哪一边。"[1]

是年,先生经于敏贞介绍,与陈树棻先生结婚。陈是云南人,毕业于北京女子师范大学教育系,当时在桂林中学任教。

先生在桂林期间,与李任潮、李任仁(仲毅)、广西省参议会议长、南京国民党中央委员、白崇禧的老师(桂林人),策划抗日反蒋的一切事情。朱蕴山为李任潮奔走于张发奎、薛岳两处,进行

---

[1] 梁漱溟:《我的努力与反省》,漓江出版社 1987 年版,第 359—365 页。

联系，以形成一种抗日势力。美国人史迪威为国民党军队参谋长，史对蒋（介石）之抗日缺乏信心。美驻桂林领事林华德与在桂抗日民主人士积极往来。先生与李任潮、李任仁秘密商量，迎接美军在广东沿海登陆以推动进行抗日，史迪威派其参谋与李进行联系，后因时势变化，未能进行。[①]

十二月，先生发表《理性与宗教之相违》一文。

[①] 摘自先生交来的一张零片纸。

一九四三年（癸未　民国三十二年）

五十一岁。

住桂林。

一月，为梁任公逝世十四周年撰写《纪念梁任公先生》一文，发表于桂林《扫荡报》。全文分三大段：一、怎样认识任公先生的伟大；二、任公先生的生平得失；三、我个人对任公先生的感念。

先生说梁任公与蔡孑民先生"两位同于近五十年底中国，有最伟大之贡献。而且其贡献同在思想学术界，特别是同一引进新思潮，冲破旧网罗，推动了整个国家大局"。"清季政治上有排满革命和君主立宪两大派，任公一度出入其间，而大体上站在立宪一面，且为其领袖。固然最后革命派胜利，而国人政治思想之启发，乃得力于他者甚多，间接帮助了辛亥革命者甚大。国人应念其功，他自己亦可引以为慰。""在倒袁运动上，先生尽了最大力量。……这是任公先生的政治活动对于国家第一度伟大不磨之贡献。""民国六年佐段（祺瑞）登台之事……夹着一段反对康（有为）张（勋）复辟。……可算作他第二度对于国家的贡献。""复辟既败，共和三造，段梁携手执政……此固为任公登台应有之阵容。但千不该万不该，不肯恢复国会，而另造新国会。以致破坏法统，引起'护法之役'，陷国家于内战连年。这是他政治生活第二度严重失败。"（第一度严重失败指"副署袁氏解散国会命令"）先生说："任公的特异处，在感应敏速，而能发皇于外，传达给人。他对于各种不同的思想学术极能吸收，最善发挥。但缺乏含蓄深厚之致，因而亦不能绵历久远。""任公为人富于热情，亦就不免多欲，有时天真烂漫，不失赤子之心。其可爱在此，其伟大亦在此。然而缺乏定力，不够沉着，一生遂多失败。"先生最后讲："总论任公先生一生成就，不在学术，不在事功，独在他迎接新世运，开出新潮流，撼动全国人心，达成历史上中国社会应有之一段转变。"

先生所以写这一纪念文章，与写纪念蔡孑民先生文章一样，除讲梁任公之伟大处外，"复自道其知遇之感"。先生年青时读任公文章，"感受任公先生启发甚深之一人"。同时，先生的父亲曾多年佩服任公，当任公从海外返国后，梁老先生曾亲访四次未得一见，两度投书亦无回答。先生说："民国九年（一九二〇），任公渐渐知道我，一日忽承他偕同蒋百里、林宰平两先生移尊枉步访我于家，由此乃时常返还。民国十四年，我编印先父遗书既成，送他一部，书中有先父自记屡访不遇投书不答之事，而深致其慨叹。我写信特指出这段话请他看，他回信痛哭流涕数百言，深自咎责。……而在我为人子者，当然十分感激他。"①

同月，写出《理性与理智之分别》一文发表于桂林《文化杂志》三卷三期。

六月，先生写《中国文化问题略谈》，发表于衡阳《大刚报》。全文六段：一、文化；二、中国文化；三、文化大转变时代；四、认识中国文化之必要；五、如何进行研究；六、怎样建设新中国文化。文中，先生阐明他在《东西文化及其哲学》一书的基本观点。

---

① 梁漱溟：《我的努力与反省》，漓江出版社1987年版，第342—343页。

在"中国文化"一段中最后指出:"其文化放射四周之影响,最远且大,北至于西伯利亚,南迄于南洋群岛,东及朝鲜、日本,西达葱岭以西,都在其文化势力范围。……欧洲十四五六世纪之文艺复兴,实以中国若干物质发明(特别是造纸和印刷术等)之传习为其物质基础;欧洲十七八世纪之启蒙时代,实以中国学术思想社会政治之传说为其精神来源。""如果我们取有史以来世界上每一个文化民族的成绩,比较检讨一下,便可知道中国民族所成就底,真乃自古人类惟一奇迹。它之相形见绌,只是最近一百余年底事而已。"在最后一段——怎样建设新中国文化这段,重申"对西洋(文化)要全盘接受而根本改造"之说。先生引罗素著《中国之问题》一书中讲的:"无论为中国人打算,为世界人类打算,都应当宝爱中国文化而莫要损坏它。为了解决中国问题,它的政治、经济都必须改造。在改造时,都要顾及中国文化才好。不问用何种政治制度、经济制度,只要能达到中国文化长存于世界之目的,都赞成。"先生讲:"他这番意思真是可敬可感。恐怕中国人真正抱有这种心肠者,还不多有。"最后讲:"质言之,'中国本位'是将来自然到达之结果……这是我的态度。"①

同月,先生在桂林《时代知识月刊》发表《民主的涵义》。文中主要说明:"民主是人类社会生活之一种精神或倾向,其内涵具有五要点:一、承认旁人;二、彼此平等;三、讲理;四、尊重多数;五、尊重个人自由。"并讲:"就大势来看,民主精神在人类社会生活上,总是不断地向前开展,虽进程上不无曲折,但总趋势甚明,无可怀疑。由于向前开展之故,文化发展不同如中国、西洋者,亦会接近起来,五点亦会普遍地达于并显齐备。"

---

① 梁漱溟:《中国文化问题略谈》,《梁漱溟全集》第六卷,山东人民出版社1993年版,第433—441页。

初秋，政府方面，重庆以筹备成立宪政实施协进会，函邀先生返渝参与其事。

十月八日，先生自桂林发寄《答政府见召书》。先生在信中重申欧美式宪政不合中国需要，平时为然，战时尤然，战后亦然之意见。并说："试检当时各提案原文大抵诉苦陈情之词多，而坚执宪政积极发挥者少。其单提直指，以即开国民大会颁定宪法为请者，唯执政党参政员七十余公（以孔庚领衔）之一提案耳，计提案有七，此为最后提出，政府决策，因此可见。愚深感失望矣。愚敢信：政府若自始为渐进于宪政之措施，而非悖乎其方向者，此纷纷之议可不发生。及其发生，而能相见以诚，有所矫正，亦可不烦言而解。乃于此际，竟漫然许之。……其卒必又收回成命，早可预决。所谓政府之将渐进于宪政者，吾窃未之见也。""五六年来，民有痛痒务掩之，士有气节必摧之，政之为政，党之为党，如此而已。至于今日，民心士气消沉极矣！以此而胜利可求，将谁欺？欺天乎！若知恃强逞霸主不可以为政，而翻然改图焉，则民族之幸。""古人忠恕之道，今人民民主义，一分行之，一分实效，感应至神……不必以宪政为号召也。""实施宪政，非所愿闻，践行民主，宁待筹备，昔人有云：'为政不在多言，顾力行如何耳。'此言在今日，弥感亲切。漱不赴征，诚自顾无所取；非怀挟异见，自外于抗战之政府也。"

同日，先生写寄《为政府以宪政协进会见召答复邵力子先生信》。信中说："方抗战之初，国内颇有团结气象。顾自南京弃守而武汉，武汉弃守而入川，国土日蹙，国人之不相能也乃日甚。前所云游击区之实况者，即其一方面，其在大后方，则执政党对于党外之压制，转迫转紧，浸至无所不用其极。人不入党，几不得以自存；言不希旨，绝难宣之于笔墨。""如漱溟者正同处此境地，而身受其苦之一人。""政府诚有取于民主精神,政府自实践之,何用许多人来筹备。""实施宪政,非所愿闻;践行民主,宁待筹备。"先生断然拒绝去重庆。①

---

① 梁漱溟:《答政府见召书》,《梁漱溟全集》第六卷,山东人民出版社1993年版,第447—450页。

一九四四年（甲申　民国三十三年）

五十二岁。

住广西桂林、贺州八步。

一月，写出《中国以什么贡献给世界呢》一文，发表于桂林《大公报》。

全文分作五段，从抗战前"中国人早已不相信，自己有什么可以贡献给世界的东西"，"一切都是落后底"到"自抗战以后，欧美人士对我不无刮目相看"之处讲起，重申在《东西文化及其哲学》一书中提出的："最近未来的世界，将是中国文化的复兴。"并借流亡到美国的捷克人佛兰芒克所著《武力经济学》一书中第一至第七章讲的话，来说明先生的认识："中国就是以其人生态度贡献给世界，而为世界和平奠立其基础。""须知政治上之民主主义、经济上之社会主义，我对它并不生疑问。不过我要指出：它必将转入另一种人生态度，而后乃得安立。"第五段阐述中国人在人生最基本取舍上——指出："'人生向上，伦理情谊'便是我本来谈论民族精神所约举底八个字。这固然是中国的民族精神，其实原本是人类精神，不过一向郁而未发。但在不久之将来，时机一到，它便发出来了。世人希望之世界和平，亦即奠立在此，却不在武力，经济又回到福利经济。"

先生最后指出："中国人之特长为人生目的之正当概念，a just conception of the ends of life，中国可以贡献给世界者，就是这点东西。"

是年，先生在《民宪》重庆版一卷二期发表《谈中国宪政问题》一文。

此文是上年十月八日就政府于国防最高委员会内，成立宪政实施协进会，要先生参预其事，先生复函邵力子先生，谢不应征之后写的。文内除重申先生认为"宪政可以为远图而非所谓急务"、"我们都盼望政府实践民主精神，而宪政却不必忙"的主张外，并谈了先生对于宪政问题的先后态度、中国宪政问题的发生和发展经过。行文最后指出："我认为：一、眼前迫切需要底，为国内之团结统一；我祝望国人以求宪政者，求团结统一。二、实现团结统一为谈宪政之前提；却不是从宪政可以达到团结统一者。三、民主精神——为团结统一所必需；没有或少些民主精神则团结不可能。不如以团结统一责勉于执政方面；随着团结统一，自然带来了民主精神、自由空气。四、对于宪政不晓得爱惜，不晓得郑重其事，便是宪政的罪人，愿国人警觉。"

五月一日，先生在《大公报》发表《宪政建筑在什么上面》一文。

同月，由中华正气出版社出版《梁漱溟最近文录》一书。是汇集先生一九四〇年至一九四三年曾在报刊发表过的《中国文化问题》、《中国文化问题略谈》、《教育的出路与社会的出路》、《纪念蔡子民先生》、《纪念梁任公先生》、《香港脱险寄宽恕两儿》和《我的自学小史》等。

九月十九日，中国民主政团同盟在重庆上清寺特园召开全国代表会议，决定将"中国民主政团同盟"改为"中国民主同盟"（简称民盟）。会上选举了中央委员、常委和主席。先生当时在桂林，未参加，被选为中央委员、常委、国内关系委员会主任。并推选张澜先生为主席。

先生说："当桂林危急，旧统治濒于瓦解之时，我们曾策划就两广湖南三省交接的一个地方，展开战时民众动员工作，同时亦就树立对内政治革新的旗帜，号召改造全国政局。这个地方就是广西贺县的八步，那里有一个行政专员公署可资凭藉。记得四四年十月中旬，我同陈此生两人自昭平而东，爬过接米岭一个大高山而到八步，借住于芳林中学，过着自己烧饭的生活。时局多变，头绪纷杂，盘桓进退其间约近一年（截至获闻胜利之讯），尽算是苦心孤诣，卒于一事无成。遗留到今天的只一本印行的《战时动员与民主政治》讲演小册子，自己检视几乎掉泪。"[1] "八步的行政专员兼保安司令李新俊系黄埔军校出身，广西系的人，此人政治态度左倾，对进步人士有很大的帮助和保护。"[2]

同年，先生又写《中国到宪政之路》。先生此文属稿时，敌侵桂林，故未及终稿，曾在一九四四年《民宪》重庆版一卷三至五期连载。

这篇文章写出七节：一、试论什么是宪政；二、民主精神之分析；三、宪政与民主；四、英国之例；五、再看苏联如何；六、由阶级统治到民主政治；七、阶梯原理。

先生在已写出的这七节中，仍然立足于阐述民主政治的重要性，并以英国和苏联政治制度的对比分析，指出："（英国）却不免忽略一点事实，事实上，一个人生活未得稳贴，或教育未受充分，则许给他自由，他亦难于享用之；请他预闻政治，他亦不得尽

---

[1] 梁漱溟：《我的努力与反省》，漓江出版社1987年版，第368—369页。
[2] 梁漱溟：《我的努力与反省》，漓江出版社1987年版，第374页。

量参与。况且经济上既有垄断，则政治上之垄断自亦事实所必致。恰在英国忽略之处，便是苏联着眼之点。它着眼在解决社会经济问题。同时亦是志在给大家同受较高教育，求得文化水准普遍增高。盖必如是，而后每一个人乃为不折不扣的一个人。政治上虽欲不民主亦不可得，民主政治乃实现而不虚。但这非建立社会本位底新经济，就办不到。所以其意不徒在经济而止，而其着眼点和入手处却非经济不可。因此它首先将'主要生产手段国有'和'不劳动不得食'这经济上两大原则揭出；而政治上底自由与民主，却不忙提到。"

先生承认苏联的革命运动，说明有理由实行无产阶级专政之必要后，并说："然即今所表见者，固已可使我们相信它并非邪魔外道。"

先生在第六节——由阶级统治到民主政治——一节，提到："关于阶级之如何发生，这里不谈；所要讲的是阶级废除之所以有待。有待于什么？简单说，有待于劳心、劳力之合一不分。""一定要等到生产工具、生产技术高度进步"，"劳力者自然化为劳心者才可"。"这种进步，可得两面效果：一面是为人们腾出极多之闲空，以便大家都得受教育求学问；一面是使生产工作与学术生活极相近而不相碍。""盖能力平等，为一切平等之母；而教育平等又为企图能力平等之道。阶级废除之有待，正待此耳。这其中含有生产手段归公之一义，未曾说出，因为它是随着生产技术进步而来，又包含在生产力进到极高之内底。""且为了完成生产力高度进步，亦非将生产手段归公不可。所以社会主义和生产力进到极高这一句话，原不可分。""则最后民主政治之实现，有待于经济上社会主义之完成，其理甚明。"

先生在"阶梯原理"一节，阐述："政治上之民主不外两面：

一面是政权之公开；一面是自由之保障。"先生认为在苏联和英国，"所谓'欲达于民主政治，非赖阶级以为过渡不可'的道理是一样的，只是英国以资产阶级为过渡，而苏联以无产阶级为过渡，只是将阶级原理掉转来用而已"。而在中国社会，先生仍持"中国社会独以形势散漫，阶级分化不明"的观点。①

九月，发表《社会演进上中西殊途》一文，后编入四川中周出版社"中周"丛书。

---

① 梁漱溟：《中国到宪政之路》，《梁漱溟全集》第六卷，山东人民出版社1993年版，第469—486页。

一九四五年(乙酉　民国三十四年)

五十三岁。

住广西八步、重庆。

元月三十一日,写完《追记广州往事》、《记十八年秋季太原之行》两文。写道:"右述广州太原各事,问及愚当时对大局种种意见,与后此主张未必悉合,半为适应时势则然,而今视之,盖亦未成熟之思想也。述此,为民国政治存一史料;且以见愚过去思想行动之一班。"①

五月,先生偕李民欣先生同行到戎墟,访李任潮先生,拥护李对蒋形成以李为中心的实力派。左翼人士狄超白先生等也相继访李。

夏,先生以问答体写出《谈当前宪政问题》一文。

由于当时国民党政府决定本年十一月十二日召开国民大会,制定宪法,先生针对这一形势,将抗战以来关于宪政问题之曲折,一起一落过程用图解方式详细说明。概括说,"不过历来说急说缓,均非依客观条件为准据,而一视当局内心决策如何"。先生讲:"当局心目中最成问题底,是共产党;特别是共产党所拥有的几十万军

---

① 梁漱溟:《忆往谈旧录》,金城出版社2006年版,第153—154页。

队。……窥政府之所以于兹百忙中，急急召集国民大会制宪者，殆将以此迫共产党交出其军队耳。"

关于当前之所谓宪政前途如何，先生断言曰："前途是靠不住底。""我绝不是说宪政在中国没有前途，不过像这样以宪政作手段玩，是难望它由此而成功底。'弄假成真'的事，毕竟不多；'不诚无物'，则古有明训。"

先生再次指出："大局在当前所切需者……便是团结与民主。果能团结，果能民主……许多问题就可迎刃而解。""若不团结不民主，这样下去，凡此问题只有日益严重，大局亦必更加恶化。当前大局之于民主团结，真同饥渴之于饮食了。我以为全国国民就应该以此督责于政府，不得不止。""至于如何践行民主，实现团结，其制度和办法愈简易愈好。"

先生为当前民主团结提出具体方案，其方案的两大原则是："一、以尊重国民党的领导权，实行全国各党派合作，为今日从党权政治渡达民权政治之过渡方式。二、从战时之国民动员引致国民参预政治，即因动员机构以建立民意机关，为民权政治之始基。"

先生在说明第一个原则时指出："以国民党领导各党派秉政，代替它独自秉政，一面是达成团结，一面亦是实践了民主。""根据第一原则而拟成具体方案（计八条），其内容要点：结束国民党的党权政治，国民党从统治地位改居领导地位，其一切独占性（例如由国库支付其党费之款）、排他性（例如军政教育人员被迫入党之类）之特权，应即废止。其他各条内容精神与民盟纲领内容基本一致，略。"先生对第二个原则亦作了四点说明，主要是"实行全国总动员之方案，然后民意机构乃因其动员机构而建立"。先生并提出总动员方案大意。

先生最后提出："中国要走上宪政的路，是没有疑问底。而以其时机来讲，则方式不外如此。……假使为说话方便起见，而说它是中国宪政初步，亦未尝不可。"

此文发表于一九四五年《民宪》东南版第一期。①

八月，日寇投降，先生当时住在八步乡间。先生讲："获闻胜利之讯的时候，亦获闻毛主席应邀到渝之讯，我心里想，国难已纾，团结在望，过去所为劳攘者今可小休。今后问题，要在如何建国。建国不徒政治、经济之事，其根本乃在文化。非认识老中国即莫知所以建设新中国。顾年来务以团结各方为急，未遑对各方自申其所见。今后愿离开现实政治稍远一步，而潜心以深追此一大事。我自己这一决定，在离桂返渝之时，特致函李任仁先生言之。因为他是我年来在现实政治上一同尽力的朋友。所以向他告别。"

先生讲："在桂林不觉一住三年（一九四二——一九四四），三年总没有闲着，不断同一些朋友在如何改造政局以利抗战上有所策划。特别是末后（一九四四——一九四五），日寇侵湘入桂，大局形势危急，我们亦愈积极，其间常常在一起，作为主要的几个人就是李济深、李任仁、陈劭先、陈此生等各位。""民盟同人不多，亦不时聚会，救国会此时亦已正式参加在内，但总起来说，发展不大。重庆、昆明以及湘、粤各地同志都不断来往联系，乃至西北像杜斌丞先生等亦曾来往。""我亦曾设想如何在沿海一带配合美军登陆，不过后来尽成虚话。"②

八月，写出《中国党派问题的前途》一文，发表于《民宪》东南版一九四五年二期。

先生继夏天在八步乡间写出的《论当前宪政问题》之后发表此

---

① 梁漱溟：《谈中国宪政问题》，《梁漱溟全集》第六卷，山东人民出版社1993年版，第487—499页。
② 梁漱溟：《我的努力与反省》，漓江出版社1987年版，第367—372页。

文，针对抗战胜利后的中国大局，从国际、国内——主要是国内党派的发生、发展乃至社会背景、政治主张、政治路线和存在演变过程，区别出党派性质——一种是革命党及其类近者，一种是普通政党及其类近者。并说："前者恒否认现秩序，为推翻现秩序建设新秩序而活动，如清末的中国革命同盟会，苏联的共产党，而我们现在的国民党和共产党，亦原属这一种。后者恒承认现秩序，即在现秩序下为实现它自己的主张而活动，如民国初年的国民党、进步党，英国的保守党、自由党等皆是。而我们现在的各党派，似乎正企图成为这一种。"

先生说革命党和普通政党："其实他们同是为着政治斗争而有的一种结党，其间自有许多相通之处，并非截然两件事。"并说："大概一个党负了建造一种新秩序的任务者，就要行一党制。反之，它只在现秩序下有所争取或主张者，自然落在于多党制之一党。"

先生在阐述了"资产阶级革命的基本任务，就是夺取政权并使这政权适合于现有的资产阶级的经济；而无产阶级革命的基本任务，却是在夺取政权以后来建设新的社会主义的经济"之后，说："中国革命几乎是另外一回事，不属于任何一种革命。但它却又包含着民族革命、民主革命、社会革命这三种革命在内。""一切国家都是阶级统治。中国两千年来，原只是散漫消极相安之局，而非阶级积极统治之局。"

先生说："历史上次第不同的两种革命，亦是人间先后出现的两种新秩序，在近百年中次第先后影响到东方而启发了我们。……先后两种新秩序不免扞格之处，都必得其逗合沟通之道，而后乃能高瞻远瞩以从事这最巨大又最精细的建国工程。说巨大，是指我们要建造新秩序，必须补作一段功夫，先培养得新事实才行。那就是要从生产入手，从经济入手，求得社会真实进步，文化普遍提高，以为其基础条件。""说精细,是指我们要于方针路线为正确之抉择……又指建设计划须使其方方面面互相关照,彼此配合。""此种有方针有计划的建国,原为早前所无。""然而看世界大势,建国的后起者,将不得不如此;特别是社会主义国家,必须如此。今天我们着手建国,又在苏联之后,无论从哪一点上说,都必得如此无疑。"

先生从这一建国路线方针的贯彻,考虑并认为需要有一个中国革命党,实行一党制,来完成它的使命。但是先生行文分析了国内外情势后,认为实行一党制的可能条件"看来很少"。先生提出了他多年来的主张——"多党并存而收一党之用"。"多党彼此为有分际的合作……一面于理想有合,必出于此。""社会革命在中国,可能由今后建国大业以完成之,这正是我们应该进行有方针有计划底建国之理由。"文章结束时,表示:"欢迎国共谈判的好消息,希望和平解决问题。"[1]

九月,邵力子先生电邀先生去重庆共商国是。因没有交通工具,未能成行。

十月一日至十二日,中国民主同盟在重庆召开临时全国代表大会,即第一次全国代表大会。会上推选出张澜等十八位中央常务委员,先生被推选为常务委员。先生当时在广州。

十一月,先生从广州飞重庆,住特园。当晚,周恩来先生到特园看望先生。先生讲:"到了重庆,更知其问题严重,于是不能不从朋友之后,再尽力于反对内战运动以至参加了一九四六年的旧政协会议。"[2]

十二月二十四日,中国民主同盟部分领导人参加陪都各界反内

---

[1] 梁漱溟:《中国党派问题的前途》,《梁漱溟全集》第六卷,山东人民出版社1993年版,第568—585页。

[2] 梁漱溟:《我的努力与反省》,漓江出版社1987年版,第369—370页。

战联合会,致函毛泽东主席和国民政府,呼吁政治解决纠纷,"万不宜诉诸武力",并说:"同人等懔国亡无日之戒,爰成立本会。"联名发此函者,有彭一湖、先生和沈钧儒、陶行知等计二十八位。①

同月,先生在贵阳《大刚报》发表了《中国统一在何处求》一文。

六月,《梁漱溟教育论文集》由开明书店出版,同年十一月再版。此书是唐现之先生编辑,收入先生有关教育问题的论著十三篇,约十三万五千字。

---

① 《陪都各界反内战联合会致函毛泽东同志》,《陶行知全集》第四卷,四川教育出版社2005年版,第764页。

一九四六年（丙戌　民国三十五年）

五十四岁。

住重庆、南京。

一月十日，停战协定于早晨签字后，旧政协会议于上午十时开幕。

先生是参加旧政协会议中国民主同盟九位代表之一，并参加军事组、国民大会组两组。

一月十六日，民盟以张澜主席为首的九位代表联名提出"中国民主同盟关于军事问题的提案"，由先生在会上予以说明。主要说明两大原则：（一）全国军队脱离党派，属于国家，达到军令政令完全统一（现役军人脱离党籍）；（二）大量裁减常备兵额，积极从事科学研究和工业建设，一面普及国民军训，以为现代国防根本之图，并就如何实现军队国家化提出了具体主张。

一月二十一日，这一提案在军事组通过。当时周恩来先生去接廖承志出狱，不在场。第二天，军事组开会，周恩来先生一入会场就说："昨天通过的统统不算，让我们的军人脱党是做不到的。所以昨天通过的根本不能算。"先生讲："结果我的话就被推翻了。"先生讲他在旧政协会上的情况说："积极参加军事组，致力于军队国家化之商讨。凡我所言，总不出于军队问题暨人民言论身体自由问题之一端。同时，自己决定退出现实政治。"

一月二十七日，先生交周恩来先生一信，请带延安转毛泽东主席。先生在信中说："我自己认为八年来对现实政治之努力，到今天应该告一结束。"

一月三十日，在政协闭幕席上宣布退出现实政治。

二月二日，在重庆《大公报》发表《八年努力宣告结束》一文。文中说："我是一个对于国家统一要求最强的人，但我深信统一必由团结求之，非可用武力求得。""今幸内战停止，协商告成，中国有步入坦途之望。算计起来，从我二十七年（一九三八）一月访问延安到今天，恰好满八年。我的一段努力当真可告结束了。""今后我不在现实政治上努力，我要站远一步来说话。我并未认为中国政治问题现在是解决了。相反地我正认为现在拟议中之宪法，不足解决中国政治问题。""对于现实政治之努力，可由大家朋友去干，而我可不参加。我抽身出来，绝非不努力，而是掉换工作到另一面。"

二月七日，在重庆《大公报》发表《今后我致力之所在》一文。文中说："建国绝非只政治之事，而是要建设全盘文化。""今天摆在中国人面前的实在是一个文化问题，而不仅是一个政治问题。""政治不过是其浅表，问题的根本还在整个文化上，如我从来所说的，它是一种极严重的文化失调。""今天我们必须从思想上打出这混乱之局，从整个文化出路上来求政治的出路。这就是我要致力的工作。"

二月下旬有一天，周恩来、董必武、王若飞三位中共领导到民盟总部找梁先生，说有事要见先生的学生李渊庭。当时李渊庭适在先生房间，先生唤他到会客室见面。周恩来对李渊庭说："国共商定成立'军调组'，由国民党、共产党、美方各派一人组成。国民党派的人叫苏廷,是绥远人。你是绥远人,你知道这个人么?""知道,苏廷是国民党特务,人很狡猾,斗不了!"李渊庭就其所知告诉了周恩来等三位中共领导。后来听说,由于周恩来坚决反对,国民党不得不另派人。

在旧政协会议期间,商定改组政府,召开国民代表大会,并决定分派各党派国大代表名额。民盟有一百二十个名额,决定由先生主持分配。周恩来向先生索阅民盟方面国大代表分配名单,发现乡建派只有梁漱溟一个人,遂问其故,先生说:"民盟内部有的党派争名额,多要,我只好将乡建派的名额让出。"周恩来听后说:"由中共名额中让出四个给民盟的乡建派,你提四个人名单。"当周恩来看到先生提的四人名单中有李渊庭时,对先生讲:"李渊庭由绥远解放区集宁出。"①

三月十一日,先生再次访问延安,住了十天。此次访问的动机是,在旧政协开过后,曾宣称不参加将要组织的联合政府,为求得中共方面的同意,决定亲自去延安。

旧政协闭幕前夕,中共代表周恩来将返延安请示,然后签字。周恩来先生特到国府路三百号民盟总部交换意见,先生将其预先写好给毛主席的一信托周恩来带去,表明先生要退出现实政治,从事思想言论工作,不参加联合政府之意。不料此意乃非共方所许,毛主席手答一信,经周恩来先生带回面交先生,略谓参加政府与从事言论工作不相妨碍。周恩来先生面语,尤见严厉,说:"国民党一党专政,关着门,不容许各党派参预,经我们大家合力争取,现在门已敲开,你却临门后退,影响不良,绝对不许。"先生一方面在报纸先后刊出《八年努力宣告结束》及《今后我致力之所在》两文,表明衷怀所在,一方面即不能不有延安之行。

---

① 编者按:李渊庭学名李澂,当时用哪个名字讲的话,记不清了。

先生讲:"当时且将实行的宪政是出于张君劢之巧妙设计,为国民党所同意,为民盟内外各小党派所同意,唯独我一人却认为其不可能行于中国。此宪政是以英国政制为蓝本,而形式格局上袭取孙中山五权宪法的。英国政制原是我少时在清末所梦寐以求者,入民国后即逐渐觉悟其不可能行于中国。""当时在各方全都同意实施宪政之下,我一人无法持异议,只有闷在心里。但要我随众参加实施其事,又岂可能?因之,我要退出现实政治,站在批评立场,发抒夙怀意见。去延安就是我要向毛主席倾吐此中曲折。"

当时,重庆、延安之间的来往全赖美国军用飞机。美军用人员既有驻北平(北京)军事调处执行部者,亦且有两人驻延安。因此在交通上就多所借助于他们。先生便是经周恩来先生代为安排成行。先生讲:"同行的都是中国人,先到北平,次日乃换飞机去延安。同机者有肖克将军等共方人员。飞抵延安时,毛主席在机场接待。"先生随毛主席一车至枣园毛主席的住所休息用饭。先生讲:"据闻毛主席方在病假养息中,刘少奇被称为代主席,似乎例行公事一付于刘。"先生为增进共方朋友对他的了解,希望在他倾吐积怀时,多有些人在座,毛主席允为约集十人听他谈。座中有任弼时先生。

先生陈说自己对中国政治前途的见解主张,先生说:"分两段说,先就彼时政协所取得协议的宪政,申论其必将行不通。可能用不到二三年,或许一年就失败。——附带说,毛主席对宪政似未寄予信心……但毛主席却仍然亲口对我说,他们准备搬家到苏北清江浦;他将常住在清江浦,而遇中央政府开会时去南京。似乎假定宪政能施行一时。——大局到两党合作的宪政失败而别寻出路之时,我有预先准备的一方案在此,愿提供中共朋友参考。"先生预备的方案隐约有一个前提就是蒋介石的死,或他失势下台。话不好明说，吞吞吐吐，竟被在座的任弼时先生觉察出来，问先生："你是说要待蒋介石死了吗？"先生点点头。先生讲："此公聪明，在建国后不久便故去，真是可惜。"

先生说："我预备的政治上各方面合作的方案，既非一党垄断之局，亦非多党互竞，而是多党的合作。蒋是任何方式合作的死敌。蒋不去，皇帝制度在中国仍然名亡实存，群情不安，大局不定。""我的主张是根据我对中国当前问题的认识。而当前的中国情况则基于过去中国社会本质上（组织结构上）有所不同于世界的地方。这原是八年前我第一次到延安，曾和毛主席反复辩论两个通宵未得解决的老问题。那时，毛主席说我太强调中国社会的特殊性，而忽略中国社会仍然有其一般性；我则反说毛主席忽视了中国社会的特殊性，而过于偏从一般性来看中国，实际上，我此时要陈说的主张，仍就是八年前曾经提出的那一建议。不过今天所见更逼真，筹思更加成熟了。"

先生八年前那一建议，就是要国内各方面（主要是两大党）从当时的团结抗战前进一步，而确定合作建国之大计，其入手即在"对外求得民族解放，对内完成社会改造"两大问题上交换意见，互相磋商订定国是国策。此事有成果，其第二步便是由一向分立对抗的各党派转化为协力合作建国的一个党派综合组织。

先生讲："政治上的奔走活动，必然产生党派，党派的组成，客观一面是各有其社会基础（例如阶级性、地域性、行业性及其他）；主观一面是各有其主张要求。然而大前提更要看中国人面对的是什么问题。问题来自外抑或在内？国家危亡是其第一问题，所以救国运动是其存于实质上的共同点。这就客观上决定了应当彼此合作，不应该互相仇视。但国家危亡有其内因，改造社会本身又属必要，从而每每彼此立场不同，又落于分立乃至对抗。抹杀其不同是不好的，亦是不可能的，这就客观上决定在合作中莫强为混同，应当有合有分，顾不说联合而说综合者，所重在合也。""彼此协力合作来对外或较易，协力合作来解决中国内部问题不易。我筹思要综合各党派成立一个组织体，以负起救国建国任务，必须切实注意循行如下各原则：

一、各党派在订定国是国策时交换意见，应只就每一具体的现实问题说话，避免涉及各自夙怀根本思想信念。

二、彼此交换意见应尽可能求同存异。而只就如何解决，或如何应付此当前问题的方法政策上，求得其归一为止。

三、各党派在建国的远大目标上殆莫不倾向社会主义，纵然所谓社会主义者，彼此非定一致从同，仍不妨订定下来，盖既为远景，固非现时所必争。

四、在头一次国是国策订定之后，随时就当前问题不断地赓续进行商谈修订，只要各方同意，不须拘执旧章。"

先生讲："以上所叙非当场讲话原词，但是要义如此。"

先生继此而申说的便是党派综合体不负行政之责，而居于监督政府执行政策的地位，先生吸取孙中山先生政权、治权分开之说。政权在民，党派综合体是代表人民，站在全国人民立场执掌政权者，而以治权付之行政部门。如此两下分开是党派综合体自身恒时保持在一致的立场上所必要的一大前提，否则将导致党派间的闹意见而动摇根本。

先生讲："当时，座间毛、朱二公颇用心听我发言，主席无表示，朱公当听到我末后的话时，忽曰：'此或三十年后的事吧！'此外，无人置一词。"

次日，毛主席约集数位负责人与先生会谈，其时因有蒋方不尊重协议之宪草而多所改动之讯，毛主席说："他（指蒋）改由他改，改八、九、十次亦由他，但要那第十一个！"

先生讲："这一次在延安与毛主席及数位党内负责人谈话的内容，意思要点，大致有如下几点：

一、认识老中国，建设新中国。思想上只从模仿外国出发而脱离自家历史背景和社会现实基础是不行的。

二、既要建设一新中国，必须从一定方针宗旨贯彻下去，其势不可能走多党互竞，轮流上台当政，如欧美各国之路。

三、一党专政之路（如法西斯、纳粹、布尔塞维克）虽然似乎可以贯彻一定方针而前进，但在这散漫成性的小生产者的社会基础上，难以建筑得起来。

四、凡事总要照顾到前途、理想、要求之一面，又要切合着现实社会条件有其可能之一面，因此多党互竞或一党专政，均不是我们的前途，这就归落到我所设计的党派综合体主张。"①

先生讲："政协闭幕后，我一连发表二文，决定退出现实政治，专搞文化研究工作。我那时总想成立一个文化研究机构，想找地点找人才。二月间，我就跑成都一趟，找叶石荪和李源澄来一同搞。三月间曾飞北平，四月间又飞昆明，都是抱着这个意思而去的。我赴昆明是想把文化研究机构摆在昆明，还想找龙志舟（云）拿钱办学。这时，我一心搞我自己的事情，有关大局的事情差不多等于不过问了。""什么时候我终于又返回头来奔走国共和谈呢？是在四月十八日。"

四月十八日从昆明飞回重庆。先生讲："四月十八日中共军攻占长春，是时局一大转折点，是关键性的一天。""马歇尔于四月二十二日派人来找民盟，请民盟帮助出任调停，说他有点无所措其手

---

① 梁漱溟：《追记在延安、北京迭次和毛主席的谈话》，《梁漱溟全集》第七卷，山东人民出版社1993年版，第436页。

足的样子。民盟既不能推卸此责,盟内朋友就纷纷劝我参加奔走和平。内战不停,文化工作和研究工作也就无法进行。我迫于事实的需要,也就只好跟在大家后面来奔走和谈了。""从二十二日,民盟应马歇尔的邀请,参加了东北问题的商谈。……我也就不得脱身,不得不再来奔走和平。"

五月初,受任民盟秘书长职。先生讲:"一九四五年十二月,左舜生辞去民盟总书记,恰值国社党的张东荪到重庆,大家都推张东荪担任民盟秘书长。但张东荪为人油滑,怕费力气,也不肯干。民盟实际工作无人管。大家推我做,但我一心想搞自己的事情。我态度之坚决,他们实无法勉强我,也就算了。我那时住在重庆特园,张表方(澜)先生也住在那里,鲜特生是主人。有一天吃完午饭,鲜特老进我房间里说:'你没有看见张表老唉声叹气的神情吗?你知道原因在什么地方吗?现在政府要还都南京,民盟也得迁移去。但民盟秘书长无人肯干,他这位主席简直无办法。张东荪二月十四日走了,已经二个月之久没有秘书长,表老真是一筹莫展。大家公推你干,你坚决不干,一切都落空了。政府还都后,五月就要在南京开会,你一定不干,岂不是要张表老的老命!表老加入民盟是你拉进来的,你要他的老命对吗?同时,民盟要搞国共两党的和谈,也无人负责主持进行,这又是关系大局的事了。'鲜特老这样一说,我自己再不能推辞,只好同意干秘书长这一职务,但言明只干三个月,再多就不干,张表老说:'只要你干就行。'这样,我就接受了民盟秘书长责任……五月初肯定下来,于五月八日就离开重庆而飞上海,过了几天才转南京,设民盟总部于蓝家庄,张表老不出川,一切由我作主。"①

五月,国民党军队扩大东北内战,先后侵占了四平街、长春,

---

① 梁漱溟:《忆往谈旧录》,金城出版社 2006 年版,第 224—227 页。

直打到松花江南岸，达到了蒋军在东北进攻的最高峰。同时，国民党又将战火蔓延到关内。五月二十三日，先生与沈钧儒、章伯钧等先生致函国、共两党，呼吁："即刻停战，其余一切问题概俟停战后协商解决。"毛主席复函民盟政协代表，对上述建议"原则上极表赞同"。蒋介石置之不理，反而大举向东北民主联军进攻。①

先生讲："六月二十九日……莫德惠、李璜和我三人访周恩来，周对我们说：'现在所争是苏北共军撤离后之地方政权问题，国方定要接收，我们认为不能由国方接收，而可以依照政协原则选举改组。'我们三人知周意志坚决，不能再劝，就退出来而想找政府代表商量。但政府代表适都在蒋邸开会，讨论签字与否。我们只能从电话上与政府代表王世杰通话，告诉他我们与周谈话的经过，我们并向他建议：把没有取得协议之点，例如苏北政权问题暂行保留外，其余已取得协议，请先签字，以便明日实行停战。我们说：'还是签字的好，不然岂不是又要打起来吗？'""在二十九日蒋邸会议上，王世杰就曾再三请求签字，而蒋坚决不肯。只有蒋介石的心最狠！他既不签字，也不宣布破裂。""其后，五人（周恩来、董必武、邵力子、王世杰和陈诚）商谈多次，问题一毫也没有解决。"

七月四日，国民党政府宣布：原决定于十一月十二日召开国大，如期举行。五日，共产党声明不承认这种非法决定；同日，民盟方面由先生与罗隆基向国民党口头抗议，说国民党单方面决定召开国大日期是违背政协决议，是非法的、无效的。

七月十二日，蒋下令开火大打。先生讲："他自己于十四日上了庐山……上山非为避暑，实为避人，他一决定上庐山，他的部下都知道要大打了。所以李公朴（于十一日）和闻一多（于十五日）

---

① 参见中国民主同盟中央委员会编：《中国民主同盟七十年》，群言出版社2011年版，第41页。

二人就先后遭他部下的毒手而被刺身死。这就是蒋介石决心破裂、决心大打的表示。"

七月十八日，先生为李、闻被刺发表《民盟秘书长谈话》说："刺杀李公朴、闻一多先生是特务所为。"并说："有第三颗子弹吗？我就在这里等待着！""我个人极想退出现实政治，致力文化工作……但像今天，我却无法退出了。""我要连喊一百声'取消特务'，我倒要看看国民党特务能不能把要求民主的人都杀光。我在这里等着他！""李、闻两先生都是文化人、学者，手无寸铁，除了言论号召外，无其他活动，假如这样的人都要斩尽杀绝，请早收起实行民主的话。""快取消这种特务机关，不取消，民主同盟断不参加政府。"当时报纸曾刊出这次谈话。①

七月二十二日，起草《民盟政协代表为李、闻案向政府提出严重抗议》。除对国民党政府提出严重抗议外，并提出六项要求，主要有："政府立即选派公正人员与民盟所派之人同赴昆明，调查惨案真相；惩办凶手；抚恤家属等。"②

先生讲："由于李、闻案件，我由沪到南京办理善后，最初，民盟要派罗隆基去昆明查办，后来透出消息说罗不能去，去就得死在昆明，最后确定我和周新民一同去昆明查办此事。"

八月六日，先生和周新民先生飞抵昆明。

先生讲："我们在昆明待了一个月，才把事情搞清楚。""我和周新民还到美领事馆与美领事见面，了解情况。我们慰问了闻立鹤和李夫人。还调查出凶手是谁。当时蒋特派代表国民党的是顾祝同，专程由南京飞昆明。云南主席则是卢汉，警备司令是霍揆彰。凶手就是霍的部下汤时亮。霍揆彰这个人坏透了。八月二

---

① 梁漱溟：《忆往谈旧录》，金城出版社2006年版，第247页。
② 李渊庭、阎秉华编著：《民盟历史人物：梁漱溟》，群言出版社2011年版，第180页。

十二日，我们结束了昆明的事情，离昆明飞回上海。二十七日，民盟在张君劢家（范园）开会，大家都到会（沈衡山似未到）。一面由我报告李、闻案调查情形，一面聚餐欢迎昆明盟友楚图南、冯素陶等人。我即席声明要辞去民盟秘书长的职务，结束我的工作。""八月二十八日，我由上海到南京，二十九日周恩来先生来蓝家庄看我，表示慰问之意（因当时许多人是料我不会去昆明的）。"①

八月二十六日，发表《中国民主同盟代表梁漱溟在沪报告李闻暗杀案调查经过》，先生在报告最后，"要求把这案件移南京组织特别法庭审理"②。

关于先生所写，周新民先生同具名的《李闻案调查报告书》，征得先生同意，附本书后。③

九月六日，发表《中国民主同盟代表梁漱溟说明民盟对中共态度》。说明："民盟与中共在国府委员会中所以要取得否决权，此所以保证中共放下武力。""而欲使中共放下武力，循民主宪政常规办事，必有所保证。……唯有民盟有力量与资格，为之保证。""有谓民盟为何不批评中共？在此一致争取和平之时，目标一致，不能批评。"④

先生讲："正在盼望和平而又濒于绝望之时，南京方面又放出了由第三方面再度主持国共和谈的空气。当时仍留在京沪的中共代

---

① 梁漱溟：《忆往谈旧录》，金城出版社 2006 年版，第 247—248 页。
② 梁漱溟：《中国民主同盟代表梁漱溟在沪报告李闻暗杀案调查经过》，《梁漱溟全集》第六卷，山东人民出版社 1993 年版，第 637—639 页。
③ 冯素陶同志（民盟中央参议委员会副主任）在 1986 年 3 月在京第一招待所住室对阎秉华讲："当时昆明盟员为这一报告提供了不少材料，并参与了起草工作。这个报告很代表梁先生当时的政治态度，立场很明显，是一份有价值的历史文献。"
④ 梁漱溟：《中国民主同盟代表梁漱溟说明民盟对中共态度》，《梁漱溟全集》第六卷，山东人民出版社 1993 年版，第 634 页。

表周恩来先生等，对蒋介石这一假和平、真内战的又一招，肯定早有认识，并做好准备的。但在民盟方面，特别是我，却不往这方面深想，但愿有一线转机，'死马当作活马治'，还真想把它治活呢！"

九月下旬，周恩来先生通过马歇尔把一份紧急备忘录递给蒋介石，认为国民党军队倘不停止进攻张家口，就是中国国内和平的全面破裂。先生讲："周公这话曾对民盟讲过几次，说时情绪愤然。我深知这绝不是共产党的恫吓，而是他们已经无法再后退，至此局面便不可收拾了。但我还想尽最后一份力量。"

十月四日，上海、南京各报发表《中国民主同盟代表梁漱溟谈国府委员名额分配问题》。先生讲："在国民大会通过宪法来说，那四分之一强的数字（中共、民盟合起来占国大代表名额）或者可算中共、民盟掌握否决权（因为规定通过一条宪法必须四分之三才行）。""至于国府委员会中……均是取决多数，而中共、民盟三分之一强的人数，根本不发生否决作用。""有人滥称为否决权，特意将国际上用否决权的可怕来反对中共、民盟十四个名额……那是国民党在政治上不肯让步……以遂其破坏政协之私图而已。""根据以上说明国民党必须尽量做让共产党放心的事，若自己不肯让步，那无异破坏大局。"

十月十日，先生从南京到了上海，与周恩来副主席长谈，劝周回南京继续进行和谈；十一日坐夜车返回南京。翌日早晨在南京，见报载国民党军队攻下张家口的消息后，先生大为失望。当许多记者向先生涌来，先生只是惊叹地说："一觉醒来，和平已经死了！"第二天，各报都登了这句话，曾一时广为流传。先生讲："我一连几天陷入苦闷之中。"

十月十五日，国民党代表雷震从南京赶到上海，邀请民盟留沪代表聚谈。雷说明来沪使命是国民党愿意同共产党重开和谈，以达到永久停战目的。政府要请留沪的政协代表——包括共产党代表——都到南京去，希望第三方面代表多多尽力调解，特别请民盟的代表多向共产党代表"劝驾"。同日，国民党代表邵力子在南京把这一信息告诉了在民盟总部的先生和其他人。

十月十九日，报载延安中共中央发出恢复和谈的声明。

先生讲，当时"最伤脑筋的是第三方面如何提出一个折中方案。因为国民党的八条和共产党的两条相距很远，特别是停战条件……最为棘手。从二十二日开始，第三方面每日白天黑夜开会研究"。"应该指出的是，由于民盟过去同中共一年多的合作关系，各方面都比较推重民盟，希望民盟多负责任，事实上民盟成了这次和谈的重心。而民盟领导层的不少人并未考虑到蒋介石重开和谈是真是假，而一个心眼地想方设法，使出牛劲，但愿和谈有进展，有希望。作为民盟的秘书长，在这种为和平奔走的关头，深感责任重大，也的确是废寝忘食、日以继夜地工作的。不料头绪还没有理出，忽传国民党军在东北攻下共方之安东。""记得当日晚间，我同黄炎培暨其他几位民盟朋友在梅园以此讯息告周（恩来），周颜色立变，即不肯再谈。经我们再三苦劝，黄先生并提议中共民盟之间作一约定，今后任何一方如有新决定即互相关照通知，以示决不骤然单独行动，周先生始首肯。和谈乃幸未中断。"

当时，国民党在军事上占优势，在政协会后，凡所攻占之地不肯退出来，不合停战协定；共方提出要恢复一月十三日停战生效时双方军队驻守位置，而彼此之表示，互不接受。第三方面为求问题之解决，提出三条解决办法，先生只怕其不足以息争，所以主张把某些争执问题予以具体决定，例如东北驻军地点为两方之所争，先生主张把它确定下来。大家同意。公推黄炎培、莫德惠和先生三个人负责研究后提到会上决定。不意先生听信莫德惠关于东北铁路沿线地方行政之统一提议,让共方所占之二十个县,由政府派县长、警察接收政权。此一方案,在二十八日经第三方面同人均认可后,未曾关照中共,即匆忙分别送出。周恩来先生看了这个方案后,为之变色,宣布:"你们第三方面亦一同压迫我们,今天和平破裂!"

先生讲:"我与李璜、莫德惠负责送梅园周恩来副主席。我递一份方案给周公,并介绍这份方案拟定、修改的经过。周公一面听,一面看,当我说到已同时派人将方案送给国民党代表孙科和马歇尔特使各一份时,周公打断我的话,严厉地说:'梁先生,你不要往下说了,我听着心都碎了!你们拟定出这种方案、这种做法,还能算是我们的朋友吗?你是有约在先,政治上新的重要的举动,彼此要互相通气、互相关照吗!为什么分交这样重要的方案之前,你们不同我们打个招呼?这是怎么搞的么?!究竟是为什么?……'我们只顾急忙写方案、讨论方案,匆匆忙忙大家签名、分送,居然没有想起以前的约言!我是民盟秘书长,是方案产生的实际执笔人和主持人,这个错误主要责任在我呀!我同周公相识、相交已有八年,我敬重他的人品、风貌、学识,从来没有见过他发这么大的火,可见我这桩事办得一团糟是肯定的了。周公还在生气,而我急得不知所措,莫德惠见状竟在一旁默默掉泪。还是李璜机灵、冷静,立即说:'周公息怒,这事还来得及挽回,我们还可以把方案收回,这件事包在我身上。'李璜出门乘车走了,这时周公怒气稍息,对我和莫说:'先等着听消息吧,能收回更好,收不回只好另想办法了。'"

不多久,"李璜领着罗隆基、黄炎培进了梅园,原来李璜先去了民盟总部,把他们两人引来商量对策。经商量,去孙科处取方案不能硬要,只能'智取';至于马歇尔处则好办些,在罗隆基送方案时,马歇尔本人不在,罗交给了马歇尔的秘书。决定收回方案的办法后,先生一人留梅园,李璜、黄炎培、莫德惠、罗隆基四位一块儿直奔孙科公馆。孙科面有喜色地说,'第三方面这个方案还不错,可以研究考虑'。并说他已同蒋主席通过电话了。黄炎培从容地说:'好是好,但我们匆匆忙忙,抄时漏了一条,特为此赶来。'孙科说:'那就再补上吧。'说着便取出了方案,要黄当场补上漏掉的那条,罗隆基立即拿过原方案装进了口袋,对孙科略表歉意地说:'这种正式文件怎能随随便便补写一条呢?孙院长,我们还是先拿回去,另外誊写一份正式的送来吧!'他们便立即告辞,出门直奔梅园,把原件交到周恩来副主席的手中,大家才松了一口气。接着罗隆基又到马歇尔住所,马歇尔还没有回来,方案原封不动地被取了回来"。"事情总算挽回。我个人则已心力交瘁,当场即对周恩来副主席等人说,这件事教育了我,深感自己搞不了政治,决心退出和谈。后来认识到:第三方面朋友糊涂不中用,特别是我糊涂不中用!……交通警察,为戴笠手下忠义救国军改编,那对于共方较之正式军队还更受不了,而我们却没想到"。[1]

先生讲:"经过这一次曲折,我知道我自己的不行,就下了决心走开,起初大家还不让我走,后来,在我的坚持下,大家就都同意我走开了。"[2] 这也说明在战后的谈判及组建联合政府问题上民主党派中代表民族资产阶级的想法的一些人,主张"中间路线",实行西方的资产阶级共和国的道路,即在国共两党的道路之外,另走"第三条道路"是一种幻想,在中国当时的历史条件下是行不通的。先生提出一个对中共极为不利的停火方案,亦未与中共商量,擅自单方面行动,违背中共与民盟的约定,受到周副主席严厉的批评,也

---

[1] 梁漱溟:《忆往谈旧录》,金城出版社2006年版,第277—279页。
[2] 梁漱溟:《忆往谈旧录》,金城出版社2006年版,第266页。

是必然的。

　　先生于十一月六日离开京沪，即到北碚。从此到四九年十二月重庆解放。《中国文化要义》一书即于此时写成。[①]

[①] 参见梁漱溟：《我的努力与反省》，漓江出版社 1987 年版，第 370 页。

一九四七年（丁亥　民国三十六年）

五十五岁。

住北碚。

一九四六年秋，陈亚三、张俶知两先生在北碚创办勉仁国学专科学校，先生一面撰写《中国文化要义》一书，一面为勉仁国专学生讲《中国文化要义》；每星期三下午，则为国专暨勉仁中学教职同人讲论学问两三小时。除此还写了几篇政论性文章发表。

一月，先生在上海《大公报》发表《政治的根本在文化》一文。这是先生退出国共和谈后写的第一篇文章。先生行文第一句话就是："在极度苦痛与苦闷中，中国人民又度过他胜利后的一年。"一语道出先生为谋求团结统一，和平建国，一九四六年奔波于国共之间，终于失败的苦痛与苦闷是何其深刻！文中重申："中国的问题，政治问题还是表面，非其根本。""论其根本，论其全部，原是整个文化问题。""苦就苦在旧文化崩溃，而新文化产生不出来。""二十五年前，我就指出中国文化是人类文化的早熟（《东西文化及其哲学》），我今正在写《中国文化要义》一书，更充分证明这句话。……所有那些近代人生上的许多宝贵观念，为英美文化里面最主要所在者，只引起中国固有人生观念上一些纷扰，并不能取而代之。""我们的问题就在文化上极严重地失调。""若没有对整个文化问题先有其根本见解，则政治问题的主张是无根的。要确定中国政治上一条路，必须对于整个文化问题有全盘打算，否则便谈不到，要对整个文化问题有全盘打算，又必须把中国固有的那一套和眼前世界上两大派文化比较，深明其异同，而妙得其融通之道。""我个人所愿意尽力者即在上面所说思想功夫及打算工作。"

是年初，共产党员赵放卿，原在贵州赤水工作，由于搞得"太红了"，想换个环境，他给先生写来信，说他希望来勉仁国学专科学校教书，先生复信同意，赵放卿来校后，担任现代中国史课程，以唯物主义观点讲课。

三月初，先生写出《树立信用，力求合作》一文，发表于《观察》二卷一期。

文中除重申自己对国内问题的认识和主张外，针对国民党政权予以愤慨指责。先生讲："在此广大社会中，遍处皆是彼此不信任底空气。""但我们怪谁呢？本来遍处都是骗子呀！遍处是骗局，遍处是谎言，口是心非，言行不符，尤以政治上为甚，尤以政府当局为最甚，居高临下，制造而扬播这种气氛底，正是那些在上底人物！单是'坏事做尽'都不打紧，最可恶却是同时他'好话说尽'，使信义若非人间所有事，根本破坏了社会所以组成之道。"①

先生讲："为大局求转机，近而求各方面能和平合作，远而图新社会建设有成，所以我以这'树立自己信用第一'一句话贡献于国人，并怀着万分恳切心情祈求于国人。"

先生讲："树立自己信用第一，力求彼此合作第一……国共两大党今天相杀相斫，不惜毁灭国家，是彼此不能合作之最大者。……陷大局于今天不可收拾地步者，实乃在此。……则力求合作，岂非救时之药。"

---

① 编者按：在底稿此段之上，先生用红笔写着"皆指蒋"三个字。

先生讲："我素常讲人与人合作的基础条件有二：一、在人格上不轻于怀疑人家；二、在识见上不过于相信自己。"

先生举自己与中共的合作例子指出："我与共产党之间显然有很大距离。在理论主张上，他有他们的一套，我亦自有本末。这距离不同寻常，不易泯没，然而根本上还是相通底。我有心肝，他们亦有心肝，我对于民族前途，对于整个人类前途，有我的看法及其远大理想；除掉这远大理想便没有我。而他们恰是一个以远大理想为性命底集团。说到眼前一桩一桩事，尤其容易说得通。……语其合作之所以可能，要不外有合于上面两条件而已。在人格上，我不敢菲薄人家，相反底，我敬爱这些汉子。至于见解主张之不同，不妨'宽以居之'，一切从头商量，异中求同，依然有同可求。""我以为只有这样把东西南北各式各样底朋友，都拉在一起合作，中国才有救。"

同月，先生就《观察》杂志记者储安平所写的《中国政局》一文中不符事实的论述，给储安平写信，予以澄清。此信以"关于中国政局"为标题，发表于《观察》二卷四期。

先生针对储安平所讲的"以前共产党的无条件停战"和最近国民党的"就地停战"有什么不同一段，指出："'无条件停战'之说，是黄炎培先生最先提出底，三十四（一九四五）年，周恩来从延安返渝，宣称他们赞同此说……一直到三十五年（一九四六）十月双十节前从未改口。……去年双十节后，政府打下张家口，情势大变。政府故未同意无条件停战，中共亦不肯无条件停战了。政府之有'就地停战'的话，是在七八月中共解放区为政府占领后。其意盖指不恢复一月十三日前之军队位置……双方军队要守一月十三日前之位置，或必恢复其位置，为停战协定之一种约束。当中共提倡无条件停战时，不含有变更此约束之意……是仍然遵守此约束底，此与政府'就地停战'其意正在取消此约束者，岂得谓之相同？"文中讲先生"退出现实政治，自决于心者甚早甚早，殊非对于任何方面有何感触而出此者"。

四月，发表《从中国人的家说起》一文。分上下两部分，在《观察》二卷十一、十二两期刊出。

五月二十日，出席南京的末次参政会，呼吁和平。先生讲："这是应北京、上海、成都各方朋友之邀而去的，亦是我三年中唯一离开北碚的一次。六月一日，国民党特务在各地方大举捕人，重庆民盟被捕的同人甚多。二日我飞回营救，百般奔走无效，直至四九年三月，在国民党要和平的空气中，才得保释出十几个青年来。"①

从先生上述看出，他不知道他六月初第一次奔走营救被捕盟员出狱的情况。

据参与营救被捕民盟职工的杨复全同志讲："我于六月三日一早（从重庆市）乘车去北碚勉仁中学。到时梁先生正在用午饭，听我报告重庆（大逮捕）情况及鲜特老意见后，梁先生毫不犹豫地吩咐夫人陈树棻准备（他用的）东西，于当天下午由我陪同到（重庆）特园（鲜特生家）。晚上鲜老与梁先生详细研究了情况，梁先生马上拟了一份个人书面讲话稿，要我立即送《大公报》王文彬经理，定于四日登出。发言大意是：根据政协决议及蒋委员长四项诺言，'民主同盟'属于合法政党，《民主报》的所有言论，一贯遵从'民盟'之政治主张，即和平、民主、团结、统一这原则。《民主报》全体工作人员，是在'民盟总部'领导下从事宣传工作，今竟无故而被国民党地方军警逮捕。本人为民盟总部主要负责人之一，处此非常局面，本诸'临难勿苟免'的准则，决定义无反顾地

---

① 据梁漱溟先生回忆，唐弘仁、李康、舒军就是在先生营救下获释的。

站出来，肩负起我应负的责任，向国民党地方当局进行交涉，立即释放'六一'非法逮捕之《民主报》全体员工，早日恢复和维护他们的人身自由权利。该声明果于四日见报。四日上午，梁先生亲自去长官公署会晤主任张群及其秘书长刘寿朋，交涉释放《民主报》被捕人员问题。梁先生回来后说，张群解释'六一'行动是最高层指示的全国性统一行动，目的在于维护地方治安秩序，肃清匪谍，防止共产党分子在后方制造混乱……至于被捕人员，须经审查，如无问题，当予释放，《民主报》人员亦不例外，但他会告诉经办单位早日审查，若无问题，早日释放，请梁先生放心。张表示他近日要去南京开会，有什么事，梁先生可找刘寿朋秘书长，并当刘面嘱将他当天与梁先生的谈话转告肖毅肃、孙元良知道。""四日下午，大公报经理王文彬来'特园'拜访梁先生，详细谈了他所了解的这次大逮捕情况，特别是新闻界各报社记者编辑亦有多人被捕，要求梁先生如再次会晤当局时，定请帮忙呼吁一下。梁先生慨然承诺。（梁先生）再次去见刘寿朋时，除催促早日释放《民主报》被捕人员外，特别提出各报社被捕记者、编辑及其他无辜人士，并向肖毅肃提出'捕人太多，对政府没有什么好处'。肖表示'只要审查无问题，我们会放人的，但共产党分子除外'。梁先生严正表示《民主报》人员我可以保证不会有共产党的。经过梁先生几天交涉，终于从虎口救人，使《民主报》被捕人员除唐弘仁、李康、舒军等七位主要工作人员尚需继续审查外，其余报社职工全部获释。于六月十二、十三日分两批，由鲜英（特生）派章培毅和我去中山路警备部领人。记得第一批有校对杜凯、唐晓卿、周韦及工人赵治平等二十一人；第二批获释的有侯旭初、庞治民等六人……重庆《大公报》十月十四日刊出'本报讯'，六月一日被捕之记者、学生被释放十四人……""一九四七年七八月开始，形势突紧……重庆军警特务又开始了再一次的镇压行动。《民主报》在押的唐弘仁、李康等已由石灰市监狱转送中美合作所集中营渣滓洞。营救《民主报》被捕人员工作虽未获完满结果，但梁先生总算救出了绝大多数员工，特别是工人中就有八九位共产党员，这也是梁先生救了他们的生命。"①

《大公报》记者张学礼、曾敏之、方蒙，《新民报》记者周亚君，《世界日报》记者王国华、皮钧涛等稍后也被释放。②

六月，先生在《观察》二卷十五期发表《中共临末为何拒绝和谈》一文。

先生说："八九月间，反动政府要解散民盟的前夕，张东荪先生从北京写信给我，说民盟是你辛苦创成，你要赶快去南京、上海设法维护。其实我的心理恰相反。民盟在我只看作是一个推动全国合作的推动力，此外没有意义。当此两党大战之时，既不能尽其政治任务，亦难发展自己组织，恰且伏有内部分裂的危机，它最好暂入于休眠状态；一旦时局需要它了，再出来还是完整的，但民盟自己却无法宣布休眠，现在反动政府来代我们宣布，岂不甚好？我一面以此意答复东荪先生，一面更以此意奉告于上海张（澜）、黄（炎培）诸老。到反动政府命令发布，我投函重庆《大公报》，表示的意思亦是这样。同时声明我从此不在组织中。"③

九月，先生在《观察》三卷四、五期发表《预告选灾，追论宪政》一文。

---

① 摘自：唐弘仁文《梁漱溟虎口救人》，《仁道承继》（2003年9月出版，唐宦存编）一书中杨复全、冯克熙文讲梁先生营救"政治犯"情况和唐宦存文《恩师儒学大师梁漱溟》。

② 摘自：唐弘仁文《梁漱溟虎口救人》，《仁道承继》（2003年9月出版，唐宦存编）一书中杨复全、冯克熙文讲梁先生营救"政治犯"情况和唐宦存文《恩师儒学大师梁漱溟》。

③ 梁漱溟：《我的努力与反省》，漓江出版社1987年版，第373页。

先生行文第一句话就说:"何谓'选灾'?此指全国大选举之为灾而言。"文中阐述了中国在谋求宪政运动的前期和后期的经过及先生自己的前后态度。并且讲了旧政协时期国共及第三方面对实行宪政的态度。重申:"中国需要民主,亦需要宪政,不过民主宪政在中国,都要从其固有文化引申发挥,而剀切于其当前事实,不能袭取外国制度……今天所要行底宪政,却仍然是外国制度,于固有文化无据,于当前事实不合。""依我看,此一段不过前期运动之一种回光返照,并没有把后期运动之意义价值融取吸收在内;对于中国历史文化更接不上头,中国的政治改造不可能结果于此。"

先生就"竞选"说明:"实大悖于(中国)固有优美之谦德。""谦是从向上心来底","有向上心,必自觉种种不足,而服善推贤之心油然莫能已"。"中国而言竞选,一切无所循、无所据、无所养,多数老百姓茫然不知所谓,只有听任此无所不至之人表演其无所不至之行而已;尚何灾之不成?""它除了丑恶,还是丑恶,别无所有。""其结果,当然只是既成势力底那些新旧恶势力之一度取得民选美名,更加一层合法外衣而已。""非独民主政治不能资以建立,其后果之恶,将不可言。"①

据杨复全讲:"一九四七年十一月六日,各报刊载民盟总部宣布解散民盟组织,停止活动。""重庆军警当局更是气焰嚣张,一面在报上发布通告,勒令重庆民盟即日停止一切活动,公开宣布解散,所属盟员限期向各地治机关登记自首,否则以潜伏共党分子论处;同时又派专人到特园找鲜英(鲜特生)传达其上峰命令。……并发现特务对我跟踪。""鲜(英)当时已到西昌。……(面嘱)我找梁先生出面帮忙交涉。……我行动不便,只好请托在下半城教

---

① 梁漱溟:《预告选灾,追论宪政》,《梁漱溟全集》第六卷,山东人民出版社1993年版,第699—722页。

书的姐姐杨竹君代表我到北碚请梁先生进城解决重庆民盟目前危机。梁先生得讯的第二天即来到特园，我当即将重庆民盟目前存在的几个问题一一向梁先生汇报：一、国民党要求重庆（民）盟市支部自行宣布解散，停止一切活动事；二、要求基层盟员登记自首；三、……《民主报》尚有七人（被）关在集中营，他们的生命安全实堪忧虑；四、目前特务对我监视跟踪，下文如何很难预料。""梁老听我汇报后告诉我（说）民盟总部解散组织是受国民党的胁迫，不得已而为之。据他了解，在黄炎培代表民盟与国民党交涉时，其中有一条就是'民盟总部自己宣布解散组织，停止活动，但各地盟员之登记手续可以免除，且保障合法自由'；另一条是'凡各地因案被捕之盟员，如司法机关根据调查实据，判定其非共产党或非为共产党工作者，自可不援用后方共产党处置办法之规定'。这些条件国民党是承诺了的，现在重庆地方当局要求盟员登记自首，根本违背其中央承诺，是不合法的。我将向国民党上层负责人交涉。当时国民党西南长官公署主任为朱绍良，住国府路（今人民路）范庄。次日上午，梁先生由我陪同去范庄访朱绍良。"杨复全讲：经过梁先生两天与国民党重庆高层主管的交涉，他向梁先生汇报的四个问题基本解决：一、重庆市民盟组织自行宣布解散组织，停止活动；二、免除基层盟员登记自首；三、允许被捕《民主报》人员的亲友送生活用品并指定了地点；四、解除了对杨复全的监视、跟踪。①

革命青年唐宦存，由于重庆发生"六一"事件，国民党大抓捕，无处栖身，他给先生写来一信，说明时局危艰，作为一个青

---

① 摘自：唐弘仁文《梁漱溟虎口救人》、《仁道承继》（2003年9月出版，唐宦存编）一书中杨复全、冯克熙文讲梁先生营救"政治犯"情况和唐宦存文《恩师儒学大师梁漱溟》。

年，企求上进读书，求先生帮助。先生复信约他面谈，见面后，先生不但允其来勉仁国学专科学校读书，而且由于其没有经济来源，免收学费并安排抄写工作解决其吃饭问题，免费住宿。

唐宦存同志解放后曾任重庆市北碚区中共区委党史研究室主任等职，已离休，现任重庆市梁漱溟研究会副会长。①

是年秋，民盟中委范朴斋在成都被捕，先生知道后尽力营救，获释。②

---

① 唐宦存文《恩师儒学大师梁漱溟》。
② 参见杜林文：《梁漱溟营救进步人士纪实》，《纵横》2004年第3期。

一九四八年（戊子　民国三十七年）

五十六岁。

住重庆北碚。

八月，改组勉仁国学专科学校为勉仁文学院。由熊训启先生任文学院院长，陈亚三先生任副院长。

先生写《勉仁文学院创办缘起及旨趣》[①]。文中说："勉仁文学院何为而创立？它是为要作当前文化问题之研究。""中国学问在文学院，吾人求认识老中国，文学院其必居先，无可疑也，一切文化之转变，文化矛盾之解决，要在人生态度价值判断上求之。""哲学则文学院之主科也"，"历史又文学院之主科也。""人事之学问在此，文化建设之研究亦在此也。"

一九四八年夏秋，先生任命中央大学毕业的青年盟员杨新德任勉仁中学校长。杨新德是一个爱国青年，与中共党员合作好，由杨新德推荐，经梁先生同意，吸收了数位中共党员和进步教师到勉仁中学任教，有王寒生（一九三九年入党，解放后曾任重庆沙磁区区长）、赖松（原重庆女子师范学院中共党员支部书记）、袁铁羽（四川阆中县地下党负责人之一）、刘之楚等。

---

① 梁漱溟：《勉仁文学院创办缘起及旨趣》，《梁漱溟全集》第六卷，山东人民出版社1993年版，第779页。

由于杨新德向先生推荐上述人士时含糊其辞，先生误认为是民盟成员，后虽察觉是中共党员，与陈亚三有议论，但止于议论谁可能是中共而已。①

据中共党员董夏民（当时化名董仕章）讲：他们三人被先生安排在勉仁书院进修，学习中国传统文化。先生还接收他们引来的数位进步人士来勉仁中学隐蔽，如重庆大学中文系的张承志、女子师范数学系的雷毅若等，均按先生手书"待遇"名义保护，吃住免费，长达两月之久。

中共川东特委领导刘兆丰曾数次来勉仁中学与王寒生接头并视察勉仁中学学运；在刘兆丰指导下，成立了勉仁中学党支部，刘指定要王寒生任勉仁中学高三级教员（现在叫班主任），勉仁中学的学运在中共党支部领导下，呈现出巨大的飞跃。不仅在勉仁中学师生中做大量宣传工作、组织工作，在学生中发展程济德（解放后送苏联留学）、敖芝蓉等十几个进步学生为"六一社"（中共外围组织）社员，继而在勉仁农场发展了一名"六一社"社员；并将金刚碑缙村小学校长袁家菱（女）发展为"六一社"社员。

该支部还发展勉仁中学英语教员刘之楚（真名刘炳善，原重庆大学"六一社"社员，解放后任河南大学外语系系主任）、初三教员吴文海、歇马场"乡建学院"学生谭重威三人为中共党员。通过中共支部党员与"六一社"社员团结进步师生与勉仁农场进步员工，在勉仁中学高中、初中各班，都办有各具特色的共二十几个壁报，壁报名称有"铁流"、"锻冶场"、"戏剧教育"、"农场与传习"等等，壁报栏依阶梯一字排列，长达四十米。学生们高兴的是梁漱溟董事长每次观看壁报，都只见其频频点头而不摇头。先生的支持

---

① 唐宦存、杜林：《现代新儒学宗师梁漱溟》，中国三峡出版社2004年版，第152页。

鼓舞着革命青年的革命行动！①

　　据唐宦存同志讲，一九四七年先生安排他在勉仁国学专科学校读书后，他的同学、地下党支部书记周述质（原在合川金子乡小学教书）与陈伯纯（华蓥山游击队副司令员）、刘石泉（烈士，华蓥山游击队七支队政委），因工作暴露，通过关系找梁先生，经先生同意，转移来勉仁国专读书。答相舜同志，原在民生公司工作，对先生钦佩，给先生写信，经先生同意来校。周述质、唐宦存、答相舜三人，在中共川东临第七工委的领导下，在先生的荫蔽下，在师生中进行学运工作。七工委副书记刘石泉同志数次到校布置任务，指导做梁先生的工作，利用先生的政治地位和学校的有利条件，开展民主和学生运动。一九四八年九月建立了以周述质为书记的勉仁文学院党支部。

　　成都地下党派李惠春同志到北碚工作，李通过进步关系给先生写信介绍，经先生同意到勉仁文学院历史系读书。李惠春因先生的关系，在北碚站住脚跟，在北碚各大、中学校发展党员和党的外围组织，开展学运和统战工作，颇有建树。

　　勉仁中学建有民盟小组，成员是杨新德、黄艮庸、黎涤玄、何吏衡等。（中共）党的特支与民盟小组合作得很好。

　　是年秋，勉仁文学院党支部根据地下党领导人刘石泉的建议，为了把学生运动与工人运动、农民运动结合起来，在勉仁文学院内办一所"工农业余学校"，确定由唐宦存任校长。唐宦存找先生说明想办"工农业余学校"事，先生讲："办这样的学校，很好，我支持。我向陈亚三副院长讲一下，你可以去找他，请他帮助解决办学的具体问题。""后来，学院拨出了一间教室，交'工农业余学

---

① 董夏民文《中共勉中支部与梁漱溟的合作典范》，2003 年，在纪念先生诞辰 110 周年会上的发言。

校'用，并供应晚间上课灯油。唐宦存等从北温泉附近的工厂、农村组织了四五十人入学，'工农业余学校'就顺利地办了起来。"①

是年七月，革命青年雷子震被国民党特务逮捕，被关在重庆渣滓洞集中营。小说《红岩》中有渣滓洞狱中难友们，为龙光华烈士（其生活原型为新四军合川籍战士龙光章）举行追悼会的描述，挽联是"七尺男儿生能舍己；作千秋雄鬼死不还家"，就是雷子震在狱中含泪写成的。

雷子震被捕后，梁先生亲自为之奔走进行营救，并介绍其妻关爱仙到重庆捍卫中学教英语。雷子震，重庆人，出生在一个富有之家，少时就读于山城某贵族学校，后去香港新闻学院深造，曾在胡愈之、范长江主持的国际新闻社工作，接受过进步思想的熏陶。一九四一年十二月二十五日，日本侵略者侵占香港，他参与护送民盟机关报——《光明报》社长梁漱溟先生安全撤回内地。

抗日战争胜利后，雷子震回到重庆与马来西亚华侨富商之女、毕业于上海圣约翰大学的关爱仙女士结婚，由梁漱溟先生为其证婚。后来，雷子震在重庆苍平街（今邹容路）三联书店工作时，结识了中共地下党员刘国志（小说《红岩》中刘思扬的生活原型），并一起秘密收听新华社广播，创办《河山报》，悄悄地在进步将领杨杰将军办的现代书局印刷出版。一次刘国志对雷子震说："'上级'有意在《河山报》基础上，改办《挺进报》以扩大影响，但是缺少经费……"次日，雷子震将妻子关爱仙结婚时的金银等贵重嫁妆变卖成一笔数目可观的钱，交给刘国志作为《挺进报》办报经费。

与雷子震经常保持联系的另一中共地下党员赵德勋由梁先生长

---

① 唐宦存、杜林：《现代新儒学宗师梁漱溟》，中国三峡出版社2004年版，第151页。

期掩护,在北碚勉仁书院与马华滋(地下党员)等编印《挺进报》。①

十月下旬,早已投靠国民党的中国民主社会党党魁张君劢来访先生,企图拉先生参加国民党南京政府工作,遭先生断然拒绝,张不欢而去。

张君劢到勉仁中学校门口打听先生住处时董夏民恰在校门口,他一面通知先生有一姓张的前来访问,一面向勉仁中学的地下中共党支部汇报,党组织通过民盟成员、校长杨新德了解到张君劢来访先生的企图和先生断然拒绝的态度后,开展了两项活动:

(一)张君劢得知勉仁中学经济有困难,教师待遇低,学生上街,以男生擦皮鞋、女生义卖鲜花的收入开展尊师活动后,表示政府无条件资助勉仁中学五百石(?)大米助学。先生恐怕授人以柄而迟迟未决定是否接受,交给学校同人讨论是否接受。中共勉仁中学地下党支部为此开会讨论,统一认识,决定接受捐赠,让张"赔了夫人又折兵"。

(二)由董夏民撰文揭发张君劢此行之卑鄙的政治目的,表明先生心态,以杜后患。董夏民连夜写出标题为"梁张会谈记"的文章,化名"牛角尖"发表于重庆《中国夜报》。该报为此被迫于十一月上旬停刊。②

先生讲:"一九四八年除夕,我在重庆特园得《大公报》王文彬先生电话,以蒋介石下野,大局急转直下的消息见告,并问我对时局要不要发表意见。我马上写了一篇《过去内战的责任在谁》,预备发表,却不料第二天——四九年元旦——蒋只发一要和平文

---

① 杜林文《梁漱溟营救进步人士纪实》(发表于《纵横》杂志 2004 年第 3 期)及雷子震文《我是梁漱溟等先生从渣滓洞救出来的人之一》(发表于《北京日报》2003 年 6 月 23 日第 16 版)。

② 杜林:《张君劢密会梁漱溟不欢而散》,《世纪》2004 年第 6 期。

告，并未下野；时局发展似尚有待。我就把文章交给王先生（文彬），留待时机到了再行发出。"①

是年，曾对胡应汉说："吾无复邹平实验之趣，亦无意与政治为缘，所望于及门诸生者，能将吾之学问传下去。"②

---

① 梁漱溟：《我的努力与反省》，漓江出版社1987年版，第374页。
② 《梁漱溟传记资料》（一），台湾天一出版社1979年版，第50页。

一九四九年（己丑　中华人民共和国诞生）

五十七岁。

住北碚。

十月一日，在中国共产党领导下，中国人民解放军经过三年艰苦战争，节节胜利，中国人民推翻了三座大山，解放了大半个中国，伟大的中华人民共和国诞生了。中国人民站起来了。

但是，在一九四九年十一月以前，刘邓大军尚未进入重庆，国民党反动势力依然存在，并在变本加厉疯狂地迫害革命人民，屠杀革命志士，重庆正处在黎明前的黑暗时刻，先生接连写出并发表了多篇文章，表明自己的政治态度和政治主张。

先生讲："我此时[①]却赶忙写两封信：一致民盟主席张澜先生转诸同人；一致中共中央毛、周诸公。适有盟友何酒仁先生八日飞沪即托带去。两封信有一共同点，就是勉励诸先生为国家大局努力负责，而声明自己决定三年内对国是只发言不行动；只是个人，不在组织。其不同者，对民盟则请许我离盟；对中共则恕我不来响应新政协的号召。"先生写给民盟张澜主席的信很重要，全文如下：

[①] 编者按："此时"指1949年元月初，即蒋发表和平文告之后。

表老赐鉴:

时局发展至此,政府方面或有借重民盟之意,漱以为吾人对此应有两点作前提:

(一)政府前曾取缔民盟,并有民盟同仁至今拘押未释,若此点未解决,吾人对政府无话可谈。

(二)政府言和平,吾人未尝不可与之言和平,但一切违背政协决议者必须取消,果能取消则自然和平。

以上两点推想我公暨在沪同人必能想到,或不烦漱之多赘也。漱今特欲陈明者,即漱今不能赴沪趋待左右,追随同仁致力于当前之任务,万求原谅不罪。盖多年以来,漱自有其思想、见解、主张,不能苟同于任何方面,顾在抗战中为向国民党争取民主团结,恒与在野各方面保持一致行动,因之于言论上多所保留,胜利后即决心致力文化工作,务自申其所见。政协会闭幕时,已曾向社会公开声明,虽其后略有牵掣,然两年来静居,固已退出现实政治,今后更决守定"只发言不行动,只是个人不在组织"之原则。此原则之理由有三:(一)在组织则不得以个人意见发言,甚至于要作不合于自己意见之发言,此非漱个性所能堪。(二)若组织松散,不加拘束,在漱或得有发言之机会,然似此放任自由,又岂是组织之道,且恐以我一人发言不慎而组织受累,此必不可行。(三)时人习于斗争之说,对人每存敌意,而敌意一存虽有善言亦难得其考虑。力求国人能平静地考虑我的意见,故须"只发言不行动,只是个人不在组织"以减少其敌对心理;盖漱自审所可贡献于国人者,唯在思想见解之间,此外无所有也。自三十六年(1947年)九月以来,漱既声明脱盟,今更求盟内许可,俾成其夙志,公私幸甚。好在盟内之事能得我公暨任之(黄炎培)、东荪(张东荪)诸先生领导,已无所不足,所贵唯在意志集中而已。苟能意志集中,行动齐一,则于当前任务,必有所成就,使漱处于盟外,实于此点为有益也。专布敬请道安。所有在沪同人诸先生均此致意。另有致中共方面一信,并求费神设法转去是叩。

梁漱溟
三十八年(1949年)一月五日

先生于元月六日给毛泽东、周恩来两位中共领导写的信全文如下:

润之先生、恩来先生同鉴:

时局发展至此,公等责任至重,望事事妥慎处理,勿掉以轻心,是则远方朋友如漱溟者所叩祷。漱今写此信,一则陈明今日公等在政治上所召(如新政协等),漱不来参加,乞予原谅。再则陈明今后数年内漱对国事将守定"只发言不行动,只是个人不在组织"之原则,乞予鉴察指教。此中前一点当然从后一点而来,后一点则抗战胜利前后所早决定之方针。盖当抗战之时有如救火,为争取团结民主,漱与在野各方面既保持一致行动,恒于言论多所保留,不获自由其所见。迨外患既除,则事莫大于建造新中国,完成近百年来历史文化之大转变,此事至远且大,贵乎有眼光而甚忌操切。漱所怀百端将一一求证国人,在反响未著商榷未定之时宁以从容恬静为佳,此固与公等主张既已风动全国者不同也。三十五年(1946年)政协将闭幕（一月二十七日）漱托恩来先生于回延安之便，奉上润之先生一函，即道此意，今或尚邀两公记忆乎。近两年来闭户著书，已成《中国文化要义》一种，不久出版，继将写《现代中国政治问题研究》，更有具体方案之提出，将来统当奉请教正。手布敬问台安。贵同人诸先生均此致意。

梁漱溟
三十八年（1949年）一月六日

先生将写给毛主席和周总理的这封信寄给当时已在北平的李渊庭，函嘱其送呈。李渊庭当时闲在家中，无门路可达，适罗子为来家看他，闲谈中罗讲他前几天看到周恩来先生，李渊庭一时欠考虑，竟取出此信，托罗子为见到周时面交。从而失掉他面见周恩来先生的机会，亦即失掉请求安排工作的机会。他们一九四六年曾见过面。

先生于是年初先后给民盟主席张澜老先生和中共领导毛泽东、周恩来两位正副主席的信，以表现出他政治上的期望。

一月十八日，先生在重庆《大公报》上发表《中国哪一天能太平？》一文。此文原是元旦在罗斯福图书馆讲演稿。文中讲："中国哪一天能太平？欲解答此问题，必先明白近四十年之乱与中国过去历史之乱不同，今日之乱含有革命在内。而过去之乱，则只是中国历史上'一治一乱'之乱。""社会构造，文化实为之骨干。过去的中国可以说是伦理本位的文化。近代的英美可以说是个人本位的文化。最近之苏联可以说是社会本位的文化。清末因近代潮流之输入，对伦理本位形成一种矛盾。不料及近代潮流之最近潮流又继以输入，于是矛盾之中又有矛盾，凡此矛盾不解，则一新社会秩序无由形成。新秩序不成，中国永不得太平。盖此三套文化各有其不可抹杀之点……必须把它们融会贯通起来，使其矛盾扞格皆消融不见，而后中国的新秩序，世界的新秩序才都有了。那时中国亦太平了，世界亦太平了。如其不然，各执一偏，矛盾不通，总是闹来闹去不得休止的。"

先生最后声明："我只是说今日困难之点，在三套文化未得其通，却并非说今之相争相斗者，都各自代表一种文化。"

一月二十一日蒋介石让位于李宗仁。当日《大公报》刊出先生的文章——《中国内战责任在谁?》。先生说："我写此文，意在说明两点：第一，过去内战的责任不在中国共产党。第二，今天好战者既已不存在，全国各方应该共谋和平统一，不要再打。"文内把过去中共一再让步而蒋再三压迫的事实历历数出，指证其罪完全在蒋。然后结束说："这样可祛除一切国方所加于共方之诬蔑，和不明真相者对中共之误会。在一切诬蔑和误会祛除之后，各方就可无顾虑地与中共开诚相见，共谋和平。这是我希望于国人一面的。另一面，我希望中国共产党本其过去委曲求全之精神，与各方共同完成和平统一。这是更要紧的一面。"

先生讲："当时蒋介石势力依然未倒，尤其是在杨森统治下的重庆；文章刊出太早，家人亲故皆为我危，却幸无事。"

先生讲："李宗仁登台，积极请人奔走和平，对我亦一电再电三电之不已。我回答说，我只呼吁和平而不奔走和平，早曾有声明在先，恕我难应命。"①

一月二十四日在重庆《大公报》发表《给各方朋友一封公开信》。信中讲："近者自政府倡导和平以来，各方面的朋友因我过去既曾为和平尽力，都责望我此时亦出来奔走。但我此次却实不能如

---

① 梁漱溟：《我的努力与反省》，《梁漱溟全集》第六卷，山东人民出版社 1993 年版，第 374 页。

大家之所望而行事。所以特写此文，说明自己意思，敬求朋友原谅。"并说："在今后两年内，我将专力于文化研究工作，陆续以其思想见解主张贡献于国人。对于时局，在必要时是要说几句话的。但不采取任何行动。"

二月十三日，毛主席提出谈判的八个条件，其中第一条即战犯问题最使南京感觉为难，行政院长孙科公然表示这一条不能接受。先生针对这一情况写出《论和谈中一个难题——并告国民党之在高位者》一文，在重庆《大公报》发表。主要说明："反对不痛不痒，不清不白，而要讲明事非以正视听。""我要求一切国民党之在高位者表示负责精神，先行引咎下野，听候国人裁判。"

二月十三日，先生还在重庆《大公报》同时发表《敬告中国共产党》一文，切劝不要以武力求统一。先生讲："以武力求统一只有再延迟中国的统一。"先生还讲："我郑重请求中国共产党，你们必须容许一切异己者之存在。……我就要求作一诤友。"

三月十日，在重庆《大公报》发表《答香港骂我底朋友》一文。

先生的一位朋友从香港带来在香港出版的《文汇报》、《华商报》及《群众》各刊物，其中有骂先生的文章，先生阅后，写此文作答。文中说："先生说：'旁人对我不了解，总不过一时。……日子长得很，事实会使大家明白。……大家既然以我为批评讨论之对象，我愿告诉大家我的一个根本点，我没有旁底：我认定今天的事情，在中国要建设，在世界要和平，都只有各方彼此包容，互相修正而合作，才能行。如若不然，彼此隔阂，彼此误会，彼此排斥斗争，那在国内将扰攘不宁，在世界将难免于毁灭。'……在国内除了顽恶底×××①真正没法与他共事外，各方都应合作。""我认为只有把东西南北各式各样底朋友，都拉在一起合作，中国才有救。""若问：彼此不相同底人怎样能合作呢？三十五年（一九四六）政协会后，我到延安，即曾向共产党朋友提出两句话：一、不要在人格上轻于怀疑人家；二、不要在识见上过于相信自己。这样自然就可以合作。""此次我写《过去内战的责任在谁》一文，一面劝各方对新兴底中共势力不必害怕而要合作，一面更劝共产党要与各方合作而不要打。原文甚明，你们却误会得可笑。""我一向从没有高兴积极过，亦没有厌倦消极过。我只是极耐烦地为大局努力工作，望着前途远景而乐观。因为我心中充满了信心——对中国有信心，对人类有信心，对自己有信心。"

一九四七年国民党特务逮捕了民盟机关报《民主报》职工，关押在重庆渣滓洞集中营。先生十分关心曾在重庆共同工作过的同事，极力营救，与张澜、范朴斋先生共同抢救，终于在三月间让二十一个被关押的职工获释。被经抢救出狱的人中有唐弘仁同志，唐先生曾两次向先生致其十分感激之意，先生说："你们都受苦了，我们没有尽到责任。"②

先生在一月五日写给民盟张澜主席的信中建议趁国民党要求和谈之机，向国民党提出释放"政治犯"的事，与张澜主席不谋而合。先生自己也为释放"政治犯"积极活动起来，但是先生保护革命青年和营救"政治犯"的事，却对我们讲得很少，也就是说先生做了许多好事，却不肯讲。

二〇〇三年，在先生一百一十周年诞辰时，重庆市和重庆市北

---

① 编者按：先生自己在此段书头上注"隐'蒋介石'三字"。并用括号写出：这在我同张澜、黄炎培、张东荪三位早于旧政协开会之前论定。
② 唐弘仁：《我所认识的梁漱溟先生》，《人民政协报》1991年6月28日。

碚区的梁漱溟研究会举办"纪念梁漱溟诞辰一百一十周年大会"，许多了解先生的人，参与先生营救进步人士工作的人，被先生营救出狱的人在会上发言，有几位讲了先生营救进步人士的事，该会出了专辑（第六集《仁道承继》），我看后才知道先生营救"政治犯"所做的好事。①

据说，经过先生向在重庆的西南绥靖公署主任朱绍良和二处处长徐远举多次交涉，革命青年雷子震终于在二月下旬获释，是杨复全拿上先生亲笔保释信从"渣滓洞"领的人。

先生一月五日致函张澜主席，建议民盟趁国民党蒋介石再次提出要求和谈的机会，提出释放"政治犯"问题的事，与张主席不谋而合。三月，国民党最后提出国共和谈后，新任国民党政府西南行政长官张群在赴四川就任之前，曾到上海虹桥医院看望张澜主席，征求治川意见（并请帮助推动国共和谈），张澜主席向张群当面提出三条意见，其中一条是释放"政治犯"，特别提出要释放关押在重庆"白公馆"、"渣滓洞"集中营的民盟成员。张群答应说："释放'政治犯'、释放民盟成员，虽有困难，也一定尽力去办，求得圆满解决。"张群走后，张澜主席召集在上海的民盟领导人开紧急会议，将营救民盟被捕成员提上议事日程，并决定责成在成都的范朴斋经办。范受命，从成都到了重庆。三月下旬，张群约见了范朴

---

① 唐弘仁同志（原贵州省政协副主席，民盟贵州省委会主委，离休）写《我所知道的梁漱溟》、《梁漱溟三救"政治犯"》、《梁漱溟虎口救人》；唐宝存同志（原中共重庆市北碚区委党史研究室主任、副研究员、离休）发表《恩师儒学大师梁漱溟》长文，并和杜林同志（曾任记者、讲师，现为重庆市老新闻工作者协会会员）合著《现代新儒学宗师梁漱溟》，杨复全同志（民盟重庆市委干部）发表《关于梁漱溟先生1947—1949年营救民盟被捕同志保护重庆民盟组织的情况》长文（重庆市梁漱溟研究会会刊第六集《仁道承继》一书发表）；杜林写的《梁漱溟营救进步人士纪实》长文（发表于《纵横》2004年第3期）；雷子震（解放后曾任广州《羊城晚报》高级记者，离休）写的长文《我是梁漱溟先生从"渣滓洞"营救出来的人之一》，发表于《北京日报》2003年6月23日——先生忌辰之日。上述文章都讲到先生营救"政治犯"的事。

斋,要求提出被拘押在"渣滓洞"的民盟成员名单,以便按名单释放。范朴斋为此先后找张松涛、杨复全、赵一明、鲜英、冯克熙等商量,并和大家一起来北碚见先生,聆听先生的意见。先生听了范朴斋等同志讲的情况后说:"要趁这个机会把受难的同志尽量营救出来,不仅民盟盟员,共产党人和民主人士,凡我们知道的,尽量开。"先生还找来二月下旬由他交涉并担保从'渣滓洞'出狱的雷子震,要雷提供他所知道的被囚进步人士名字。雷子震写出:罗克汀、余扬明、刘国志等三十多人;先生和范朴斋又将成都在押的"政治犯"杨伯恺、王伯高等人列入名单,共计三十七人,范朴斋于三月二十六日将名单交与张群。二十八日,名单转到了主管"渣滓洞"集中营的徐远举(《红岩》小说中的杀人恶魔徐鹏飞原型)手上,徐远举对范朴斋说:"名单中的共产党员不能释放。"范将此言告诉先生。先生和范朴斋于二十九日面见张群和徐远举,先生义正辞严地对张群和徐远举讲:"要和谈,就该表示诚意,释放'政治犯'是和谈的前提。只要是'政治犯',均应一律释放!"范朴斋愤怒地说:"关押了多少人,(是什么政治背景)你们清楚,却出难题要我们开列名单,我们开了名单,又节外生枝。名单是我们开的,我们负责,放人不放人,权在你们!"张群眼看情势,怕把问题搞僵,急忙说:"斟酌,斟酌!"经过不懈斗争,终于在三月三十一日释放了二十八人,是田一平、罗克汀、李康、余扬明、唐弘仁、龙圣夫、孙文石、刘慕宇、张真民、张大昌、舒军、屈楚、颜士奇、王颖水、周特生、仲秋元(解放后任文化部副部长)、唐珍润、周世楷、张明泛、蓝国农、熊鸿嘉、何舒杰等[①]。其中有七位是中国共产党党员。

保释出狱后的大多数人立即疏散,各自找地方安身,有不少人

---

① 编者按:姓名下加着重号的是中共党员。

暂时到先生在北碚主办的勉仁中学农场暂避，李康和唐弘仁住在鲜英的"特园"。

是年五月十七日，国民党特务突然闯进"特园"抓人，当时唐弘仁正因事外出回来，他刚到大门口碰到杨复全，杨告诉他特务正在抓人，唐即离去，杨复全躲入邻舍，李康再次被捕，关押在重庆警备司令部罗汉寺看守所。鲜英数次交涉无效，八月十七日，先生再次出面营救，亲自交涉、保释，由杨复全持先生亲笔担保信到左营街重庆警备司令部将李康领回。

其他无法救出的革命志士，均于十一月二十七日国民党大屠杀时壮烈牺牲。

是年春，重庆市掀起"争生存，争温饱"的反蒋介石的学生运动，勉仁文学院和勉仁中学的大多数学生要求罢课去重庆参加全市大游行（即四一二事件），少数学生反对，于是在学生中争论激烈。

先生开始是怕学生参加游行出事，不同意学生去重庆参加游行，但大多数学生要求去，就表示支持，并由勉仁文学院和勉仁中学布告通知停课五天，对勉仁中学同意高中生全去，初中生中年龄小的不去，并同意唐宦存带领勉仁文学院的学生，杨新德带领勉仁中学学生。学生游行后返校，先生还接见了学生代表，表示支持。

此一运动后期，国民党特务要抓捕参加游行学生的领队和骨干分子，唐宦存处境危险，先生让他从勉仁文学院移居勉仁中学宿舍，和梁培宽（先生长子）住同一楼，予以保护，勉仁中学校长杨新德辞职到成都避难，勉仁中学中共地下党支部王寒生等七人离开学校各自去避难，由唐宦存负责勉仁中学地下党支部工作。[①]

五月，在勉仁文学院院刊发表《勉仁文学院创办缘起及旨趣》，

---

① 参见唐宦存《恩师儒学大师梁漱溟》、董夏民《中共勉中支部与梁漱溟的合作典范》两文。

代发刊词。是一九四八年所写。

同月，在勉仁文学院院刊发表《理性——人类的特征》。

写出《过去和谈中我负疚一事》长文。先生在文中说："过去和谈之卒于无成，我自觉亦负有一分责任，那便是指三十五年（一九四六）十月二十八日之事。三十六年《再生》杂志张君劢先生文中曾以此责怪中共不要和平，而最近香港中共之报纸则又以此说我出卖朋友。究竟是怎么一回事呢？"

文中，从马歇尔的失败，讲到第三方面——民盟——出面调解的经过，讲到一九四六年十月二十八日之事时（见一九四六年年谱）说："我们匆匆忙忙制订方案，马上送出；轻于一掷，那只有失败了！"

"我们何以不能从容沉着呢？第一是国大眼看要开会，在政府高张声势之下，社会人心焦躁不宁，有迫不及待之势；第二是除我一人外，第三方面同人大多数住在上海，或者有事业有工作在上海，南京皆难久停；二十八这一天，张君劢先生决定夜车返沪，黄炎培先生亦说次日要走，而青年党同人为了该党在沪开会，亦非走不可。胡政之先生更先一日去沪。第三是这天清早，同人集会于交通银行之前，忽得一消息说，政府对共党决取断然处置，国大制宪行宪合并举行。十月初旬在沪颇与民盟中共洽谈之某院长（孙科），已内定出任副总统。本来二十一日蒋飞台湾，二十五日攻下安东，同人早有政府和谈是骗局之感，至此消息传来，大家心里更是动摇了。我处在这种环境中，亦随着众人失去定力（有时我更急躁）。大家都说今天这方案定稿后，即为最后定案；各人签名之后，即行送出，接受不接受随他们，我们不管了。我亦不曾有何异议。""当下共清缮三份：政府一份推定张君劢、左舜生、缪云台三位送去，中共一份则推莫德惠、李璜及我三人送去。马歇尔一份则推罗隆基送去。"

先生讲:"无疑地这是一大笑话;第三方面朋友糊涂不中用,特别是我糊涂不中用!然而我非有恶意于共方,却甚明显,究竟那折衷方案有何严重错误?至今我仍不大清楚。……不过慢慢把周的话回味一番,似乎问题在这里:

(一)第一条加入东北共军驻地三个地点,不算是太要不得,但既规定关外驻地,亦应将关内驻地一同规定好。既规定共军驻地,而亦应将国军驻地同予规定,而我们则没有。

(二)第二条加入政府派县长、警察接收共方之二十县,于共方大不利。尤其是政府新编有一种保护铁路之交通警察,为戴笠手下忠义救国军所改编,那对于共方较之正式军队还更受不了,而我们却没想到。我真惭愧像我这样的人岂配担当国家大事!几天之内,向各方朋友告辞,我便离开南京了。"

六月,《中国文化要义》一书撰写完稿。十一月由四川成都路明书店出版。此书自序中写道:"先是一九四一年春间在广西大学作过两个月的专题讲演。次年春乃在桂林开始着笔。至一九四四年陆续写成六章,约八万字。以日寇侵桂辍笔。胜利后,奔走国内和平,又未暇执笔。至一九四六年十一月,我从南京返北碚,重理旧业,且作且讲。然于桂林旧稿仅用作材料,在组织上都是重新来过。至今——一九四九年六月——乃告完成,计首尾历时九年。""这本书主要在叙述我对中国历史和文化的见解,内容涉及各门学问。"[1]

全书分十四章:绪论;从中国人的家庭说起;集团生活的西方人;中国人缺乏集团生活;中国是伦理本位底社会;以道德代宗

---

[1] 梁漱溟:《中国文化要义》,"自序",《梁漱溟全集》第三卷,山东人民出版社1990年版,第3—7页。

教；理性——人类的特征；阶级对立与职业分途；中国是否一国家；治道和治世；循环于一治一乱而无革命；人类文化之早熟；文化早熟后之中国；结论。约二十二万九千字。

先生在《中国文化要义》自序中讲："这是我继《东西文化及其哲学》（作于一九二〇年至一九二一年）、《中国民族自救运动之最后觉悟》（作于一九二九年至一九三一年）、《乡村建设理论》（作于一九三二年至一九三六年）而后之第四本书。""前后四本书，在内容上不少重见或复述之处。此盖以其问题本相关联，或且直是一个问题；而在我思想历程上，又是一脉衍来，尽前后深浅精粗有殊，根本见地大致未变。""特别第四本书是衔接第三本书而作，其间更多相关。所以追上去看第三本书，是明白第四本书的钥匙。""现在这本《中国文化要义》正是前书讲老中国社会特征之放大或加详。"

先生在这本书中，除详述在前几本书中所提出的中国文化特征（一至六）外，并综合中外学者如卢作孚、雷海宗、谢幼伟、朱谦之、蒋星煜等先生以及罗素（英）、杜威（美）、奥本海米尔（德）、内山完造（日）、长谷川如是闲（日）等二十多位学者有关中国文化特征的论述，总共提出中国文化十四特征，并一一予以阐明。这十四个特征是：

第一特征：广土众民；

第二特征：偌大民族之同化融化；

第三特征：历史长久，并世中莫与之比；

第四特征：中国文化力量之伟大，不在知识，不在政治，不在经济，不在军事；

第五特征：历久不变底社会，停滞不进底文化；

第六特征：几乎没有宗教底人生，以道德代宗教，以礼俗代法律；

　　第七特征：家庭生活是中国人第一重底社会生活，亲友等关系是中国人第二重底社会生活；

　　第八特征：缺乏科学，中国学术不向着科学前进；

　　第九特征：民主、自由、平等等一类要求不见提出及其法制之不见形成；

　　第十特征：道德气氛特重；

　　第十一特征：中国不像一般国家类型中之一国，不像国家；

　　第十二特征：无兵底文化；

　　第十三特征：孝底文化；

　　第十四特征：中国隐士与中国社会。

　　先生用十二个章节详加阐述上列十四个特征后，最后在第十四章讨论特征之总结一段讲："归根结蒂，一切一切，总不外理性早启文化早熟一个问题而已。""第十二特征'无兵底文化'，是源于第十一特征'不像国家'而来。""而中国之所以不像国家，则为其融国家于社会了。""第一层是因为家族生活、集团生活同为最早人群所固有；而中国人浸浸家族生活偏胜，与西洋人之集团生活偏胜者，恰各走一路。从集团生活一路走去，即成国家，从家族生活一路走去，却只是社会。""第二层是因为理性早启，周孔教化发生，使古代一般之宗法制度转化为吾人特有之伦理组织，以伦理本位代替家族本位。伦理始于家族，而不止于家族，规模宏远，意识超旷，精神大为提高。家族本位社会是不能存在到今天底；伦理本位社会却前途远大得很。""周孔教化发生于封建之世；那时还像国家。战国七雄一面更像国家，却一面正是国家要被消融之始。必到周孔教化收功结果之时，封建即已解消，阶级化为职业，国家永被涵容于社会。""盖正唯其是从家人父子兄弟之情放大以成之伦理社会,所以不成阶级统治之地缘国家。又正唯其缺乏集团组织以为其生活之所依靠,乃不得不依靠于伦理作始之家族亲戚。"

先生对第九特征——民主、自由、平等一类要求不见提出及其法制之不见形成——认为:"近代西洋之所谓民主,要在其人对国家有参政权,有自由权。这是在集团生活中个人地位提高之结果。所以中国之缺乏民主乃是从缺乏集团,不像国家而来,不可误作压力太强之没有民主看。"并说:"我郑重指出宗教问题为中西文化之分水岭。""中国文化第六特征,宗教乃被非宗教底周孔教化所代替。宗教乃为感情之事,不出于理智,抑且颇远于理智。周孔教化自亦不出于理智,而以感情为其根本;但却不远于理智——此即所谓理性。理性不外乎人情;而宗教感情却总见其激越偏至,有时不近人情,因此周孔赞美人生,敦笃人伦,与宗教之倾向出世,常要离弃家庭者就刚好相反。……而周孔子教化则于平易切近之中深有至理,不必动人而人自不能出。当其代替宗教位居中国文化中心而为之主的时候,我们就说它是以道德代宗教了。""西洋中古社会靠宗教,近代社会靠法律,而中国社会……却是以道德代宗教,以礼俗代法律。""在文化比较上,西洋走宗教法律之路,中国走道德礼俗之路。宗教自来为集团形成之本,而集团内部组织秩序之厘定即是法律。""道德之异乎宗教者,在其以自觉自律为本,何为自觉自律?好好恶恶而心中了了是曰自觉;基于自觉而行吾所好,别无所为是曰自律。说理性即指自觉自律之条理天成而言,说无对即指自觉自律之浑然不二而言。道德根于理性无对而来,为人类生命之最高表现。而非秉受教诫于神。礼俗之异于法律者,亦在其慢慢由社会自然演成,而非强加制定于国家。其间精神正是一贯底。中国古人之迥出寻常者,即在其有见于人心之清明正直,而信赖人自己。""我所云理性早启者,正指此点。……唯理性为道德在人类生命中之真根据。故第十特征之确切解答应在此。"并说："在远古至战国以前，即是阶级不甚凝固，缺乏封畛；在战国以后至清季，即是化阶级为职业，以相安代统治。所有近两千年来之循环于一治一乱而无革命，政治永无进步盖在此。""科学在中国之夭折无成。科学何以无成？科学在人类生命中之根据是理智，而道德在人类生命中之根据则是理性。道德与科学不冲突，理性与理智更无悖，然理性早熟却掩蔽了理智而不得申。……前所列第五特征'文化盘旋不进，社会历以鲜变'及第八特征'缺乏科学'，其关键皆在道德之代宗教而起，太早。"

"中国文化是'孝的文化'，自是没错，此不唯中国人的孝道，世界闻名，色彩最显；抑且从下列各条看出它原为此一文化的根荄所在：一、中国文化自家族生活衍来。""亲子关系为家族生活核心，一'孝'字正为其文化所尚之扼要点出。""二、伦理处处是一种尚情无我的精神，而此精神却自然必以孝弟为核心而辐射以出。""说隐士是中国文化一种特色，亦没有错。"

先生在讲第一至第四特征时还说："广土众民一大单位之形成……它原是基于文化的统一，而政治的统一随之，以天下而兼国家底。其内部盖以伦理相安代阶级统治，人缘重于地缘，而摄法律于礼俗，融国家于社会。质言之，其所由拓大到如此之大，非靠武力而靠文化。这是与第二特征、第三特征既互相关联，又互资证明底。""第三特征历史所以绵长不绝者，要在其民族生命、文化生命能不遽亡于一时武力之绌败，而每有以复兴。当他统治了异族时，固常能使其同化融合于自己——不独以武力取之，且以文化取之。就在他被统治于异族时，由于异族每要用他的文化来统治他之故，卒亦使其同化融合于自己——先失败于武力，终制胜于文化。盖唯其长久，故不难于大，亦唯其大，故不难于长久。此两特征又皆以第二特征对异族之同化融合为其本。而一贯乎三大特征之中者，实为其文化之优越。""第四特征所指出，中国文化所优越者果何在之问题。……这就是理性之力。""然此根于理性而发育之文化，其同化力之所以特强，要必从两面认识之：宽宏仁让……开明通达，没有什么迷信固执。""凡自己有所固执，便无法与人合得来。""仁厚一面，开明一面，皆所以能同化异族之故。""然须知此两面之所由表现者，还在其人生态度之正当适中，何谓正当适中之人生，实不好说得出。这只可从其不落于禁欲（例如西洋中古宗教）、恣欲（西洋近代人生有此倾向）之两偏言之。恣欲者不免陷在身体中，禁欲者似又违反乎身体。""不论恣欲、禁欲，要皆失去人类生命应有之和谐，而与大自然相对立。""得乎人类生命之和谐而与大自然相融合是即正当人生。仁厚有容，开明无执，皆不过其表现于外者。""非宗教底文化之出现于中国古代，正为其时有人体现了此种人生，体验了此种人生。——这就是所谓圣人。他本乎此种人生以领导人，就有所谓周孔教化。异族之同化，即与我一同向往于此种人生；文化之统一，即统一于此种人生向往。正当适中自不易谈；而郑重以事人生，不偏乎恣欲或禁欲，却蔚成此土之风尚——此土风尚所为翘异于西洋迥别于印度者，唯在此。"

"末后总结：中国的伟大非他，原只是人类理性的伟大。中国的缺欠，却非理性的缺欠（理性无缺欠），而是理性早启，文化早熟的缺欠。必明乎理性在人类生命中之位置，及其将如何渐次以得开发，而后乃于人类文化发展之全部历程，庶得有所见。"

在结论一章第二大段——民族性之所由成，讲："二十七年前我亦还不认识理性、道德出于本能之说，而不同意罗素本能、理智、灵性三分法。及至有悟于理性，理智之必须分开，而后恍然罗素之三分法为不易之论。——罗素所云灵性相当于我所谓理性。"

"理性，本能其好恶取舍尽有不同，而同属人情。""人类生命因理智而得从生物本能中解放出来，一面其好恶之情乃不必随附于本能。——这就是理性；一面其本能乃不足当工具之任，而从后天求补充。——这就是种种习惯在人类生活中一切莫非本能之混合；纯本能殆不可见。严格说，只有理性是主人，理智、习惯、本能皆工具。"

最后就各方之所见和公认底特点，所综合的十点民族性——（一）自私自利；（二）勤俭；（三）爱讲礼貌；（四）和平文弱；（五）知足自得；（六）守旧；（七）马虎；（八）坚忍及残忍；（九）韧性及弹性；（十）圆熟老到——说明："这既是中国文化所结之果，予以解释、予以分析，但对第一点'自私自利'——潘光旦先生曾以为这是遗传底说法——我们实在不敢深信。""中国人所不能离者是其若近若远种种伦理关系。""中国说近就是身家，说远就是天下，而其归趣则在'四海皆兄弟'，'天下为一家'。此其精神宁不伟大？岂有什么自私？……说自私自利是中国民族性者，殊觉无据。""近代西洋人的'个人本位，自我中心'，显然是自私的对照，从来中国人讲'伦理本位，尊重对方'。"先生最后指出："真公，还要于中国人见之。中国人怀抱着天下观念，自古迄今一直未改，真是廓然大公，发乎理性之无对。说民族性，这才是中国的民族性。今日世界不讲公理，不得和平，正不外西洋人集团生活的积习难改。依我看：中国人被自私之讥的时代快过去了；西洋人被自私之讥的时代却快要来。究竟谁自私，不必争论，时代自有一番勘验。""唯生于今日底中国人不然，一则礼俗制度破坏凌乱，大多数人失所依傍，自易堕落，而少数人之理性自觉此时却以转强。"

十一月，《梁漱溟先生近年言论集》由龙山书局出版，内有一九四一年至一九四九年，先生发表政见性论述文章二十三篇，全书约十一万四千字。

十一月中旬，由延安抗大回重庆的盟员刘岚，其爱人黄某是中共地下党员，带着两个不满十岁的孩子，因被特务注意，深恐有被捕危险很想找寻一较安全地方避难。由杨复全（盟员）介绍他们找先生，先生收留了他们。重庆解放后，他们一家安全回城。①

先生自从先后拒绝张君劢劝他参加南京政府工作和李宗仁三电请他出面奔走推动国共和谈后，处境危险。"中美合作所"的特务和北碚的国民党特务，都对他进行监视，对他来往信件进行非法检查。唐宦存介绍一个青年到学校当校工，并发展为新民主主义青年团团员，在先生和吴宓先生身边服务，以保护先生和吴宓先生。中共地下党支部又组织学生保护学校。勉仁文学院在北温泉附近，北温泉警察派出所所长是地下党员，他领导一支武装队伍，与学院联防，打击特务分子，保卫学院梁先生、吴先生等的安全。解放前夕，地下党武装曾一次抓捕七个到北（温）泉和勉仁文学院活动的大特务。"一九四九年十二月二日，梁先生亲自参加迎接解放军到北碚，并主持了北碚和平解放群众欢迎大会。之后，先生离开北碚。"②

十一月底，四川重庆解放。毛泽东、周恩来副主席通过四川统战系统，邀先生到北平。其时长江航运正不通（上游尚未通航，下游正在为解放战争忙于运兵），无法成行。十二月间通航后，先生即携眷（陈树棻夫人和一侄子）并带学生宋乐颜离开北碚到重庆。

十二月中旬，先生在重庆鲜特生家，与一青年裴治镕住一屋。裴是做策反国民党中上层将领工作的，早闻先生大名，对先生非常尊敬。一天裴拿着毛泽东为解放军占领南京而作的新诗读给先生

---

① 唐弘仁：《梁漱溟三救"政治犯"》。
② 唐宦存：《恩师儒学大师梁漱溟》（发表于《仁道承继》一书）。

听，当读到"宜将剩勇追穷寇，不可沽名学霸王"时，先生连连摇头，说："错了！错了！"并说："中国文化是以意欲自为调和持中为根本精神的。偏激与惰后都不行。唯有调和持中的中国文化必将统治世界。而真正统一中国的方法也只能是适应中国文化之根本精神的中和。"并引述了《孙子兵法》中"穷寇勿追"论点，说明"追穷寇"的不同看法。[①] 当时也说明先生并没有真正理解中国共产党、毛主席关于中国新民主主义革命的真谛。

[①] 于东：《梁漱溟异议"追穷寇"》，《团结报》1989年3月21日。

一九五〇年（庚寅）

五十八岁。

在北京。

先生于一月中旬到达北京。沿途乘坐车、乘船及住宿等，都由统战系统派人照料。抵京后，林伯渠秘书长和统战部长李维汉等到火车站迎接。

先生到北京初期，下榻南宽街四号大嫂住宅。

先生到北京时，毛主席与周总理正在莫斯科同斯大林会晤、谈判。

三月十日，先生在统战部安排下，随同党内领导诸公到前门东站迎接毛主席和周总理两位返京。次日晚间举行欢宴，先生被邀参加。席间毛主席告诉先生："明天晚上我们谈谈。"十二日晚七时后，先生在颐年堂与毛主席见面，有林伯渠秘书长在座，谈话至深夜十二点后用饭，饭后又略谈片时。据先生回忆，主要谈话内容如下：

毛主席问先生："这次来，你可以参加政府吧？"先生稍迟疑后回答说："把我留在政府外边不好吗？"

先生向毛主席说："取天下容易，治天下却不容易——治天下要难得多。今天我们当然要建设一新中国（现代中国），而必先认识老中国才行。'认识老中国，建设新中国'是我一向的口号。我虽不参加政府，但我建议在政府领导下，设置一个中国文化研究所，或称世界文化比较研究所，我愿当顾问，参与研究工作。"毛主席说"好"，却未多往下说。

毛主席随即劝先生出京到外地参观访问，说："过去你不是在河南、山东各地搞乡村工作吗？现在这些地方全都解放了，去看看有什么变化。还有东北各省解放在前，算老解放区，亦要去看看！"先生原有意要了解中共在地方上的措施，立即商定各处参观计划。

先生还对毛主席陈明在川中办学情况，毛主席指示勉仁文学院可交西南大区文教部接收，所有教职员工及学生各予适当安排。其中跟随先生工作多年的人亦可以令其来京仍随先生工作。毛主席并对林老伯渠嘱咐："梁先生的这些人员到京之时，请林老决定安置。至如勉仁中学可以续办一时期，以后再交出，全由国家统一办理。"其后勉仁文学院教职员工和学生多并入西南师范学院，副院长陈亚三则来京，与黄艮庸、李澂（渊庭）等以秘书名义安置在政协。勉仁中学最后亦交出，改为重庆第二十二中学。

这次谈话到深夜十二时，左右向毛主席请示开饭，先生申明自己素食多年，请给一两样素菜，毛主席忽大声说："不！全都要素菜！今天是统一战线！"开饭时，林老招江青入座，于是四人同席。

先生告辞时，表示不敢劳毛主席相送，毛主席竟坚持送先生到门外登车。然而先生从毛主席的辞色间感觉出他的不愉快。

先生回忆这次会见时的情景说："我回忆往年访问延安，特别是一九三八年春，那两次通宵辩论后，我临别出门犹觉舒服通畅之情怀，何以此次竟不可得?! ……寻思一时顿有会悟：原来十多年前在延安，深夜人静辩论不休，彼此开怀曾不起意。辩论极易引起争胜意气，而此次意气竟然不起者，则感应之间主席实居主动。我是在他的感召之下而胜心不起的。主席和我，彼时庶几乎所谓'廓然大公，物来顺应'者。而这次相见却不然，主席有意拉我入政府，我意存规避，彼此各怀有得失计较，这些都是私心杂念。一般人将谓彼此各为国家大局设想，怎说'私心杂念'？此则一般人不学之故——此指孔门古人之学，大乘佛家之学。"

先生何以要留在政府外边呢？先生讲："此时我尚信不及中国能就此统一稳定下来。以为我如其参加政府，就落在共产党一方面，莫若中立不倚，保持我对各方面说话历来的立场资格——这一心理是有其根源的。中国自推翻帝制多少年来，纷争扰攘，外无以应付国际环境，内无以进行一切建设，天天在走下坡路，苦莫苦于此。我一向切盼大局统一稳定，而眼见一时的统一不难，就难在统一而且能长期稳定下来。……这些话存在心里，却未便说。"①

一九五〇年四月初，先生开始出京赴外地参观访问。先到平原省会新乡市。随行者有鲜特生先生、李渊庭、孟晓阳、梁培宽等。下榻省招待所，参观了焦作王封李封煤矿、安阳纺织厂等处。鲜特老因事先返北京。先生然后赴河南访问，曾到开封、郑州、黄泛区、许昌、漯河等处参观，原拟赴豫西镇平访问，因雨受阻未果。接着去山东省，曾到济南、曲阜、菏泽、临沂、莒南、邹平、淄博、莱阳、青岛各地，参观过许多工矿合作社，先生讲："目睹工农干劲十足，令人感奋。"在济南，许世友司令员特邀先生一行到山东军区司令部盘桓竟日，先生问及解放战争取得胜利的因素，许司令说："主要是党中央指挥得当，人民齐心协力。俘虏经过短期教育，即能赴前线勇敢作战，因为他们深切了解到是为解放他们自己而作战的。"在曲阜，先生领着大家去参观了孔庙、孔林、孔府

---

① 梁漱溟：《追记在延安、北京迭次和毛主席的谈话》，《梁漱溟全集》第七卷，山东人民出版社1993年版，第436—452页。

等地。在莒南，农民谈起他们自己推着小车运送军粮弹药的盛况，眉飞色舞，怀念难忘。农民说："现在和平生产，反倒有些寂寞了，不如战时热闹。"在青岛，参加了"五一劳动节"纪念会，特邀先生出席演说。在邹平，有人说："我们邹平人很想念梁院长的！"先生还看了葬在邹平市内地下的黄夫人的墓地，后来托曹锡侯把夫人灵柩运回北京安葬于祖茔。

大约在五月下旬，先生从山东返回北京，休息数日，于六月初离京赴东北六省参观访问，先后到沈阳、鞍山、抚顺、大连、旅顺、金县、哈尔滨、齐齐哈尔、牡丹江、讷河等地参观。随同先生的有先生夫人陈树棻、黄艮庸先生、李渊庭、孟晓阳等。在东北，先生会见了高岗、林枫、欧阳钦、韩光、李延禄、赵德尊、饶斌等多人，先生还参观了许多工矿企业以及农业生产合作社。

先生说："我在参观考察东北以及各地方国营企业、工厂的时候，看到他们开工厂管理委员会，开职工代表会议的好气象，使我佩服和羡慕。这就是在实行工厂管理民主化，依靠工人群众之后，工人群众产生了对自己事业的关心与热情，开动了脑筋，表现出了智慧，因而有许多许多合理化建议，在会议上提出。"①

在参观各地农业合作社之后，先生也认为只要把分配问题解决好，认真执行"各尽所能，按劳付酬"的政策，调动起农民的生产积极性，那么，循由合作化道路可以逐渐走上社会主义道路的。

先生在东北各地参观访问后，于九月初返回沈阳，原拟赴小丰满水电站看看，后因东北已临备战状态，遂不果行。即于九月中旬返回北京。先生于四月间离京，先后在河南、山东暨东北各省参观访问五个多月，到此告一段落。

九月十八日，先生在中南海怀仁堂越剧晚会上看到周总理，周

---

① 在全国政协一届三次会议上的发言。

总理知道先生建议设置文化研究机构之事，面嘱先生写出具体计划及预算书。先生讲："我回家即赶写草底。"写好后，还未来及交总理阅看，九月二十三日晚九时，先生应毛主席召，在颐年堂谈话时，即带在身边，准备交出。

先生首先向毛主席谈了他在旅顺、大连曾听说美苏飞机在附近上空相遇冲突之事，讲："我离开东北前夕，沈阳已施行夜晚灯火管制，似乎战事即将爆发。可惜东北工矿初恢复又将被毁。"毛主席向先生表示尚不致有战争，因为我们不想打仗，根据美方在其国内外布置的军队情况来看，亦不像要打仗的样子。

先生向毛主席报告到东北参观见闻，提到马恒昌小组及召开学习马恒昌小组的会议各情况。先生说："工人们已觉悟到新国家之为工人当家做主的国家，实大为可喜现象。后来继之有王崇伦等先进事迹，均见出工人们的阶级觉悟。此种觉悟为我们立国之本，宜发展普及之。"毛主席欣然色喜。

最后，先生将随身带来的中国文化研究所（或称世界文化比较研究所）的草案拿出来请毛主席阅看。此事在先生上次与毛主席见面时谈过，但毛主席说："研究是可以研究的，此时不必忙吧！"先生答言："不是我急于举办，而是日前（十六日）在怀仁堂遇见周总理，总理嘱我起草此件，交给他以便提出于政务院会议讨论通过的。"毛主席说："既然你们都商量好，那就去办吧！"毛主席接连说了两次，先生看此情景说："不然，应当以主席意思为准，此事即行从缓再说。"——此后，先生即将此事压下不提，见到周总理，总理亦不问了。

先生在一九七六年十二月至一九七七年二月写的《追记在延安、北京迭次和毛主席的谈话》（九月二十三日谈话纪要）中说："今天想来，此事幸而中止。强调阶级斗争是毛主席倡导的时代潮流，而认识老中国将是唱反调，是必不容许的，此研究所与其后来被砸，不如此时不举办。"

一九五〇年，土改运动还有不少地区尚在进行中，毛主席劝先生去参观学习。先生以多日奔驰于关内、关外，推辞不想再出去，并表示愿以半年来参观所得和自己的意见感想，写记下来，毛主席点首说："好！"①

十月八日，先生偕眷移居颐和园内石舫附近的西四所居住，黄艮庸先生、李渊庭、孟宪光等亦分住于两侧耳房，进行讲论及写作，写作之题目为《中国建国之路》②。

民盟主席张澜老先生已住在颐和园西一所，与先生住处近。先生住进西四所当晚，张澜老先生由叶笃义陪同来看先生。从此，彼此经常往来、聚谈，家属也常往来。

是年，将多年来购存书籍的大部分约三万余册捐赠重庆罗斯福图书馆（原存北碚勉仁书院）。

---

① 梁漱溟：《追记在延安、北京迭次和毛主席的谈话》，《梁漱溟全集》第七卷，山东人民出版社1993年版，第442页。
② 编者按：梁漱溟先生未写完此书即辍笔。

一九五一年（辛卯）

五十九岁。

在北京、四川。

先生闻悉将有西南土改工作第一团之组织，他忆及上年毛主席所表示的意思，经向统战部取得同意后，即偕黄艮庸先生一同参加，于"五一"节后成行。

彼时在西南大区下，四川一省又分东西南北四个行政区。从而土改工作团百数十人亦分成四个小组，分赴四个区工作。先生暨黄艮庸先生则随土改团长章乃器参加了川东之一区，工作地点在合川县，团部驻于云门镇上。

八月下旬工作结束，三十日飞回北京，到京仍住颐和园内。

九月五日晚间，毛主席召往晤谈，当时章乃器同为毛主席之所邀谈者，他已先谈过了许多话。先生到时，章正在向毛主席告辞。

先生在与毛主席谈话中，曾说到邓小平同志为土改工作团作大报告情况，并说："看来西南大区邓实负重责。"毛主席点头说："军事、政治各样他都行。"又频频说："那是一把好手！那是一把好手！"当时给先生印象颇深。

末后，毛主席对先生说："据报告，广东进行土改有些麻烦问题，你去看看好么？"先生回答说："我从五月初入川参加土改工作至八月底归来,首尾达四个月,不想再出去了!"毛主席遂未相强。①

十月五日,先生在《光明日报》发表《两年来我有了哪些转变》长文。文中讲:"我过去虽对于共产党的朋友有好感,乃在政治上行动有配合,但在思想见解上却一直有很大距离,直到一九四九年全国解放前夕,我还是自信我的对,等到最近亲眼看到共产党在建国上种种成功,夙昔我的见解多已站不住,乃始生极大惭愧心,检讨自己错误所在,而后恍然于中共之所以对。现在那个距离确实大大缩短了,且尚在缩短中。""我的思想转变起于一九五〇年一月由四川到京之后。""其引发变化最有力的外缘约计有三:(一)去年四月到九月,我在华东、华北以及东北一些地方的参观考察;(二)今年五月到八月,我在川东合川县云门乡的参加土地改革工作;(三)今年七月在云门土地改革中,正逢中共建党三十周年,读到几篇重要论文。"

文中讲:"究竟我思想上有了哪些转变呢?""简捷地说:我过去一直不同意他们以阶级眼光观察中国社会,以阶级斗争解决中国问题,而现在所谓得到修改者,亦即在此。""不过点头的自是点头了;还点不下头来的,亦就不能放弃原有意见。"文中分七个方面阐述自己两年来的思想转变;其中,分有所省觉(未改变)和改变认识两面。

(一)旧日中国是不是封建社会?文中讲:"中共认为封建社会,我则意见不同。""因我认为它不再是社会发展史上五阶段的那个第三阶段——封建社会。""在这个问题上我的意见大致没有改变,却可说有所省觉。此即在鲁南莒县考察中,在西南合川县参加

---

① 梁漱溟:《追记在延安、北京迭次和毛主席的谈话》,《梁漱溟全集》第七卷,山东人民出版社1993年版,第450页。

土地改革中,对中国社会的封建性特有省觉。"

(二)中国社会发展可能不可能有特殊?文中说:"在我的思想上,是很欣赏以阶级的'从无到有,又从有到无'来理解人类历史的;以为这样确能得其要领。""但我却发觉中西社会似乎很早就有些两样,而中国封建解体之不同乎西洋尤其显著。在这以后便陷于盘旋往复,失去社会应有的发展前途。……现在我还是认为社会发展信有其自然顺序,然却非机械必然的。""失其顺序的或者不止中国,似乎印度亦是一例。"

(三)中国社会缺乏阶级问题。文中说:"我向以'伦理本位,职业分途'两句话,点出秦汉以后中国社会结构之特殊。……因而我一向强调中国缺乏阶级。""我现在觉悟到尽管中国社会有其缺乏阶级的事实,仍然要本着阶级观点来把握它,才有办法。"

(四)中国问题是不是要从阶级斗争中求解决?文中讲:"在这一问题上,三年来的建国事实给我的教训最大,两年来的各处观察给我的启发最大,因而我的思想转变最大。过去答案是否定的,今天却是肯定的了。""旧见解详见旧著《乡村建设理论》一书,可综括为四句话:一、在中国问题的解决上不须作若何暴力斗争。二、解决中国问题的功夫有远在暴力斗争以外者。三、暴力斗争解决不了中国问题。四、暴力斗争将更迟延了中国问题的解决。""由于我心里的反对最坚决,盼望中共转变最殷切,所以一旦得闻其倡导抗日而放弃对内进行斗争,即跑去访问延安,那时距卢沟桥事件不过刚六个月。此后奔走团结(抗战中)争取和平(胜利后),逐逐八年,不敢惜力;而一旦料知和平无望,即拔脚走开,三年不出;要无非自行其所信,一贯而不移。""今天看来,其果于自信如此者,一面虽亦是在某些点上不为无见,一面却正是主观有所蔽,遂于国际的国内的某些事实,视而不见,听而不闻。这种自己蒙蔽自己,是直待去年和今年乃始发觉的。""在我认为是:中国问题的解决不大需要暴力,不相宜用暴力,乃至暴力亦用不上。但在斯大林和毛主席却偏都强调武装斗争是中国革命的特点,或其主要形式,而且今天的事实亦完全证明是这样。很久我想不通这个窍,如今明白了,不这样,那完成中国革命的力量便无从培养出来。"

(五)接受不接受唯物观点?文中表示:"接受唯物观点。"

(六)中国革命要由什么人来领导?"承认中国革命只能由无产阶级来领导。"文中说:"直待中共建党三十周年纪念,读到彭真市长那篇论文(《马克思列宁主义在中国的胜利》),把他们从一个知识分子或农民怎样在特殊境况中而无产阶级化的过程说出来,乃始恍然而得其答案,从而我亦得以了解另外一大问题,中国革命的主要形式为什么是武装斗争。"

(七)群众运动中的领导问题。文中说:"因我有志领导农民,亦曾下乡,实行我的乡村建设运动。现在对于群众运动这件事在我思想上亦有些省觉和转变。……但我颇有省觉于当初我们未能抓住农民真痛真痒所在……群众运动的入门诀窍,似要变自己为群众。……今后我如作群众运动,首先要改的就是'我来领导'那个观念。""共产党可佩服之处甚多,而我最佩服的则是其群众运动。我常叹息,自古以来有群众,自古以来亦有领导,但却没有领导与群众结合像这样好的。"

文中对思想认识转变过程有较详叙述。

是年十月十七日日记记着:"思在政治上亦应有合理化建议。"

十月二十八日,中国人民政治协商会议召开一届三次会议,增补先生为全国政协委员。先生出席会议,并在会上发言,题为《信从中国共产党的领导并改造自己》。先生讲:"毛主席在开会词中指示,周总理以及各负责首长的报告……毫无问题,我亦同在座各位一样,都是衷心拥护并且为它的实行而愿尽自己一分力气的。""对政协会议的期望,就是期望它一次比一次开得更好。""我想我们的会议在听取报告表示拥护之外,是不是亦可以亦应该有些合理化建议呢?总之,我们应当使我们的会议愈开愈有意味,越开越感觉开这个会的需要;积极主动性多于被动就好了。"先生最后讲:"我过去对任何事情都喜欢有自己的意见,而且自信很强。但在事后证明,共产党的领导却是正确的;我的意见并没有对。……因此我现在要声明,今后在政治上我将信从中国共产党的领导。""今后亦要学习共产党的思想方法以改造我自己。"

是年,先生讲《我参加国共和谈的经过》,李渊庭根据先生所讲,记录并加以整理,经过先生修改成文。全文约四万字,颇有史料价值。部分内容已编入本书一九四六年年谱。全文发表于《中华民国史资料丛稿》增刊。[1]

---

[1] 参见梁漱溟:《忆往谈旧录》,金城出版社2006年版,第219—266页。

一九五二年（壬辰）

六十岁。

在北京，住颐和园西四所。

五月初，写完《何以我终于落归改良主义》一文，约四万多字。

头年十二月，《大公报》和《进步日报》邀请好多位学者、专家开座谈会，批判改良主义思想。发表在报纸上的发言和讨论，先生都看过。文中说："我个人的情形和发言的几位先生不相同。他们都是留洋学生，在资本主义国家求过学，而且差不多全是学社会科学的，所以他们就多从改良主义在马克思主义前后发生的来历如何，类别如何这面来说。我既没有去过欧美，又不是什么社会科学家，但我从事于一种社会运动，我将直截了当来讲我自己的事情。"

全文分十五节，先生从第一节"对于中国革命问题一种似是而非的判断和处理"开头，用了五节篇幅叙述了自己在抗战前后以及抗战胜利后的言论和行动。在第六节"说明如此判断和处理的由来"，即强调"中国问题的特殊"，"中国缺乏阶级"，"中国不属一般国家类型，因而中国革命应当别论"，"中国革命不是政权属谁问题，而是能不能统一稳定问题"，"问题是在树立统一的国权，而其功夫则要促成各方的团结、合作"。"问题在武力缺乏主体"，"旧中国社会无秩序"、"深感无秩序之苦"以及"不走武力夺取政权之路"、"不求统一于上,而求统一于下"等等错误言论作了初步检讨和自我批评。文中讲:"总括说,我的错误,实错在过分强调中国问题的特殊。""我不该片面强调联合,把联合与斗争对立起来,以为二者不能相容。""联合是可以讲的,却要在斗争中讲就对了;特殊处理是应有的,但离开一般而作特殊处理那就错了。""我是在中国特殊论的根柢上,否定了一般革命之路,而另自提出中国所应走的路线。""旧著《答乡村建设批判》把这一路线说得最分明,因其从头至尾都对照着一般革命之路——分化而斗争之路——来说的。仍不外根据原先的《乡村建设理论》而来。""我所从事的乡村建设运动不是旁的,正是看中了时机到来而努力奔赴的全国统一运动。""这就是求统一于下,……乡建运动既不与武力牵连,更不自己组织政府,只是保持其社会在野的地位。""共产党的老话:'要站稳阶级立场','要分清敌我';而我却要把全社会统一于一个立场,一定要'从团结求统一',彼此路道正好相反。可以说国内有本有源、彻头彻尾反共的只有我。我有一套'既从今以追古,又由古而达今,事事与外国相比较,纵横往复'而建立起来的理论作根据,我认定他们把中国问题当作一般革命来搞是错了。直至全国解放前夕,我写《敬告中国共产党》一文,还是反对以武力求统一。"

文中说:"社会生产上剥削被剥削那种阶级矛盾是看轻不得的。""具体地来说,我所看轻者就是地主与农民的问题。'号称乡村运动而乡村不动','高谈社会改造而依附旧政权'(一九三六年邹平乡村工作同人自作检讨的两大问题)正为避免斗争就抓不住农民痛痒";"其故即在没有和被压迫被剥削的人站在一起,不是革命阶级立场。""从乎革命立场,好恶分明,一切是非取舍不定自定。"

文中讲:"三年来给我的教训最大者就是决不相信的事情竟然出现在我眼前——一个全国统一稳定的政权竟从阶级斗争而奠立起来。""同时我所深信不疑者完全落空。这使我不能不好好反省究竟错在哪里。""我和共产党所以分路走的分歧点,即在我正以无秩序为苦,而共产党却就苦其有秩序。""原来我之深苦无秩序,还是从一般有产者立场出发。……财产私有仍是公认的制度,剥削一般还是有效……这就是秩序。""过去我从不肯说反封建这句话。""我对于中国旧社会的封建性的认识远为不够,直到解放后到了鲁南,到了川东乃大有所省觉。""这是由于我的出身和生活环境从没有尝过那些封建统治压迫之苦,而倒有一些知识思想会分析问题,亦就不免曲解了问题。"

文中还说:"抗战期间我原来想从乡村运动形成此大社会一联合体的计划势将落空。于是改以党派的联合代替乡村运动的联合。""两大党都是拥有武力的","于是发生要把武力交出来的问题和要把政权、治权分开的主张。""其实全是糊涂。""以阶级矛盾为背景基础的两方武力亦绝无交出来而合一的可能,相持不决亦不过表面一时的,而新生力量不可战胜,腐旧势力定归没落;所有这些道理我在当时都看不出,信不及。""总结一句:毛主席实事求是,从斗争求联合的联合政权今天成功了;我那种主观主义要联合不要斗争的联合政权本出于空想。""三十年自以为革命的我,临到末来还只有自己承认改良。"①

五月五日,先生把《何以我终于落归改良主义》文章送请林伯渠秘书长阅后转呈毛主席阅看,希望得到毛主席指教。

六月五日,先生在上文底稿末页写道:"此文最大缺点即在自

---

① 梁漱溟:《我的努力与反省》,漓江出版社1987年版,第345—431页。

己今天批判的话还没有自己讲明过去如何用心思的话多。属文之时未尝不一再删节，而删节下来犹且如是，可见胸中求为人知之念多于其自惭自悔之念。惭悔之心不切，检讨文字是不可能写好的，容当另写一文发表，此稿只留存备查。"

八月七日，毛主席邀先生面谈，这次谈话是从下午二时开始，四时结束。

毛主席说："你的自己检讨文章有好几万字，太长；我请林老阅看后，指划出重要的几段来而后我方才看的，我看上去，你思想识见有进步了，但还不够，慢慢来吧！"这次谈话，先生曾向毛主席提出想去苏联做学术研究的请求。先生说："往者迫于国难和社会问题的严重，我多年来奔走四方不遑宁处，虽然生性好用心思，有心从事专题研究而未暇。今幸在党的领导下，正好有了安居治学机会。所以要去苏联者，是要去学习巴甫洛夫高级神经活动之学。因我蓄意写《人心与人生》一书已多年，巴氏之学虽属生理学，非心理学，却与心理学密切相关，研究它，可免心理学空疏之弊。此为第一个要去苏联之由来。再一个原由，是要去苏联研究马克思主义中社会经济基础与其上层建筑关系的问题。这是在观察和衡量一种学术思想以至社会文化上如何确立一准则的大问题，我留心此问题而在国内得不到解决。"先生叙说了他曾向人民日报社编辑部理论组、陈伯达、沈志远、《学习》杂志主编等方面求教，均无结果后说："我唯有去苏联访问了。"

当先生向毛主席陈述他向各方请教时，说道："旁人不能答我的提问，却均退还我的原件，独陈伯达不给我回信，且扣留着我六千多字的原件。"毛主席笑说："你的原件现在我这里，是他拿来给我看了。"但毛主席亦置而不答先生的提问，只答复先生："要想去苏联，尚非其时。""近两年我们有不少人去苏联，大多数是参观团，在他们引导下各处游历一番而止。再则是派去的留学生，在他们安排下分门别类指导就学。但你要去的意思既不是去参观，又不是去就学于学校，而是住在那里从事一种问题研究。中苏之间虽然亲善，究竟是两个国家，他们不知你在搞什么，这是不好的，势不可行。"毛主席又说："你不是想考察了解俄国社会的传统文化、历史背景和现状么？你不如且就我们自己国内作一番社会调查。"先生曾问过毛主席有什么任务给他，以为这便是给他的任务，于是请问调查项目，毛主席说："随你要调查什么，你要到哪里就到哪里。你可以带几个助手，公家将给你一切方便。"先生感觉出毛主席的好意，不便辞拒，但内心有自己要做的事，又不想从命而行。当下含糊了之。岂料毛主席却很认真，次日即交付统战部准备先生一行出发。

先生因受张东荪之托，在这次谈话临末，向毛主席提到张东荪犯罪问题。先生讲："张的为人聪明特出，久在学术思想界享有高名，与我相熟数十年。北京城的解放，张亦是奔走城内外之一人。一九四九年建国，组织中央人民政府，列居六十名委员之一，殊不料他亲美、惧美（这时他是美国人办的燕京大学教授），竟受一特殊间谍的诱惑，甘心为美国务院作情报，窃以政府会议文件密授之。此特务被捕，供出其事，张内心慌乱，如醉如狂，寝食俱废。我对张'既恨之，又悯之'，虽无意为之求情，亦愿探悉主席将如何处理。"毛主席回答说："此事彭真来向我详细报告了。彭真要捉起他来，我说不必，这种秀才文人造不了反。但从此我再不要见他，他再不能和我们一起开会了。想来他会要向我作检讨的，且看他检讨得如何吧！"是日谈话自此而止。

先生告退时，毛主席说："不忙么！"先生说："到四点钟了。"毛主席说："那么，我们去开会。"此日中央人民政府会议地点就在隔壁勤政殿，毛主席主持会议，先生同其他政协委员列席后座。

八月九日，中央统战部徐冰副部长邀先生到统战部商谈。先生向徐冰副部长坦率说出一心想去苏联，自己学习俄文已一年多，准备随行秘书李澂（渊庭）也认真学习，已能翻译俄文书报。徐冰副部长则劝先生遵照毛主席意旨，在国内作社会调查。既去不成苏联，先生表示不愿在国内漫游。徐不能相强，只得据实回复毛主席。①

---

① 参见梁漱溟：《追记在延安、北京迭次和毛主席的谈话》，《梁漱溟全集》第七卷，山东人民出版社1993年版，第452页。

一九五三年（癸巳）

六十一岁。

在北京，住小铜井一号。

一月六日日记记着："晚，彭一湖来谈甚久。"

先生四日离京，时在武汉。

春天，从颐和园西四所迁回城内居住。

是年九月，先生由于在会上发言不慎，遭受大批判，时达一年多。

先生根据自己的日记，写出《一九五三年九月八日至十八日一段时间内的事情》一文。文中讲："九月八日午后，政协召开常委扩大会议，由周总理作过渡时期总路线的报告。报告后，嘱预会委员分几个小组讨论后，由各小组召集人于次日提出报告。九日午前分开小组会，我参加的小组召集人是章伯钧、曾昭抡。我发言大意说：'这个总路线全本于一九四九年建国时的《共同纲领》而来，当然拥护，不成问题。'同日午后继续开常委会，毛主席、周总理询问各组的讨论如何，要大家发言。我此时与张治中、侯德榜三人共坐一长沙发椅上，恰近主席台右手，周总理目视我。于是我说：'讨论的情况似可由各组召集人作报告，无需乎每个人重复其词。当然个别人愿意再发言者仍可发。'主席点头，表示同意。各组召集人如章伯钧等即分别代表各该组叙述发言情况。散会时,主席、周总理走过我的座前,特向我致意,希望我明天说说话。我接受了。""十日午后继续开会。发言者踊跃相继而来,距离散会时间不远,我即写一字条,亲自送交主席,说明我可以改用书面发言交来,不占用会议时间。但临散会,周公走过我面前说:'会期延长一天,还是请你发言。'我又应承了。"

"十一日午后继续开会,即让我发言。我发言相当长。我说:'我曾经多年梦想在中国能展开一伟大的建国运动。''几十年来我一直怀抱计划建国的理想,虽不晓得新民主主义之说,但其理想和目标却大体相合。我推想政府除了已经给我们讲过的建设重工业和改造私营工商业两方面之外,像轻工业、交通运输业等等如何相应地发展,亦必有计划,希望亦讲给我们知道。'又说:'要总路线实施有效,必须发动群众,依靠群众起来协力行之。工矿国营企业各有工会组织,即可以发动工人群众,在工商业即有工商联的组织,亦可由他们动员起来。只有农民方面在土改后大率各自为谋,虽有成立互助组者,亦不多,似应促成其组织以便动员。'次后我就北京见闻所及,提请领导上注意,指出城市工人工资生活为乡下农民所歆羡,充当一个临时小工每天可得工资一元乃至一元二角,因而农民纷纷涌向城市,市政当局又把他们推送出去。说此话时,我引用了某人①所说'工人农民生活九天九地之差'的话,对这一问题,希望政府引起重视。我的话讲完后,农业部李部长就农村工作问题作了讲话,周总理作总结时,亦作了补充说明。但他们都没有批评我的意思。我的老朋友李济深副主席还对我的发言说了赞同的

---

① 1985 年,阎秉华在给梁先生编写本年谱时,在阎一再追问梁先生"工人农民生活有九天九地之别"的话是谁讲的时,梁先生讲:"是彭一湖先生讲的。"彭曾在乡下老家住了几个月。查梁日记,1953 年 1 月 6 日记着"彭一湖来谈甚久";同年 11 月 11 日记有"鲜特(生)老来谈甚久,语及彭一湖挂念着我"。

话,他说:'计划建设应该发动群众,注意到广大乡村的工作。'岂料我引述的'工人农民生活九天九地之差'这话,嫌于破坏工农联盟而不自知。工农联盟正是我们国家政权基础,这个错误非小。当时总理似未觉察,而在他后来向毛主席报告我的发言之时,毛主席却注意了。毛主席见罪,此亦其一节。""十二日午后,在怀仁堂大会场开中央人民政府会议,听取彭德怀抗美援朝三年的总结报告,我们政协委员列席于后座。报告完毕,有人提请主席讲几句话。毛主席似无准备,在东说几句,西说几句之中,忽然说:'有人反对我们的总路线,替农民叫苦,大概是孔孟之徒吧!'没有点出我的名,隐指着我而说。散会后回家,中夜起来写信给毛主席,申明我不曾反对总路线,愿见面一为陈白。十三日星期天不开会议而有文娱晚会。毛主席派车来接我见面。见面时,我未及剖陈,梅兰芳演梁红玉抗金兵剧即将开场,左右促请主席就座,我只有随同入座,另觅说话机会。""十四日午后续开大会,陈云副总理作报告。""十五日午后续开会议,有李富春副总理的报告和高岗副主席的发言。我向主席台递一字条,请求发言。主席台上宣布准许我次日发言。"①

"十六日午后续开大会,我即登台发言,内容分三段:(一)复述九日午前小组会上我拥护总路线的话;(二)复述十一日午后政协扩大会上我说过的那些话。——把其中'工人农民生活九天九地之差'不该说的话又说了出来,就铸成大错;(三)对如何发动农民问题我愿有所建议,但建议内容涉及广泛,话又很长,改日由我向教育部陈述之。——盖我内心想把《社会本位的教育系统草案》(一九三三年写出)那一夙怀具体制度主张提供领导上考虑。

---

① 编者按:梁漱溟先生另文讲,"见到主席,欲复述十一日发言,毛主席摆手制止,并坚谓先生是反对经济建设总路线的人,即起身去看演出"。

散会后回家，自以为无事，岂知说话不慎铸成的大错，次日大遭责难。"

先生在九月十七、十八日会议上受到批评、指责，在十八日的会议上先生当众与毛主席发生了争执。

文末有一段附记："此后我即写信给政协请假在家敬候处理，对于各种集会均不去出席。顾久久不见任何动静，而有些开会通知乃至宴会请帖（如公宴外宾金日成的请帖）却仍然送来给我。我写信给陈叔通副主席、李维汉秘书长，说明因在假中所以缺席，没有赴会；同时请求给我当众检讨的机会。李有回信，说对于某些通知和请帖照常送给我，我出席或否，随我自己决定。关于我自请当众检讨一层，则嘱辛志超口头答复云：'不忙。'如是延至十二月年尾，经朋友指教，我便销假了①。转过年来，一九五四年一月，分组讨论宪法起草，我被分在程潜为组长的一组，参加讨论。所有要给我处分的话，始终不见提起，竟然一直无下文。"

先生还写有《一九五三年九月在中央人民政府会议上发言不慎的始末》一文，叙述了当时的心情、思想状况以及认识错误的经过。文中说："从九月二十日午前十一时起，我开始有觉悟。……在此之前，我总是想我遭到当局的误会。我并不曾反对当前经济建设的路线（集中主要力量发展重工业）而误会我反对；我会议上发言是出于善意而误会我有恶意。误会似由某些偶然因素造成。毛主席对我的严厉态度好像突然而来，意料所不及。我总想着辩解误会。""经旁人指点启发，从二十日午后起，我才明白今天的事情不

---

① 先生在 1953 年 12 月 3 日的日记中记着："晚间阎秉华来谈'出席问题'，颇有感情思想。当局对我最后一信可能不答，须再审察。"在 5 日的日记中记着："午后亚（陈亚三）、艮（黄艮庸）、渊（李渊庭）、仰（马仰乾）四人聚于艮家，谈阎秉华所提问题及马辉学拳之事。……"在 6 日的日记中记着："恕儿（梁培恕，先生次子）来，谈（了）销假问题。"（《梁漱溟全集》第八卷，山东人民出版社 1993 年版，第 511 页）

是突然的，而是从长时间发展来的，其责在我。"

先生在文中，检查一九五〇年、一九五一年被邀参加政协会议的态度，说："没有认识到：在内心隐微之间，我与领导和政府是分离着的。""在会议上我说某些话的时候全不顾及它怎样影响当前建设事业的进行……那是绝对不能容许我的。这便是主席态度严厉的由来，只在今天才体会到。""我试搜寻自己错误的思想根源，无疑地是在阶级立场不对。""然而单单一句'阶级立场不对'却还不足以说明我为什么在会议中流露出那般狂妄自大。——这种狂妄自大在九月十八日在中央政府会议言词之间竟失去了一个中国人民对伟大领袖和领导党应有的恭敬。""我曾是眼看着中国共产党发生以至成长起来的……我一直是同情它的革命要求而怀疑或者不同意它的行动路线。……同时自信在要求社会主义的新秩序这一点上我与共产党并无两样，所以左倾朋友对我的批评诟骂，自己总不服气，心里一句话：'难道只有你们革命！''阶级立场不对'是一般的……而'满相信自己是革命'则是个别的。走了改良之路是一般的……而其如此突出的顽强则是个别的。病根深痼，随触即发，这就是十八日那天狂妄自大、不成样子的由来。"

先生在九月二十三日还追记了九月十二日至二十日的日记，叙述了认识错误转变思想的经过。开头就说："从九月二十日午前十一时起，经宽儿（梁培宽）、眉生（富眉生）、渊庭（李渊庭）、艮庸（黄艮庸）等谈话之启发，才使我如梦中惊醒一样，开始觉悟到自己顽钝无耻，日日言'心'而心死已久，所负罪于祖国先民（吾父在内）者至深且重。"在二十日日记中讲："他（培宽）的说话给我启发最大。""宽儿的说话刚及一半，已经引起我思路上、心情上根本变化，对于自己错误之所由形成顿然有所发觉，好像通了窍，随后眉生、渊庭、艮庸亦先后说了许多话，对于我各有很大帮助。""当我有觉悟后，我的心理情况是惭愧、歉惜、悔恨、不能自容，说不出话来，亦似无话可说。可是一想让人知道我觉悟了而待要说话时，却又有许多话要说而头绪纷繁，不知从哪一句说起。"

"让我这样开头吧——觉悟前总在如何辩解误会上用思，觉悟后再不想辩解什么。觉悟前亦有反省，其反省所得便是'有气而无心'，'有个人英雄之气，而无一片恻隐之心'。自己虽知道必须是恻隐之心代替英雄之气而后可，却思来想去不过一句空话，一抽象道理，茫然无措手处，不能实践。觉悟后，恻隐之心顿然现前——惭愧不能自容，就是恻隐之心。"

"觉悟前亦知道'自高自大'不对，却抛不开它，而且正在依它为话。觉悟后惊惧于'自高自大'害死了我，一定要彻底粉碎它我才得救。"

"觉悟前正所谓顽钝无耻，心死已久，觉悟后，此心才稍稍苏醒起来。"

九月风波之后，先生再未见到毛主席。

先生初次见到毛泽东主席是在一九一八年。据先生讲：先生堂兄梁焕奎，在清末曾任湖南学日（语）学生学监。杨开慧父亲杨昌济报考学习日（语），是梁焕奎主持录取，并护送到日本。杨昌济称梁焕奎为老师，关系较好。梁焕奎来北京时住先生家中，而当时（一九一八年）杨昌济与先生同在北京大学哲学系执教，杨到先生家中看其老师，因而先生有时也到杨家回拜，毛泽东开门，因而多次见到，但很少交谈。不料三十五年后，在新中国的中央人民政府委员扩大会议上，先生与毛主席发生了争执。先生没有认识到，他与毛主席的争执，实质关乎我国的工业战略，关乎中国共产党提出的过渡时期总路线。朝鲜战争刚停战不久，虽然我国取得了胜利，但也凸显了工业实力不强、武器装备落后给稳定战局带来的制约和影响。这种强烈对比，使得加快实现中国工业化、国防现代化的客观要求更为紧迫。面对美帝国主义的战争威胁和西方国家的经济封锁，在当时的国内外环境下，增强综合国力，实现工业化是必然之举。对于我国是落后农业国的底子，实现工业化必须全民集中财力，艰苦奋斗。针对当时社会上呼吁要政府"施仁政"照顾农民的观点，毛主席在十二日中央人民政府委员会扩大会议上分析说，所谓仁政有两种：一种是为人民的当前利益，是小仁政；另一种是为人民的长远利益，是大仁政，重点应当放在大仁政上。毛主席指出，现在，我们的重点应当放在建设重工业上。要建设，就要资金。所以，人民的生活虽然要改善，但一时又不能改善很多。就是说，不可不照顾，不可多照顾。不能照顾小仁政，妨碍大仁政。

先生还将《一九五三年九月在中央人民政府会议席上发言不慎的始末》及追记日记，让李渊庭送林宰平先生看过。信中讲："公所怀而谆嘱者，前经渊庭见告具悉，兹以最近所写两件奉请阅看，以慰垂注，两件拟于星期四再由渊庭取回。"

一九五四年（甲午）

六十二岁。

在北京。

一月，全国政协在京委员分组讨论宪法起草，先生分在程潜为组长的一组，出席参加讨论。

十二月，全国政协召开第二届全国委员会。在全国人民代表大会已经召开（九月），《中华人民共和国宪法》已经颁布之后，政协的性质不再代行国家权力机关的职权，成为"团结全国各民族、各民主阶级、各民主党派、各人民团体、国外华侨和其他爱国民主人士的人民民主统一战线的组织"。在这次会议上，通过了《中国人民政治协商会议章程》，并选举了新的领导机构。先生继任全国政协委员。

是年，先生着手写《伍庸伯先生传略》，未完稿。

报纸、杂志继续刊出对先生思想批判的文章，并在中国科学院开过几次座谈会。

大约在春夏之交，中国科学院组织了批判先生的小型会，由潘梓年同志主持，郭沫若先生等多人出席。李渊庭陪同先生参加这个批判会。

一九五五年（乙未）

六十三岁。

在北京。

七月，写《人心与人生》自序。此为第二次写，第一次是在一九二六年五月。先生讲："我以此题所作讲演约有过三次。一次在一九二六年五月，一次在一九二七年二月，一次在一九三四年或其前后。"①

写《至情动人——读〈卓娅与舒拉的故事〉》一文。此书是苏联卫国战争中的两位青年烈士卓娅与舒拉的母亲所写。她回忆抚育这两个孩子和他们在成长过程中表现出的优秀品质。先生在文中甚赞此书说："而为母氏者，顾从其自身结缡说起，于其家人间夫妇、亲子、兄弟之情缕缕焉委婉言之，亲切自然，至情动人。由是而知其子（女）忠烈固自有本有素，非发见乎一朝。正唯其琐细逼真而临无枝蔓，无冗赘，不意存说教，乃所以其感人者弥深也。呜呼！此母固不凡矣！慈爱、孝友、忠贞自昔中国人好言之，而如此至文犹不多见，吾是以不能不深深叹美之也。"全文约七千多字。对有教育意趣段落，边摘录边议论，最后指出："卓娅、舒拉二子成就

---

① 梁漱溟：《人心与人生》，"书成自序"，《梁漱溟全集》第七卷，山东人民出版社1993年版，第978页。

与其父母之家庭教育是分不开的。"①

是年,发表《告台湾同胞书》,呼吁"台湾同胞归来欢聚","使祖国统一达到完整无缺"。②

---

① 梁漱溟:《读〈卓娅与舒拉的故事〉》,《梁漱溟全集》第七卷,山东人民出版社1993年版,第787—798页。
② 《梁漱溟先生生平》。

一九五六年（丙申）

六十四岁。

在北京，住小铜井一号。

随同政协委员到甘肃视察。在甘肃约有五十天。在兰州视察了私营工商业的社会主义改造和手工业的合作化，在榆中县、皋兰县视察了农业合作化。

在政协学习会上，先生首先谈了这次出去视察的观感，说："私营工商业的改造和手工业的合作化是稳步前进的——前进的不慢，……农业方面呢，进展的好像太猛，然而至少基本上是健康的。""在榆中，在甘肃省原来参加合作组织的农户，不过农户总数的百分之二十左右，而现在提高到百分之八十以上接近九十了，这不是好像太猛了吗？"

先生还谈了两年来对他展开思想批判的感受。先生讲："去年一年对我的思想批判除了见于报纸和杂志所刊载的而外，还曾在科学院开过几次座谈会。在报纸杂志上，我没有作过任何表示，只在一座谈会上，我曾表示我拥护这一批判运动。当时郭沫若先生说，他对我说的话是否'由衷之言'要打个问号。""郭沫若先生要打问号那就是说：你内心里真是这样吗？怕不见得！对的，我内心里并不像口里那样简单直捷，内心是有矛盾有斗争的。""古人有

'闻过则喜'的话，我在去年看到的各篇批判文章，还不能说对每一篇的每一处都心悦诚服。""有没有抗拒心理呢？有的，不过终于克服了它。""唯其克服了它，那么，就不算'言不由衷'吧？"先生谈自己克服抗拒思想的过程是从四方面思考的："第一，就是自己问自己，在过去多年来从思想到行动是不是错了。自己点头，是错了；既然错了，还有什么话说？""我自己究竟错在什么地方？……那就是在阶级问题上。过去我过分强调中国的特殊性，一贯地拒绝以阶级眼光看中国社会，以阶级斗争来解决中国问题，满相信自己超身在阶级外，原来恰是站在具有反动性的那种阶级窠臼中。""因此，尽管有的文章对我批判的许多地方与过去事实不尽相符，心里有时似乎还不服气，而早已用不着什么不服气了。""第二，就是要把今天的我和过去的我分开。""这亦是在认识到阶级立场这回事真有其事，才懂得要分开的。""第三，就是慢慢懂得过去自己的反动行径是可憎恨的。""第四，就是从共产党领导建国以来，我们的成就太大了。国内建设一日千里，外交军事光荣胜利，国际威望日隆，都是从来没有的事情，甚至是原来不敢期望的事情，令人兴奋感动地落泪。就是这个吸引人鼓舞人的力量太大了。它使你心胸顿然开阔、奋发，忘记一切琐琐碎碎支支节节的个人私事；使你热爱祖国、热爱政府，团结的感情加强，泯忘了彼此。……而新的规划（五年建设，改造黄河等等）、新的收获、新的胜利，继起迭出，又在欢欣鼓舞着你，谁不想投身在行列之中，随从大家一堆往前走！就在这种伟大的感召鼓舞之下，我不可能有别的心情，只有甘心情愿尽力拥护政府所倡导的一切运动——包含批判我的思想运动在内，让一切事业进行得更顺遂。"一九七六年四月，先生在此文末批："此件内容实在足以代表当时的我。"[①]

[①] 政协会上的发言稿。

在早年所写《悼王鸿一先生》一文后批注："此文写于一九三〇年，其时吾于共产党缺乏了解，且有偏见，故尔出语不合。然此文可存，此语不必改，以存其真，且志吾过。"①

是年夏，先生曾到北戴河疗养，因患失眠病，曾到北戴河气功疗养院向刘贵珍医生求医，得刘指点气功，颇有疗效。

---

① 梁漱溟：《悼王鸿一先生》，《梁漱溟全集》第五卷，山东人民出版社1992年版，第189页。

一九五七年（丁酉）

六十五岁。

在北京。

一月上旬接到全国政协通知，将举办专题分组座谈讨论会，有政法、政协工作、医药卫生、文化等问题小组，请报名参加。

先生从本月十二日上午开始到政协参加专题小组座谈会，上述四个小组的座谈会都参加，有时两个专题小组同时召开，他采取先到一个小组听听，然后到另一个小组。常常是上下午都有会，先生总是按时到会，但抱多听少讲话态度，直到二月底各小组先后结束。

各专题小组座谈会内容主要是摆出本专题工作存在的主要问题，探讨解决问题的建议。

一月十八日中午十二时半，先生带夫人陈树棻到全国政协听播放邓小平就《再论无产阶级专政的历史经验》一文所作发言录音，到下午六时始完。先生在当日日记写评论说："甚敞亮、深透、诙谐，盖今日领导之风也。"

二月十五日下午到政协参加特约组会议，由统战部长李维汉主持，说全国政协大会推迟，先分组讨论。先生被分配到第二十五组。

二十七日下午到怀仁堂听李富春报告第二个五年计划，却临时改变成毛主席讲话。毛主席讲话分为十二点，直到晚七时散会。

二十八日收到政协发来的参加最高会议通知。三月一日下午四时到怀仁堂参加最高级会议，听报告，最后毛主席讲话。散会已过晚九时。先生在日记中未讲会议内容，只提到遇见的几位熟人，没有民盟领导层熟人。

三月间除参加上述会议外，还多次参加建立广西僮族自治区（1965年改名为"广西壮族自治区"）座谈会。

周总理召集少数知名人士，座谈关于成立广西僮族自治区问题。先生应邀出席，并讲了话。先生赞成立广西僮族自治区，并说："一让两有，一争两丑。汉族与少数民族都要互以对方为重。"

周总理在这次座谈会的总结发言中讲："今天，汉族应该多多地替少数民族设身处地想一想，不要让他们再受委屈，应该使他们也能得到较好的发展条件。只有汉族主动地替少数民族着想，才能够团结好少数民族。……我同意梁漱溟先生在这次会议上说的一句话，要'互以对方为重'。"[①]

从一月到六月九日先生的日记[②]看出先生已处在正常生活状态，心情平静，精神亦佳。

[①] 《周恩来统一战线文选》，人民出版社1984年版，第337页。
[②] 梁先生在"文革"初期被"红卫兵"抄家，全部日记被抄走，发还时没有全部发还，如一九五七年六月九日至一九六〇年全年的日记就没有发还。

一九五八年（戊戌）

六十六岁。

在北京。

三月十五日，广西僮族自治区成立，先生参加了成立大会。在成立大会前后，先生受周总理委托，与陈迩冬、陈此生、载涛同行，先后到梧州、南宁、桂林、柳州等地，与各界接触，宣传民族团结，积极促成自治区成立。

一九五九年（己亥）

六十七岁。

在北京。

一月下旬，动笔写《人类创造力的大发挥大表现》一文。先生写此长文，目的是"试说明建国十年一切建设突飞猛进的由来"。文中开头讲："我国十年来一切建设突飞猛进，使全世界为之震惊失色，人类创造力发挥表现之大观莫有过于此者。若问创造力固为人所固有，何以一向顿滞而独于此时此地得到如是大发挥大表现，则其功要在于中国共产党和毛主席领导的得法，这是自明的事实，可无待赘言。人们所应当想一想的，乃在其领导何以这样得法而竟收功若此。本文即试图说明其理。这不外是我个人在学习中一些粗浅的体会。"

解放后，先生从领导同志们的报告，阅读报纸杂志和有关生产建设情况的小册子中，摘录积累了不少有关我国各方面建设情况的资料，为写此文提供了方便。①

---

① 梁漱溟：《人类创造力的大发挥大表现——试说明建国十年一切建设突飞猛进的由来》，《梁漱溟全集》第三卷，山东人民出版社1990年版，第414页。

一九六〇年（庚子）

六十八岁。

在北京。

春夏之交，由李渊庭陪同前往山东济南、菏泽、郓城、邹平农村视察，了解农村生产情况和农民的生活情况。在菏泽曾到乡下看看。先生走进一农民家，从搁架上取出农民的食品看看，边看边紧皱双眉。那农民家的食品是用草籽做的，又黑又坚硬。在郓城时，县里设宴招待，摆了好几桌酒席，先生很不安，曾有所表示。

继续写《人类创造力的大发挥大表现》一文。

一九六一年（辛丑）

六十九岁。

在北京。

一月，《人类创造力的大发挥大表现》一稿写完。全文将近六万字，内容分十大节：（一）问题之提出及其答案；（二）人类创造力的发挥及其阻碍；（三）全国统一领导权之建立；（四）把人民争取过来的过程，就是领导权建立的过程，人们是如何便被争取过来的呢？（五）六亿人走社会主义的道路，其力量成为无法估计的雄奇；（六）从资本主义再讲到人类创造力；（七）从社会发展史上来看人类创造力；（八）资本主义、社会主义所唤起的人类创造力深浅不同；（九）集中领导、统一规划——社会主义的优越性；（十）大大调动了群众的积极性和创造性。

文中引用资料虽然不少是"大跃进"时期发表在报纸、小册子及部分领导讲话，难免有失实之处，但先生从"很久走着下坡路的中国人，自从全国解放后扭转过来走着上坡路"。这一客观事实着眼探索毛主席、中国共产党"领导何以这样得法而竟收功若此"的关键所在。在边议边论中表达了他自己的认识。文中说："人生无目的之可言，假如有的话，那就是创造，无尽的创造。""是什么力量常常在阻碍人类创造力的发挥表现呢？""问题恰出在人们自己身上。这就是人们的活动远未能时时都从人类这大立场出发，共同对大自然作斗争，而却有数说不尽的斗争或明或暗起于人对人之间。""试问：人们既把他强大的活动力很多很多用来你对付我，我对付你，而不是用于对付自然界，从人类创造力的发挥表现来说，岂不是受到无尽的阻碍和埋没吗？""人对人的斗争岂止牵制阻碍了人类的创造和进步，甚且把建设起来的成绩加以破坏毁灭，以致不前进而倒退，其事例莫过于战争。""唯有人们站在全人类这大立场而活动时，方当真符合人类创造力的发挥表现之义。然而这在人类历史发展只不过到今天这样地步，还差得远。""现在我们正是这样，守定国家立场而极力要求世界和平，倡导着全人类的这更大立场。"

文中讲，共产党和毛主席之领导得法，"第一最大关键之所在是'掌握了中国国家机构'，'掌握了领导权'。创建这领导权是其实行有效领导的第一步"。文中讲："了解人们，同情人们，依靠人们去解决人们大家共同的问题。""善于领导群众是毛主席最大本领所在。"并说："共产党毛主席领导国人从事建设，其所以得法的根本一着，要在走社会主义道路。""而社会主义呢，正是一定要使人们的心思力气直接地或间接地都在对付自然界以求利用厚生。""只有人们向于自然界用力，乃得有生产有创造；否则，落于人对付人之间，不仅坐食消耗，更且于生产创造肆其阻碍和破坏。"

文中依据多年来——主要是"大跃进"时期——搜集的资料，对如何领导生产建设归纳了八点经验：工业方面，例举上海、哈尔滨、长春等地一些工厂的经验，赞扬在生产中签订集体合同和联系合同；农业方面，例举贵州、辽宁、湖南、上海、山西、四川等地经验，赞扬了包产办法，善于调动安排劳动力。但指出："在包产上必当注意的，就是事事要落实，不可因其在跃进气氛中而指标偏高。偏高了，群众心里面不承认，不唯不起作用而且大大害事。"

并说:"集体的事情,一定要归落到其成员个个人身上乃为落实。""'落实'二字是万不可少的。"

最后点到:"本文是在讲,由于共产党毛主席领导得法而人类创造力乃大得其发挥表现。怎样你就会把人领导得法呢?人类创造力怎样就会被你发动起来呢?那必须你深深理解人心或人情——或说人类这一最高等的生命。""中国共产党在这里有着深厚的根基让我们在它领导下不至于事权过分集中而群众只消极被动的那种毛病。"[1]

是年,先生阅读熊十力先生著作各书,四月初旬着笔写《读熊著各书书后》;七月在海拉尔避暑时又写《熊著选粹》一文。前者约三万四千多字,后者约一万二千字。前者历数熊著各书错误、荒诞之处,后文则是念及"熊先生之学固自有其真价值者"而选录。[2]

是年,为张次溪先生所藏刘炳堂先生画册题识。

---

[1] 梁漱溟:《人类创造力的大发展大表现——试说明建国十年一切建设突飞猛进的由来》,《梁漱溟全集》第三卷,山东人民出版社1990年版,第518—519页。

[2] 梁漱溟:《读熊著各书书后》,《梁漱溟全集》第七卷,山东人民出版社1993年版,第734—786页。

一九六二年（壬寅）

七十岁。

在北京。

写《读熊著各书书后》一文。

写上文引起往事回忆，因而又写出《略记当年师友会合之缘》。在《略记当年师友会合之缘》一文中，首先提到的是一九一九年与熊十力先生认识和交往的经过，从而引申叙述当年师友会合过程。

一九一六年，熊先生首先给先生来一明信片，大意云："你写的《究元决疑论》，我读到了，你骂我的那些话却不错，希望有机会晤面仔细谈谈。"先生与熊先生彼此相交往即由此开端。

熊先生从天津来到北京之后，不久即移居地安门吉安所先生租赁的房子，与先生和先生的数名学生同住共学。后来凡是从先生问学或随先生做事的朋友，大都亦称熊先生为师，且有结下多年密切关系者。

文中既叙述了结交朋友，引进青年学生的由来，亦表述了对一些朋友和学生的感怀。结纳朋友和引进青年学生主要有三个方面：

一、发表《究元决疑论》后，引起知识界一些人士的注意，从而交往认识者，有熊十力、林宰平、伍庸伯和蔡元培先生等。

二、在北大讲演《东西文化及其哲学》及出版该书后，引进的青年和结识的朋友则更多。

先生于一九一七年到北京大学哲学系执教,当时正是"五四"运动前夕,国内部分知识分子接受西洋近代思潮(代表资产阶级的)似较以前为深入,而现代思潮(代表无产阶级的)则适于其时发端。整个学术界风气是极其菲薄东方固有学术的。先生则倾心东方古人之学,在精神上因而感受到一种压迫。先生为在自己思想上解决这个问题,经进一步钻研、比较东西文化,并在北大开始讲演《东西文化及其哲学》,在讲演中提出再倡中国古人讲学之风,与近代的社会运动结合为一的主张,所以要聚会一些朋友同志。先生的讲演,由同学笔录,后来出版。当时有人响应先生号召,除北大一些学生如陈亚三、黄艮庸、朱潜之等与先生聚会外,还有一些人从外省远道来投奔先生,如四川的王平叔、张俶知、钟伯良,广东的云颂天等。先生在地安门内吉安所租一房子,为这些朋友、学生同住共学之用。

由于陈亚三先生的介绍,又认识了山东的王鸿一先生,并应王鸿一先生之邀请,到济南讲演《东西文化及其哲学》。

三、由兴办学校而聚会的朋友和引进的青年,有的相从数十年不离者,如办曹州高中而聚会的朋友有:徐名鸿、钟伯良等先生;学生有李渊庭、武绍文、高赞非、席朝杰、吕烈卿等。

文中还谈到认识李济深、陈真如、张难先等先生的经过。已分别写在认识时年月。兹不赘。

文中讲:"艮庸、亚三同我的关系皆以北大同学之故而略先于平叔。我讲印度哲学,颇涉及人生问题。艮庸坐听,似深深触动其衷怀,次日访我于家。此即结交之始。当时愚所讲实为后此《东西文化及其哲学》长篇讲演之一部分。"①

在朋友中，先生甚赞林宰平、王鸿一和伍庸伯等先生；讲林先生"其人品之可钦敬，其学识之可佩服，为我一生所仅见"。先生讲，一九一六年，林先生看了《究元决疑论》后托人致意，约会见面，从而结为至交者。

先生甚赞伍庸伯先生"真切不苟"；王鸿一先生"其思想正富于人民性，其人富于革命性，其内蕴之侠义骨气直可平云"。

在学生辈中，甚赞王平叔先生，能主动帮助人；并说："关系最深，踪迹至密，几于毕生相依聚者，则为王平叔、黄艮庸、陈亚三。"

---

① 黄艮庸先生是先生侄婿（梁培昭先生的丈夫），是民盟中委，于1961年到民盟中央工作，负责编写"盟史"。在十年动乱中受到冲击，回到广东番禺劳动。1972年落实政策，回到北京。1976年因病逝世。

一九六三年（癸卯）

七十一岁。

住北京。

从残存的这一年三月至九月上旬及十二月的日记看来，先生在这一年生活的平静、和谐、舒适、比较愉快。

先生仍坚持早晨四五点钟起床，漱洗后写稿或读书，七时左右吃过早饭后即到公园散步、习拳、读书。有时同夫人一起去，有时携孙儿去，常常一天上下午都要去公园散步、读书。先生与身边的学生陈亚三、李渊庭（秘书）和朋友马仰乾、郭大中每周约定在公园见三次面，一般在每周一、三、五上午八时在约定地点聚会，习拳、讲学或聊天，十点半左右分手，有时在每周二、四、六三天，在下午聚会，如研究先生写稿内容则在家中。他们聚会多数在北海公园、紫竹院、中山公园、景山公园等地，比较固定一段时间才改变，有时到颐和园、香山、八大处一游，有时聚会李渊庭家，保持经常见面联系。先生自己一个人有时带孙儿顷东还常到动物园散步、读书。先生喜欢大自然景色，爱赏花，初春看桃杏花、玉兰花、海棠花，初夏看荷花，秋赏菊花，在日记中一一予以评论。特别是在看到他自己在自家四合院栽种的桃树、杏树开花，很高兴地在日记中一记再记，说美极，不但赞花美，还记着摘了多少果实，赞其香甜美味。

先生次子培恕夫妇这年不在北京，留下一个三岁男孩梁顷东上幼儿园。先生每星期六亲自到幼儿园接孙儿顷东回家，星期一早上又亲自送回幼儿园。接回孙儿后，他亲自照料，夜里睡一起，要起来两三次照料孩子，因而睡不好。早上又亲自照料孙儿，早饭后携小孙子到公园散步玩耍，有时到中关村北京大学长子梁培宽家。培宽夫妇有一儿子顷元，比顷东大，是先生长孙。先生与顷东孙儿或在儿子家午饭，喜看顷元和顷东两小兄弟玩耍，或与培宽一家三口同到颐和园游园、进餐，备享天伦之乐。

七月底，先生随同全国政协组织的避暑小分团（政协委员）到大连避暑。从北京坐火车到天津，改坐"民主十一号"轮到大连。第二天早晨五时，先生到船头看大海，遇李云亭，两人闲聊，语及广西壮族自治、少数民族问题在苏联与中国的不同，因而又谈到中国文化、儒家思想等等，清华大学学生（同船者）围听者甚多。下午，许多学生来找先生，要求谈过去的事情，先生只谈了陈独秀、李大钊的事，"不欲谈他事"。

先生在大连待了一个月，仍坚持平时生活习惯规律，除随众参观、参加学习外，心思多用在继续写伍庸伯先生传记，读伍先生讲《大学》的记录，读严立三著《大学》，研究伍、严两家讲《大学》的异同，"发现严著中其于古本（《大学》）有意见，似可取而无碍于伍的解说"。从八月十九日开始"思索写严伍两家解《大学》，恰为识'仁'之两条大路"一文，当日下午就着笔。①

先生在大连期间交往交谈较多者有董渭川、朱光潜（同住一房间）、王历畊、顾颉刚等先生。

先生八月三十一日下午离开大连，九月一日下午回到北京，又

---

① 梁漱溟著《〈礼记〉大学篇伍严两家解说》一书1988年由巴蜀书社出版。

开始其正常有规律的生活。

此年阅读的书籍：《物理学》、《心理学》、《佛家名相通释》、《十力语要》、《日本哲学史资料》、《日本之古学及阳明学》、《瑜伽教徒》、《红旗》（杂志）、《道教协会会刊》、《人体解剖》、《灵枢经》、《物理学进化论》、《内经》、《生理学》、《大学》（严伍两家讲）、《易经》、《人是机器》、《自然科学家的唯物主义》等，此外还阅读了《内经五运六气及峨嵋十三经》"有关'神经'解说之说"，并看了自己早年所著《印度哲学》等书。

一九六四年（甲辰）

七十二岁。

在北京。

二月二十二日，先生听了北京市委张大中同志所作朝阳区"四清"运动的报告。先生说："他末尾的话使我顿然忆起夙日心怀社会主义社会必须以德育代法律制裁的思想。"

三月十七日，参加全国政协在京委员西城组的学习讨论会，学习一九六三年党中央有关农村工作问题的两个文件。先生在学习会上发了言，主要引证马克思、列宁著作中有关阶级、阶级矛盾问题和无产阶级专政的论述，说明自己对马列主义者与修正主义者不同的认识，无产阶级专政的必要，说明我们是符合马列主义的。①

三月十八日，到史家胡同章宅访问了章行严先生，事后写有《访章行严先生谈话记》一文。文中记述了章先生与先生"漫谈往事"数则。首先谈起的是先生族兄梁璧园先生（焕奎）。章先生讲："璧园先生往昔在长沙主持实业学堂时，聘张溥泉先生（继）等多人任教员，章本人原在其内。璧园先生发现他年纪轻，劝他宜求学深造，不必当教员，章既纳忠言，至今不忘于怀。"他们由谈

---

① 学习会上的发言稿。

璧园先生而谈到杨怀中先生（昌济，杨开慧烈士之父亲）。先生讲：一九一八年毛主席初到京时，住豆腐池胡同杨怀中先生家中，而璧园先生则住缨子胡同先生家中。杨怀中先生和先生当时同在北大哲学系任教，相识。但杨时常来先生家主要是看望璧园先生，毛主席习知其事。先生还谈及杨怀中先生与璧园先生之交谊非泛泛，杨称呼璧园先生为师。章先生大讶不解，先生因告以："璧兄建议省当局从乡试落第诸试卷中，择优选取若干名送去日本留学。当局既嘉纳其议，即属璧兄任其事。经选定后，当局又派璧兄为留学生监督，率领东渡。彼时杨先生适被选取又随同东渡，此即其奉璧兄为师之由来也。"章先生遂谈到他介绍杨怀中、李守常（大钊）进北大之事。[①]

此文将近两千字，还记述了章自己谈的一些经历及与李守常先生相识经过。

六月上旬，先生曾与部分政协委员一道，到山西太原视察。

秋季，由李渊庭陪同前往唐山、抚宁、遵化、北戴河等地城乡视察。

十二月，全国政协召开第四届委员会，先生连任全国政协委员。

[①] 参见梁漱溟：《访章行严先生谈话记》，《梁漱溟全集》第七卷，山东人民出版社1993年版，第114—116页。

一九六五年（乙巳）

七十三岁。

在北京。

撰写《答李觉同志追论上年我在太原的一次发言》。全文分三大段落：一、回忆了当时发言大意及其措辞立言；二、发言的思想背景或由来；三、说一说自己思想上究竟有没有问题。①

先生回忆在太原发言的主要内容，是说明德育——政治思想教育——在社会主义教育运动中的重要意义，它不能以刑法、政令代替。在发言中曾引证苏联在斯大林时代只想依靠行政命令、刑法，而不抓思想政治教育的错误，说明苏联变修，斯大林也有责任，非赫鲁晓夫一人铸成其事。并阐述了中国共产党在毛主席领导下，重视政治思想教育工作（德育）的正确，特别折服。

先生所以这样讲，是由于一九六四年二月间在北京听了张大中的报告，触发了自己早年主张社会主义社会必须以德育代法律制裁的思想回顾，因而有太原发言的由来。先生最后谈到自己说："四五十年前怀抱社会主义思想，而所走道路与中国共产党背道而驰。""就在阶级问题上半通不通。我懂得一切国家莫不构成于阶级统治……然

---

① 手稿，未发表。

而我反对以阶级斗争解决中国问题。因我以为阶级斗争只能分化中国人，而团结不了中国人（注意：不通就在此）。不能团结中国人，就不能解决中国问题，所以要反对。谁知今天中国空前的统一稳定，竟是毛主席以阶级斗争团结中国人而成功的。我在阶级问题上的开窍，把阶级观点接受下来，始于学习《矛盾论》，自悟其一向置身矛盾之外之非。上年三月十七日我在西城组学习会上的发言，专谈阶级问题一个小时，可以代表我现在的见解主张。"

先生几年来，认真读了不少马列主义和毛主席的著作，并且认真阅读了报章杂志上的有关文章，从几次发言所引证的经典著作论述可见出。他的发言本想说明自己的新认识、新观点，在当时已经极"左"的气氛中，却又引发了一次对他的批判。他写上文，即是对这一次批判他的总答复。

是年，在《悼王鸿一先生》一文后批注："此文写于一九三〇年，其时吾于共产党缺乏了解，且有偏见，故尔出语不合。然此文可存，此语不必改，以存其真，且志吾过。"

一九六六年（丙午）

七十四岁。

住北京小铜井一号。

七月十九日，写完《第四段话（续前）》。

这是续《答李觉同志追论上年我在太原的一次发言》一文。

在这一段，先生一上来就讲述他与中国共产党的所同与所不同。

先生讲："中国社会出路在走向社会主义而非重复走欧美资本主义老路，此一认识为四十多年前我与中国共产党之所同。为了从计划经济建设社会主义，先要有全国统一稳定的革命政权之建立，此一要求又为我与中共之所同。所不同者，在如何建立此一政权问题上，中共走一般革命之路，即阶级斗争之路，我则根据我对中国几千年社会之认识和近百年中国问题之认识，判断其走不通。但今天事实证明中国共产党在毛主席领导下却居然走通了。而我自己所设想并致力的一条路则完全落空。"

先生检讨自己那一判断的错误时，认识到："毛主席真懂阶级，而我则……并没有真懂阶级。""（一）毛主席所以成功之理，是在以分求合……即在阶级社会中从反剥削入手以求团结一切反剥削的人。（二）武装斗争是毛主席成功之本。（三）统一战线的工作初不亚于建党工作。（四）毛主席成功之本中之本，是结合中国具体情况活学活用马列主义……先解放农村，以农村包围城市，最后解放大都市。"

先生检讨了自己不懂阶级，列身阶级之外以及不分敌我等等错误后讲："今天自己想来，革命是谈不上，甚且不自觉地早落于反革命。但我一生不贪安逸，不图享受，为国难而奔走四方，甚且抗战时跟着游击队昼伏夜行于荒野山沟，颇有些不怕苦、不怕死的样子，究竟是怎么一股劲儿在支配着我呢？静心反省，虽则衷怀有爱国感情（对祖国的责任感），却夹杂着意气自雄的个人英雄主义，而远非忘我的革命英雄主义。""我的思想改造，首先应当消除自高自大的个人英雄主义（这种感情思想只能出自剥削阶级）。""避免重蹈唯心旧习。"①

八月二十四日，突闻敲门声急，先生赶紧去开门，红卫兵蜂拥冲入。不容分说，大家就动手：开箱、倒柜、翻抽屉、撕字画、砸古玩、烧图书……梁氏三代的藏书、明清名家法绘、从戊戌维新到东西文化论战的各家手札等文物古籍，在院子里烧了好几天。先生说："这些东西，是我曾祖、祖父和父亲当了三代京官陆续购买的。"②

所有手稿、衣物均被红卫兵抄袭而去，先生居住的正屋被红卫兵占据，作为"司令部"，并"勒令"先生与陈夫人移住在靠近大门的一间小南屋——原是堆放扫地扫帚等杂物的小屋。先生与夫人最初几天是席地而卧，无被褥，只穿随身单衣。他们在小南屋只能栖身、避风雨而已。先生讲："来的是北京市一二三中学的红卫兵，

---

① 先生手稿。
② 梁漱溟：《我的努力与反省》，附录"梁漱溟先生访问记"，漓江出版社 1987 年版，第 433—450 页。

还'勒令'内人陈树棻跪在地上吃生丝瓜,我讲了句:'她那么大年纪了(约七十岁),不要折磨她了。'就喝令我也跪下。"先生时年七十四岁,到二十九日夫人被打成重伤,卧床。红卫兵"勒令"先生与夫人每天早上打扫街道、厕所,限制行动自由。

老舍先生就是在这一天(八月二十四日)在新街口外太平湖"舍身投湖"的。

九月五日,先生征得红卫兵同意,与夫人将铺板、小方桌搬进小南屋。天冷,先生将毛巾缝接短裤,穿在里边以御寒。七日,才准上街买食品,然身上只有十元四角四分钱。由于睡眠不足,精神气力都不好。

九月下旬,一天傍晚,先生到太平湖畔吊唁老舍先生,一个人坐在路旁的椅子上掉泪。据说先生是"第一个来湖畔吊唁老舍先生的人"。①

先生身处恶境,景况艰苦。先生讲:"自九月十三开始想,应当致力于反躬自修,勿虚度时光。悟口称佛号在唤醒自心,克化一切昏昧渣滓,自修应在此。般若波罗密:布施、精进、忍辱、戒、定、慧,时念之,并作偈语如下:(一)一声佛号观世音,声声唤醒自家心,即心是佛佛即心,心佛众生不差甚。(二)一声佛号观世音,声声唤醒自家心,此心好莫昏昧去,留得当前作主人。(三)心净如虚空,永离一切有,施舍一切无所吝,亦无所施能施者,此是布施波罗密。(四)心净如虚空,永离一切有,嗔心不起能忍辱,亦无所忍与能忍,此是忍辱波罗密。(五)心净如虚空,永离一切有,精进不懈于修持,而实精进不可得,此是精进波罗密。"

先生以佛家所应持人生态度自勉。

---

① 《记老舍先生投湖后的三件事》、《第一个来湖畔吊唁的梁漱溟》(《新观察》1988年)。

先生由于不愿虚度时光，在手头无任何书籍和资料的情况下，于九月下旬凭记忆开始撰写《儒佛异同论》一文，于十一月十日完稿。

《儒佛异同论》全文分三大段，约万余字。文中讲儒佛两家"为说"的同与不同。先生在文中讲，儒家与佛家"同是生命上自己向内用功进修提高的一种学问"。"儒家立足于人生上，归结在作人上，佛家则总是超开人来说话，所谓'破二执断二取'，归结到成佛，但其所说内容为自己生命上一种修养的学问则一也。佛家是宗教，儒家则否。""孔子正要稳定人生"，"他（孔子）给人以整个的人生。他使你无所得而畅快，不是使你有所得而满足；他使你忘物、忘我、忘一切，不使你分别物我而逐求"。"何言乎忘物、忘我、忘一切？信如儒家所云礼乐斯须不去身者（《礼记》原文：礼乐不可斯须去身），人的生命时时在情感流行变化中，便释然无所执着，则物来顺应，一任其自然哀乐之情而不过焉，即在遂成天地大化之中而社会人生予以稳定。""在社会生活方面，佛家是走宗教的路，而儒家则走道德的路。……道德在乎人的自觉、自律；宗教则多转一个弯，俾人假借他力，而究其实，此他力者不过自力之一种变幻。"

文中指出："试看生命活动岂有他哉？不断贪取于外以自益而已。""物类生命锢于其形体机能；形体机能掩盖了其心。人类生命所远高于动物者，即在心为形主，以形从心。""佛家期于成佛，而儒家期于'成己'……亦即后世俗语所云'作人'。……此即儒家根本不同于佛家之所在。""然而作人未易言也，形体机能之机械性势力至强，吾人苟不自振拔以向上，即陷于俱生我执，分别我执重重障蔽中，而光明广大之心不可见，将终日为役于形体而不自觉，几何其不为禽兽之归耶？""是故儒家修学不在屏除人事，而要紧功夫正在日常人事生活中求得锻炼。"

先生在文中最后指出:"一切学问皆以实践得之者为真,身心修养之学何独不然?"①

末尾写着:"一九六六年十一月十日写竟于小南屋。"这十六个字,既反映出先生当时艰苦的现实生活,又表现出先生当时坚定做学问、致力人生修养提高的实践,同时也反映出先生对当时这场大浩劫的认识。

文章层次分明,论断精确,词语简捷,完全不像正在遭受折磨中的人写出来的,见出先生向内用功进修甚高的境界,读之令人肃然起敬。

先生从一九六〇年起再次继续撰写《人心与人生》,至这年夏,已写出七章,被红卫兵抄走。先生为此在九月十日给毛主席写了一封信。信中略述被抄家、批斗情况后,讲:"我尚未写完的《人心与人生》一书底稿,被红卫兵抄家时抄走了,希望毛主席设法把这个稿子发还我,以便我继续写下去。""这个稿子千万毁不得,如果毁了,我生于斯世何益?"同月二十四日,《人心与人生》原稿就退回来了,并发还了被抄走的现款与存折。先生很高兴。②

先生被红卫兵限制自由半个多月,九月八日才准予上街理发、采购食品。

全国政协于九月十四日通知先生领工资,发给百分之六十,一百五十元。从十月份起,发全工资并补发了九月份的百分之四十。

红卫兵于十月初同意先生取用枕头和两床褥子。先生于十月下旬才买到棉被,说:"夜睡加棉被之故,颇舒适。"

抄家后,亲朋来往甚少,与张申甫、朱潜之、王星贤、鲜恒等

---

① 此文收入《东方学术概观》一书,由巴蜀书社于1986年出版。
② "文革"初期被迫害情况取材于《梁漱溟全集》第八卷发表的1966年日记。

少数人保持联系，并向他们借书；李渊庭、郭大中在晚上来看过一次。与黄艮庸、田慕周等老学生通信联系。田慕周为先生抄写书稿。

先生在这一年除写《儒佛异同论》外，向朋友们借读了《矛盾论》、《论人民内部矛盾》、《马恩列思想方法论》、《反杜林论》、《世界古代史》、《卓娅与舒拉的故事》等，还常到太平湖、紫竹院等附近公园散步。这些阅读和散步，多在八月二十四日之前。

先生自己于十二月初因天冷不出去打扫街道。

一九六七年（丁未）

七十五岁。

住北京小铜井一号小南屋。

是年，先生行动自由，没有打扫街道。每天起床很早，常常早晨四五点就起床，到公园散步、习拳，就早餐于外，然后买些主食、蔬菜等回家。午饭后再往公园散步。有时索性在公园里读书、写作。他常去的公园是紫竹院、中山公园、北海公园、动物园和附近的太平湖。有时到颐和园、香山散步。

先生对两个儿子——梁培宽、梁培恕，和四个孙儿——钦元、钦宁、钦东、晓音感情深厚。自从一九六六年十月允许与儿子见面后，他经常到北京大学教职工宿舍和培恕住处看望子孙，有时还带小孙儿到公园散步。

先生与张申甫、朱潜之、王星贤、郭大中、鲜恒、李渊庭、李雪昭等继续保持联系并向他们借阅书报（《参考消息》）。与黄艮庸、田慕周等保持书信联系，并每月给他们寄钱补助生活费。

先生这年主要借读了《马克思传》，恩格斯所著《家庭、私有制和国家的起源》、《列宁全集》（读《怎么办》一文）、《毛泽东选集》、《斯大林选集》，还看了《世界通史》、《原始宗教》、《论宗教》、《宗教的本质》等书，合计约二十六部。

是年三月下旬开始思索并撰写《中国——理性之国》。

一九六六年九月以后起至一九六七年,经常有本市和外调者来了解亲友和邹平、济宁、菏泽办乡建和办学情况,除面谈外,有的还要写成书面。[①]

[①] 此年部分取材于《梁漱溟全集》第八卷(山东人民出版社1993年版)"日记",第743—779页。

一九六八年（戊申）

七十六岁。

在北京，七月被迫迁住铸钟厂小东屋。

四月二十四日前，先生仍然每日读书、写作，到公园散步、习拳，有时去看看老朋友，聊天借书。四月二十四日这天上午还到景山公园看桃花，在街上购菜，回家写作。

就在四月二十四日这天中午，祸从天降，居民委员会孙健等二人来家，告诉先生说："你被划为'右派'，今后多劳动少出门，远出必须先请假。"还让写"思想汇报"交居委会。先生被划入当时所谓的"黑五类"——地、富、反、坏、右，被"专政"，记于"另册"。

从四月二十五日起，先生每天早上扫街，参加劳动，不能到公园散步、习拳，只能在住处附近豁口外河岸和积水潭岸边走走。须参加批斗"黑五类"群众大会，是陪斗。

从先生日记看出，五月四日下午被作为"黑五类"斗争。是日日记中如此记："（下午）二时同树荄赴群众会，抵会场乃知我亦在被斗之列，思想上颇有斗争，最后决定服从。会后被押游行（街），甚苦。""晚饭后早睡，腰骨痛。"（被斗时强迫弯腰站立——称作"飞机式"）

先生被划为"黑五类"后,遭受更大侮辱,精神受刺激大;难平静,写作中断数日。

六月十日曾有文字记其扫街:"扫街地段长,马粪多,从(清)早四时扫到六时乃完。"六月十八日下午二时又令参加群众劳动,整理马路两旁。

先生善自调整自己情绪。不数日,又被允许去附近的太平湖、积水潭岸边、豁口外等处散步、习拳,并在附近购买食物蔬菜。继续借读书报,继续写作。

外地、本市来"外调"的人差不多天天有。有时一日来两三批,皆持政协介绍信,有的还要求写书面材料。当然干扰生活,有苦难言。

五月二十四日,先生在日记中写着:"陈维博来通知十力老兄在沪病故(似是昨日事),写答田慕周一信。"田慕周是先生多年学生,家住上海,与熊先生常往来。

先生对熊十力先生的辞世颇感伤,先生在一九七五年三月二日写给田慕周的信中讲:"二十八日寄来信件均收得无误。信中叙述熊师逝世前后情况,读之感喟良深。幸而先批孔运动而去,否则,其情怀更不知如何也。我则异于是。遭遇不可谓不惨:先曾祖、先祖、先父三代书画轴册两大箱尽被焚毁,内人被捶打以致脊背血透内衣,被拉去开斗争大会,我未被打而亦罚跪一次。……然我胸次只小小不愉快而已。床铺没有了,席地而睡。半个月不能出门买菜,只就所存米粮度日。……心情不失常度。……正为自信极强,环境任何变化不挫其气。熊师缺乏学养,我更无学养(只在知见上稍胜),殆禀赋之不同也。熊师晚年著作如《体用论》、《明心篇》、《乾坤衍》皆诋斥佛法……我崇信佛法,老而弥笃。……"

熊十力先生是国内外知名学者,与先生共同办学,研究儒佛两家学术有四十多年。出版著述不少。据田慕周对李渊庭夫妇讲："'文化大革命'初期,熊先生被冠以'反动学术权威',抄家,批斗,有次批斗,竟勒令与京剧名演员言慧珠同跪于地,熊先生认为这是对他的最大侮辱。"熊先生在"文化大革命"之初,即以拒绝领取政协发给的工资(一级教授待遇)以示抗议。一九六八年春,因不堪忍受侮辱,绝食,每日只饮点水,两个月后死于肺炎。时年八十三岁。熊先生出生于一八八五年。

七月八日,居委会通知先生搬到鼓楼铸钟厂四十一号住。先生于十日雇了一辆三轮板车搬了家。

铸钟厂四十一号是个大杂院,指定先生住的是两间小东屋,正值炎夏,下午西晒,闷热难熬。

先生在极大痛苦中,给毛主席和周总理再次上书,简略陈述自己一生致力于研究中国问题和人生问题,读书写作,并从事于社会活动情况;叙述自一九六六年八月下旬被"红卫兵"抄家、批斗、"勒令"劳动等情况;陈述一九六八年四月二十四日,忽奉居委会通知,被划为"右派",受"监督管制",限制了行动,不得访友借书,每早要打扫街道。七月八日,居委会又通知搬住铸钟厂四十一号院内小东屋。先生在信中讲此屋"夏日夕阳太强,又狭窄不透气,蒸热欲死……连日来眠食俱废,以七八十岁之衰年而不得眠,不得食,其何能支?"先生在信中还提出了他何所由被划为"右派"的问题。

此信于七月十四日写好发出,没有回音。

但先生自住在铸钟厂后,居委会未通知他每天早上打扫街道,只在八月三十日被召去劳动一上午,行动又有了自由,每天早上、午饭后到过去常去的公园散步、习拳。先生怀念旧居,九月以后,数次在早上四五时步行到旧居附近的太平湖、积水潭岸边散步。先生又与亲朋好友恢复往来,并向他们借书和《参考消息》阅读。每天到公园找地方写《中国——理性之国》。但也出现过烦恼。

先生在日记上写着:"八月一日早上八时,去参加建军群众会,将完时,引我先出,乃知误参加了。"先生当时已被划为"右派",不在人民群众之列了。先生为此事烦恼,在同月三日日记上写有"烦恼不解"。

这年主要阅读的书籍:《家庭、私有制和国家的起源》(再阅)、《列宁主义基础》、《联共(布)党史》、《太炎文集》、《中国通史》、《世界通史》、《世界文化史》、《先秦政治思想史》、《十三经概论》等。[①]

[①] 此年部分取材于《梁漱溟全集》第八卷(山东人民出版社 1993 年版)"日记",第 779—812 页。

一九六九年（己酉）

七十七岁。

住北京铸钟厂小东屋。

是年四月三十日，政协给先生送来"五一"节晚上在天安门观礼花的票证，并派车接送。这是"文革"以来，第一次有此殊荣。之后，国庆节、"五一"节，政协都送来在天安门观礼的票证，并派车接送。五月五日，政协通知先生参加政协学习组学习。

秋天，开始写《自述早年思想之再转再变》一文，于十月二十一日完稿，全文将近五千字。

文中叙述了少年时期由实用主义亦即功利主义思想而转入古印度人的出世思想（十六七岁至二十八岁）——佛家思想，而到二十八岁（一九二〇年）再转入儒家思想的转变过程（已于年谱中述及，略）后，对儒家之学又作了扼要阐述。说："儒家之学原不外是人类践形尽性之学也。""人生盖有三条路向：一、肯定欲望，肯定人生；欲望就是一切。二、欲望出在众生的迷妄，否定欲望，否定一切众生生活，从而人生同在否定之中。三、人类不同于其他动物，有卓然不落于欲望窠臼之可能；于是乃肯定人生而排斥欲望。""儒家自来严'义'、'利'之辨、'天理'、'人欲'之辨者，盖皆所以辨别人禽也。"

此文写后，又接着写了《我早年思想演变的一大关键》一文。先生讲的"关键"就是"早年未读儒书"。正进入人生是苦的印度式思想境界后，偶读儒书，发现先儒人生意趣，立足于乐。文中说："对照起来顿有新鲜之感，恍然识得中印两方文化文明之为两大派系，合起来西洋近代基督教的宗教改革下发展着的现世幸福的社会风尚，岂不昭然其为世界文明的三大体系乎？"先生讲："一九二一年撰写的《东西文化及其哲学》一书，即写成于这一思路之上。"①

是年，先生致长信与田慕周，信中说，春天在庆祝党的第九次全国代表大会时，他曾被邀参加，并且登上天安门。信中有"人有不虞之誉，亦有求全之毁"的话。田慕周讲："这之后不久，先生又通知他们搬到朝阳区中街七号楼住，分配给一套两居室房子，在一层，有一间北屋，一间小南屋，有厨房厕所，虽窄小，但比铸钟厂又提高了一些。"②

---

① 上述两文都是先生手稿。
② 田慕周同志向李渊庭、阎秉华谈。

一九七〇年（庚戌）

七十八岁。

在北京，于八月移居朝阳区中街七号楼一层二号两居室。

先生于四月间写完《中国——理性之国》长文。此文共二十八章，十七万多字。内容重点放在"怎样认识老中国的特殊"。文中固有不少真知灼见，但在当时——正是"无产阶级文化大革命"进行中，造成全国性大动乱、大破坏，大多数中共老干部和广大知识分子受到冲击、迫害，包括先生本人在内，备尝被侮辱迫害之苦，先生却在文中对当时一些社会状况予以赞扬肯定，使人费解。跟随先生数十年的老学生李渊庭读了这篇长文后摇头，叹息说："没意思，先生不该写！"或许这是从先生平生为人处世从不吹牛拍马而想的。这想法，从先生决定此文不发表，而在一九七二年毛主席过八十岁生日那天，先生亲自将这篇长文送新华门传达室，嘱呈毛主席收阅看，不无道理。

四月三十日，全国政协送来"五一"天安门晚会请帖，五月一日下午六时，政协派来车接先生至天安门，见到赵朴初、周培源等十多人。

八月初，经居民委员会介绍，租到东郊中街七号楼一层二号一套小两居室楼房。比较大点的一间向南，先生住；一小间向北，陈树棻夫人住，有厨房、卫生间，都很窄小，但较之铸钟厂那间小东屋好多了，先生免受夏天烈日暴晒之苦了。在李雪昭等人帮助下，于八月九日迁居新租之屋。

下半年，政协军代表决定恢复政协直属组学习，人数约十人左右；有杜聿明、宋希濂、范汉杰、溥仪、溥杰、于树德、赵朴初、王克俊、程思远和先生等。学习恢复不久，据说是准备召开四届人大，提出"宪法草案"（以下简称"宪草"）让大家学习、讨论、提意见。先生在阅读了发下的"宪草"之后，在讨论时提了两点意见。

先生讲："第一点，据我所知，现代宪法最早产生于欧洲，其最初的出发点之一是为了限制王权。换句话说，宪法的产生就是为了限制个人太大的权力。有了宪法，则从国家元首到普通公民，都得遵循，而不能把任何一个人放在宪法之上。因此，现在的'宪草'序言中，写上个人的名字，包括林彪为接班人，都上了宪法，我认为不甚妥当。接班人之说，是中国的特殊情况，而宪法的意义是带有普遍意义的。不能把特殊性的东西往普遍性的东西里边塞。凡我看过的世界其他国家的宪法，很少有写上个人的名字，更没有写上接班人名字的。我声明，我不赞同把个人的名字（包括接班人）写进宪法。但并不反对选择某个人当接班人。这是中国的特殊情况，别人没有，我们也可以有。

"第二点，我看新宪法的条文比老宪法少了许多，条文少不见得就一定不好，但有的重要内容少了却不甚妥当。比如设国家主席，一国的元首，不能没有。设国家主席是一回事，选谁当国家主席合适是另一回事。国家主席不可不设，什么人当国家主席则可以经过法定手续来选。现在的'宪草'偏偏没有国家主席这一条，不知为何？"①

---

① 《人民政协报》1989年10月27日。

先生的一席话，震惊四座，短时间的沉默后，便有人提出："在小组学习中出现这种'恶毒攻击'的言论，绝对不能听之任之，必须批判！"也有人说："这种反动言论要在外头讲，当场就会被革命群众批倒斗臭，砸个稀巴烂的！"气氛立刻紧张起来，但这次小组会政协军代表不在场。主持小组会的召集人之一于树德立刻宣布：一、情况向上反映，听候处理；二、谁都不许向外扩散，谁扩散责任自负。

不料几天后，小组召集人在会上宣布："上级的指示，因为是征求意见，提什么意见建议都是可以的。"

就这样，先生这次逃脱了批判。那么这个发"指示"的上级又是谁呢？当时谁也不敢深问。在一九七六年粉碎"四人帮"后，大家才知道当时是周总理办公室发来的电话指示。①

十二月上旬，写出《我的思想改造得力于〈矛盾论〉》一文。全文分三部分，在叙述自己过去为拯救国家，抵御外侮所怀主张和所取行动后，检讨了自己的错误。先生说："贯穿着我几十年全部主张和行动的一个根本错误，就是偏于强调中国历史社会构造的特殊性而忽视其一般性；这就犯了主观性、片面性的病。""从上所说这一根本错误，就使我几十年来所致力的工作，忽略阶级问题，站在民族立场为全中国人团结合作而奔走，恰好与毛主席共产党所走阶级分化而斗争的路相反。""我错在以合求合，毛主席的成功正在以分求合。"

这是先生在一九五二年写的《何以我终于落归改良主义》之后，又一篇比较全面叙述自己的往事和认识到的错误的文章，基本内容差不多，但认识比前文系统、明确、深刻。特别是对乡村建设运动的阐述，比较简明。先生说："乡村建设运动在我来说，即是

---

① 汪东林：《梁漱溟问答录》，湖南人民出版社 1988 年版，第 172—174 页。

着手于社会基层,从下面求得联合统一以解决上面政权分裂问题的一件工作。其内容要在建设地方自治组织(政治性的)和农民合作组织(经济性的);当其从散漫进入组织之时,逐渐引进科学技术于生产上和生活上。""我们所短缺的东西不外团体组织和科学技术这两样,亟须把它补充到中国文化里来","我们改造旧社会必要向着民主主义和社会主义前进","而我们病在散漫","以团结合作达成民主。""经济生活的社会化,与政治生活的民主化循环推动,同时并进的。"先生对照《矛盾论》中关于矛盾的对立统一;揭露矛盾,解决矛盾以及分别主要矛盾、次要矛盾,抓住主要矛盾三个方面,检查了自己过去的错误,最后说:"错误不是单因我缺乏矛盾论的知识而错误的,乃是被自己阶级的局限性之所限,就没有正确的眼光见识去走正确的道路。""我的思想改造就是在改变阶级立场","为无产阶级世界革命尽一分之力"。①

十二月十四日,先生在全国政协学习小组发言,事先写好发言稿——《请王克峻同志再指教并望各位同志赐教的一篇话》。②

从发言稿开头几句话看出,先生在这次发言之前,在小组会上曾有过发言,王克峻曾有议论,因而先生有:"却不料他竟然没有听懂我的话,或者说没有想通我的话。"先生再次阐述了自己对人心与人身的关系的认识。

先生说:"人在观察事物的时候是站在事物旁边的,在研究问题的时候是超居问题之上的。人类特殊发达的大脑,是人在其行动之前进行选择的机构。正为大脑的发达,人心与人身有很大距离,身体时时在或顺或逆的种种感受中,而心思却有可能不被纠缠其中,冷静地自觉自主地有它的选择,卓然统率着身体去行动。我上

---

① 手稿,未发表。
② 手稿,未发表。

次发言从生物学、心理学说的一些话，都是必要的解释说明，并非扯得太远。""举例来说，'良药苦口而利于病'，小孩病了，他怕药苦，常拒绝吃药。这不单为小孩子缺乏知识，亦因为小孩在身心间的距离近。在成年人就不然，既从实践得知识，又且心思较能统率身体。于是身体与病的矛盾和口与苦药的矛盾，就能选择了吃药治病的行动。如果我们心思不能清明自觉，卓然统率身体，亦会拒绝吃药。共产党毛主席（在抗日时期）把国内的阶级矛盾降为次要而联合国民党共同抗日，实为一重大选择，其例正同。""现在常说'人是活的，物是死的'。活就是能出能入，能超出矛盾来观察分析评量，进行选择；又能投入矛盾，依靠矛盾去解决矛盾。选择是心的事情，行动是身的事情。身心之间虽有距离而往返相通。心（大脑）时时从身（感官、器官）传达上来的报告消息而行选择；身时时从心思下达的动向而动作。两面循环往复，无时或停；不空想，不盲动，就是活生生的活人。"

"毛主席说：'在阶级社会中每个人的思想无不打上阶级的烙印。'""人的思想意识活动是于生自有的，而它的阶级性不过是由后天习染而来。习染是怎么来的呢？不同的阶级在社会中地位不同（这种不同首先见于经济上，亦复见于政治上和文化上），它的生活环境条件就不同，从而遇到问题其立场就不同。说阶级立场不同，就是指他一举心一动念的动向之所向不同，支配着他的全部思想意识活动，日久便成了习惯，习惯就是心理上行动上的熟路。所谓烙印即指此。""自觉能动性是人所固有的，习惯势力是外来。习惯势力只在人缺乏清明自觉的时候，由于被自己阶级的局限性之所限，即指此。但它并不能限制定了人。思想改造就是启发出来清明自觉，超脱开旧势力。"

"能够不为自己阶级局限性之所限的人不多。但亦并非只有像马克思、恩格斯、列宁、毛主席这么几个人。列宁叙说十九世纪俄国革命史以贵族地主的'十二月党人'和赫尔岑领先居首便是例证。怎说阶级就把人限制住了呢？阶级的局限性，主要是阶级立场的狭隘性，照顾不到对方。""自从马克思主义出现于世，其他阶级任何个人不是不可能领受这思想并投身无产阶级革命的；这是因为一个人莫不有自觉能动性，不为其自己阶级的狭隘立场所限之故。但作为一个阶级来说，其他阶级却无可能，而要让无产阶级独为先进了。……"

"人类过去的历史都是自发性的发展，其动发乎身，而渐渐上升到心；今后走向社会主义，正是到了人类自觉地创造历史时代。自觉能动性是人的特征；此特征随历史而步步发挥增高，卒能心明眼亮笼罩全局，身处现实环境而心怀高尚理想，行动从现实着手，而指导行动则在理想。这是我上面说的'能出能入'的好例。"

一九七一年（辛亥）

七十九岁。

住北京中街。

写出《学习五十年党史所得的感想和认识》一文。文中说："'右'倾、'左'倾的错误在唯物而不是辩证的唯物。""一致病根都在主观意图不符合客观事实。"

先生仍坚持每天早起床，到公园散步、习拳，与老朋友张申甫、朱潜之、王星贤、鲜恒、岳美中等保持联系往来；与马仰乾、黄艮庸、田慕周、潘怀素、云颂天等通讯联系，每月给黄艮庸、田慕周、潘怀素等四五人各邮寄二十至三十元生活补助费；李雪昭每月借六十至一百多元。先生自己生活仍俭朴。

自七月份起能订到《参考消息》，全国政协给写了介绍信。先生借《参考消息》给张申甫看。

十月十一日，全国政协发还部分抄走书籍。

十月中旬，先生从朋友处听到林彪事件，在日记中写："听到后诧讶不已，忧心前途。……林彪问题乃非吾所料。"

先生怀念故居，有时从朝阳区中街搭公共汽车到新街口下车吃早饭，然后到太平湖、积水潭岸边散步。先生的故居小铜井一号就在积水潭西岸边上。

是年，主要在写《人心与人生》一书。阅读了《共产主义道德几个问题》、《自然辩证法通讯》、《历史研究》、《人之奥妙》、《唯识述义》、《创化论》（英文本）、《巴甫洛夫选集》、《辩证唯物论提纲》、《形而上学》（柏格森著）、《生理解剖》、《罗念庵学案》、《明道学案》、《宋元学案》、《阳明全集》、《论语》、《濂溪学案》等十几部书。[①]

[①] 此年部分取材于《梁漱溟全集》第八卷（山东人民出版社1993年版）"日记"，第872—900页。

一九七二年（壬子）

八十岁。

住北京中街七号楼。

先生每日早晨四五点钟即起床，有时先到公园散步、习拳后，回家写稿；有时先写稿，早饭或午饭后到公园散步、习拳。每日读书。

全国政协基本上恢复了每周学习两次的活动。从七月十八日起，又开始派车接送，同车三人。

这年阅读的书主要有：《宋元学案》、《柳文摘要》、《刘宗周年谱》、《心理学》、《初民社会》、《人性论史》、《近世哲学史》、《世界文化史》、《荀子集解》、《退溪语录》、《天体地球》、《中国问题》（罗素著，英文本）等二十多部书，还看了溥仪的《我的前半生》。

是年十一月，黄艮庸夫妇和马仰乾从被遣返的广东返回北京，先生设宴于素餐馆表示欢迎，并函邀李渊庭、郭大中作陪，饭后同游公园。

十二月二十六日是毛泽东主席八十岁生日，先生将他写的《中国——理性之国》手抄本亲自送到南长街中南海传达室，请毛主席收阅。[1]

---

[1] 此年部分取材于《梁漱溟全集》第八卷"日记"，山东人民出版社1989年版，第900—927页。

一九七三年（癸丑）

八十一岁。

住中街七号楼。生活基本如上年。

八月，先生为孙墨佛先生所存王鸿一先生《自述》一文手稿题识。题识中说："四十余年来，世局丕变，实历史发展所应有。从一方面来说，似为先生所不及料，而另一方面恰恰妙符先生均平之要求。先生今若在世，必将不胜其诧讶，卒又不胜其快慰者。当彼时，愚在悼文内曾有拒斥共产党之语，同为错误。毛主席教导人们说：'错误，改了就是。'鸿一先生有知，从其好善服善之心，必然输服。愚幸以八十之年躬逢盛世，时时在学习改造中，其自己勉励求有异于畴昔也。"

十月底，江青反革命集团阴谋策划的"批林批孔"闹剧开场。当时，在京的全国政协委员，各民主党派和工商联上层，刚刚恢复学习，先生参加学习并被编入学习组。

在全国政协的学习组会上，许多人都"表态"，"拥护"狠批"孔老二"，还生硬地把孔孟之道往林彪的战车上绑。而先生保持沉默，不发言。

约在十一月底，忽然传来消息说：江青在首都体育馆鼓动"批林批孔"、"评法批儒"时，还捎带批判先生，怒斥"梁漱溟何许人也"云云。但先生一直保持沉默。他所在的学习组有二十多人都"表态"了,都表示"拥护"这个运动,唯先生始终一言不发,持续了一个多月。便有人在学习组警告说:"对重大政治问题保持沉默本身就是一种态度,这里边有个感情问题,立场问题。"有人说:"前几天北京大学某教授公开在报纸上发表文章,由一贯尊孔而转变为支持批孔,影响全国,群众欢迎。据说,某教授'五四'时代在北大还是一名学生,而梁先生那时已经在北大讲坛上讲授印度哲学和儒家哲学了。时至今日,如果梁先生也向某教授学习,公开表态支持批孔,影响将会更大,大家都会欢迎你的转变。"先生听罢直摇头,说:"某教授的文章我拜读过了。""我怀疑文章所说的是否是他内心要说的真话。"会上马上有人反击,说:"就凭你这句话,你对当前的运动持什么态度,已经暴露无遗了。……我奉劝梁先生不要再一次作运动的对立面了。"先生只是笑了一笑,没有再说什么。

十二月十四日,先生才在学习会上发言,说:"此时此地我没有好多话可说。这里是政协学习会。'政'是政治,必须以当前政治为重。'协'是协商、协调,必须把一些不尽相同的思想、意见求得其协调若一。因为我们都是从四面八方来的人,原不是一回事。怎样求得协和、协调呢?那就是要求同存异。毛主席多次说过,允许保留不同意见。我对当前的'批林批孔'运动持保留态度。至于如何评价孔子,我有话要说,我准备专门写篇文章。但我的文章不能公开,怕有碍于当前的运动。我的苦衷是,我很不同意时下流行的批孔意见,而我的亲属、友人都力劝我不要说话,文章不发表,不公开,我无奈答应了他们。眼下我能说的就是这些。"会上马上有人说话:"有话就摆到桌面上来说嘛,要光明正大,不要搞阴谋诡计!"先生讲:"我的文章太长……还是写完后交给领导参阅更好,不必公开。"主持会的人立即答复说:"讲与不讲,由你自己决定。时间长没关系,听听你的高见。我们愿意奉陪。"①

是年五月,先生参加全国人大和政协组织的中南组参观团赴河南、湖南、广东三省参观。十日启程,坐火车到郑州,在郑州参观了九天,十九日飞广东,住广州迎宾馆,宣布停留十八天,到顺德、佛山、肇庆等地参观工农业生产;六月七日抵长沙,到韶山参观了毛泽东故居。于六月二十二日返北京。

---

① 《梁漱溟先生在"批林批孔"运动中》,《团结报》1986年5月3日。

一九七四年（甲寅）

八十二岁。

住北京中街。

一月，着笔写《今天我们应当如何评价孔子》一文，作发言准备。

二月二十二日、二十五日，先生在政协学习组作长发言，两次共讲了五个多小时，先生讲："今天我们应当如何评价孔子？我们，是指今天的中国人。如何评价孔子，就是今天回过头去看过去，看孔子在中国文化史上的影响，是好是坏，是大是小……就是一分为二。""我现在认识到的孔子，有功和过两个方面。""我的文章，我的观点，确实是对时下流行的批孔意见不同意的。那么孔子在中国传统文化史上占有着什么样的位置呢？我的看法是，中国有五千年的文化，孔子是接受了古代文化，又影响着他之后的中国文化的。这种影响，中国历史上的任何一个古人都不能与孔子相比。他生活在前二千五百年和后二千五百年的中间，他本人是承前启后的。中国社会之发展，民族之广大，历史之悠久，与中国的文化是不可分的。中国的民族是受着自己的文化陶冶、培养着的！中国文化有种种优长之处，这是中国民族勤劳、善良、智慧、有着强大的凝聚力，以至发展到今天这么大的多民族国家，所不可短缺的。中国传统文化源远流长，世界独有，致使外来的种种文化思想，都要经过消化熔炼，变成中国自己的东西，才能得到发挥，这是世界上若干国家所不及的。我正是先阐述中国的文化，然后点出孔子的位置。这就够了，不必去纠缠枝节问题。"先生讲："而今从儒家书籍（主要是'四书'）中引出许多话，看它在历史上发生了什么影响，特别是不好的影响，如缓和了阶级斗争，耽误了中国社会的发展、进步，在今天则妨碍社会主义革命和建设，等等。例如'民可使由之，不可使知之'，在学术上怎么讲是另外一回事，但从政治影响看，总是不好的。'唯女子与小人为难养也'，这话当然与今天不合？要唾弃的。又如中庸之道，所谓'极高明而道中庸'，要深入加以研究，这是学问很深的学术问题。现在我们不作学术的分析研究，只作普通的政治角度的分析，则把中庸之道看成折中、调和，它缓和了阶级斗争，使中国社会迟迟不进步，因此说中庸之道不合适。我理解今天的批判，就是从政治上说话，而并非是学术上的分析、研究。要作学术上的分析研究，就麻烦了，这也不是今天搞运动的意向。"

先生讲："'批孔'是从'批林'引起的，这从字面上我理解。我的态度是不批孔，但批林。""我的批林，与众说不大一样。我认为林彪没有路线，谈不上路线，无路线可言。所谓政治路线，应该有公开拿得出来的主张，如刘少奇的主张就很多，不管怎么错误，但他敢于说出来，公开提出，并自信是对的，这才够得上路线。而林彪的路线是什么呢？不但我看不出……恐怕连他自己也说不出来，因为他公开说的全部是假话，用假话骗取信任，是说假话的第一能手！""林彪的一套都不是关于中国前途的公开主张。""一个政治家，为国家、民族之前途设想而提出的公开主张，才能称得上是路线。""从做人角度看，光明是人，不光明是鬼！林彪就是一个鬼，他够不上做人，没有人格，这就是我对林彪最严厉的批判；而刘少奇、彭德怀不是这样。刘少奇的主张很多，总是公开的。彭德怀也有公开信给毛主席，他对党的路线、政策有怀疑，公开提出自己的主张。他们的错误只是所见不同或所见不对。但他们都有为国家、民族前途设想而提出的公开主张，是明明白白有路线，够得上路线的。说林彪有什么路线，那是抬高了他。"

先生讲："我不能说屈心的话……说的一套，做的一套。""林彪欺骗了毛主席，毛主席错认了林彪，这是不可否认的事实。""至于林彪是不是要走孔子的路，行孔孟之道，我却不敢相信。我不认为林彪是受害于孔子。"

先生最后说："多年来，我是一直与中共领导求大同，存小异的。我的思想恐怕要比林彪复杂，不那么简单，但我是公开的、光明的。""我堂堂正正是个人！"①

二月间，先生还在政协学习会上谈了"试论中国从古以来的社会发展属于社会发展史上所谓亚洲社会生产方式"。先生引证马恩著作、毛主席著作，以及苏联科学院编著的《世界通史》等等论述，从阐明中国历史和文化发展过程提出"古中国似不曾经历奴隶生产制社会那一阶段"、"中国社会的历史发展属于马克思所说亚洲社会生产方式"的论断。在批判孔子是奴隶制的卫道士的当时，先生发表了这一论断。

正当江青一手制造的"批林批孔"运动紧锣密鼓开场之时，先生在全国政协学习组两个半天的长篇发言，针锋相对，后果可想而知。"梁漱溟是孔孟之道的卫道士！""梁漱溟对抗'批林批孔'运动罪责难逃！"这既是批判先生大字报的标题，也是大小批判会常用的口号。所谓"批林批孔又批梁"的批判会，每周三四次，小则

---

① 《梁漱溟先生在"批林批孔"运动中》，《团结报》1986年5月3日。

一二十人，大则一二百人，由本学习组而联组而大会，整整闹腾了一年——一九七三年十一月到一九七四年十一月。①

三月，补写一九四二年写的《我的自学小史》中尚未写出的七节——十二至十八节，即：十二、出世思想；十三、学佛又学医；十四、父亲对我信任且放任；十五、当年倾慕的几个人物（文中提到的有：梁任公、张镕西、章太炎、章行严等诸位先生）；十六、思想进步的原理；十七、东西文化问题；十八、回到世界来。先生写的这些章节内容，与一九六九年写的《自述早年思想之再转再变》内容基本相同，补写的这七节约五千字，全文约两万五千字。②

三月二十日，写完《读有关圣雄甘地事迹各书》一文，约七千二百字。先生先后阅读有关圣雄甘地事迹的书多卷，此文主要就《印度的发现》、《尼赫鲁自传》、《甘地自传》三书写一读书录，摘录一些段落并写出自己的看法。"摘叙"最后，评论甘地说："在人格上，甘地和普通人全然不是一格。甘地一言一动发自内心，而其内心实通乎广大宇宙。在生命上他与整个世界——从大自然界到主要的社会环境——脉脉息息相感应。他没有计算心，只有感应知觉，而感应知觉是时时刻刻变化的。他的行动不可测，乃至他亦莫明其所以然者在此。""普通人却总是在计算着行事"，"普通人总是在分别目的与手段，其结果往往是一切都手段化了。甘地相反，心志精诚，浑全不二，处处都是目的"。甘地的缺点是："他在民族问题上虽要求复古，而在社会问题上却主张复古，不向往于社会主义前途。他根本反对近代工业文明而要返于手工劳动生产之路。这是错误的。"③

---

① 《梁漱溟先生在"批林批孔"运动中》，《团结报》1986年5月3日。
② 参见梁漱溟：《我的努力与反省》，漓江出版社1987年版，第43—52页。
③ 参见梁漱溟：《读有关圣雄甘地事迹各书》，《梁漱溟全集》第七卷，山东人民出版社1993年版，第812—822页。

六月初,写出《试论中国从古以来的社会发展属于社会发展史上所谓亚洲社会生产方式》一文。全文分八段:(一)世界各方各族的历史发展非必皆次第经历着一般所说的社会发展史上那五个阶段;(二)中国社会发展大异乎古希腊罗马那个被认为是典型的奴隶生产制社会;(三)中西社会组织结构不同;(四)个人在家族(家庭)生活中和在集团生活中的位置关系时有转变不同;(五)在世界五大法系之间中国法系的显著特色;(六)奴隶生产制社会的界说及其典型事例;(七)古中国似不曾经历奴隶生产制社会那一阶段;(八)试论中国社会历史发展属于马克思所说亚洲社会生产方式。全文约一万四千八百多字。①

六月二十五日,先生着手改写《今天我们应当如何评价孔子》,全文分十段:(一)一个分析贯彻全文;(二)从物理情理之不同谈到西洋人和中国人之不同;(三)今天中国人好讲情理是渊源自古的;(四)革命从身出发抑或从心出发有所不同;(五)革命从心出发是中国革命的特色;(六)中国传统文化植根于伦理情谊;(七)孔子在中国历史上的地位;(八)西人所长吾人所短,长短互见,各有得失;(九)、(十)从马克思主义阶级观点审查孔孟之道(上、下)。全文约三万字。②

接着又写了《司马迁〈史记〉不可信》一文。

九月二十三日,当这场历时半年多的批判会告一段落时,主持人征问先生对大家批判他的感想。先生脱口而出:"三军可夺帅也,匹夫不可夺志。"主持人勒令先生作出解释,先生说:"我认为,孔子本身不是宗教,也不要人信仰他,他只是要人相信自己的理性,而不轻易去相信别的什么。别的人可能对我有启发,但也还只是启

---

① 手稿,未发表。
② 手稿,未发表。

发我的理性。归根结底，我还是按我的理性而言而动。因为一定要我说话，再三问我，我才说了'三军可夺帅也，匹夫不可夺志'的老话。吐露出来，是受压力的人说的话，不是在得势的人说的话。'匹夫'就是独人一个，无权无势。他的最后一着只是坚信他自己的'志'。什么都可以夺掉他，但这个'志'没法夺掉，就是把他这个人消灭掉，也无法夺掉！"①

古语说："且看风急天寒夜，谁是当门定脚人。"在"四人帮"打着批孔旗号，摧残中国文化之时，先生真可谓"当门定脚人"。这是历史事实，而不是过誉！

是年十月一日，政协未给先生发天安门观礼请帖。

十一月十八日，先生写出《批孔运动以来我在学习会上的发言及其经过的事情述略》一文，其中讲一九七四年的事有这样一段话："从三月而四月，而五月、六月、七月，大抵均在学习批孔，实际上无非对我的批判斗争，此不细述。先则每周四次会，后减为三次，八月份因天热，又减了一次。在此时期，本小组而外，各学习组均对我进行背靠背批判。预先宣布九月将召开五个学习小组联席批林批孔大会。此会于九月十九日、二十日、二十一日连续开会，先后发言者十四人，均从批林批孔入手，集中批判我。最后一次大会宣布，月内各组可就大会批判发言自行座谈两次。在本组九月二十三日会上，召集人曾征问我对几次大会有何感想，我答云：'三军可夺帅也，匹夫不可夺志。'"②

一九七六年粉碎"四人帮"后，先生曾对人讲："那时候，江青打着'批林批孔'的旗号，目的另有所图，却又点了我的名，我脑子被弄得稀里糊涂，搞不清是咋回事。我只是认真地读报，听传

---

① 编入《东方学术概观》一书，由巴蜀书社出版。
② 手稿，未发表。

达文件，都是同一个调门，同一个'立论'——那就是对孔子的百分之一百否定，并把林彪的所作所为归罪于孔孟之道。我对这一高超的'立论'不能苟同，心里一直在摇头。但我认识到这是一场政治运动，既弄不清来龙去脉，还是静观为好。不料保持沉默也不成，逼得我非开口不可，而后引出了一段周折。"

一九七四年一月中旬，阎秉华曾到中街先生当时寓所看望先生，当谈到当时正在进入高潮的"批林批孔"运动时，先生说："他们打着'批林批孔'的旗号，其实另有所图，他们所谓的'批周公'，实际上是指周总理！"先生讲时流露出气愤之情。阎秉华曾表示希望先生保持沉默，不惹麻烦之意，先生点点头。

是年，写出《五四运动前后的北京大学》[①] 一文。

[①] 收入《忆往谈旧录》一书。

一九七五年（乙卯）

八十三岁。

在北京，住中街。

七月初，《人心与人生》一书撰写完稿。全书计二十一章：绪论（上、下）；略说人心；主动性；灵活性；计划性；我对人类心理的认识前后转变不同；自然与人、人与自然之间的关系；人资于其社会生活而得发展成人如今日者；身心之间的关系（上、中、下）；东西学术分途；人的性情、气质、习惯，社会的礼俗、制度（上、下）；宗教与人生；道德——人生的实践（上、下）；略谈文学艺术之属；未来社会人生的艺术化；谈人类心理发展史；书成自记。约十七万字。

这本书主要是探讨人类生命的发展与人类前途。内容涉及生物学、心理学、人生哲学、伦理学、道德、宗教、教育及文化艺术等多方面。

先生在"书成自记"中说："书虽告成，自己实不满意。""竟而勇于尝试论述。""自己不能胜任的学术上根本性大问题——人心与人生，是因为第一，年十六七之时对人生不胜其怀疑烦闷，倾慕出世，寻求佛法，由此而逐渐于人生有其通达认识，不囿于世俗之见，转而能为之说明一切。""第二，……当今人类前途正需要有一种展望之际，吾书之作岂得已哉！"

先生在"绪论"中写道："吾书旨在有助于人类之认识自己，同时有志介绍古代东方学术于今日之知识界。"并说："及今不求人类之认识自己，其何以裨助吾人得从一向自发地演变的历史，转入人类自觉地规划创造历史之途耶？"

书中指出："生命本性是无止境地向上奋进；是在争取生命力之扩大，再扩大（图存、传种，盖所以不断扩大）；争取灵活，再灵活；争取自由，再自由。……然此在现存生物界盖已不可得见矣。惟一代表此生命本性者，今唯人类耳。——人之不同乎一般生物者在此；人类卒非两大问题所得而限之者在此。""人类生命是至今尚在争取灵活、争取自由而未已的，外面任何利害得失不能压倒它争取自由的那种生命力。"

又讲："世间至可宝贵者莫如人，人之可贵在此心。""心之所以为心在其自觉。""人心基本特征在其具有自觉。""说心，指人类生活从机体本能解放而透露出来那一面，即所谓理智理性者。""人所不同于动物者即在生活方法上舍本能之路而趋重理智，体现了人心的主动性、计划性，于是就先后创造种种人生享用的文明事物。"

书中讲："人类行为上见有理性，正由生命本性所显发，人类之所以贵于物类者在此焉。""人之性善，人之性清明，其前提皆在人心的自觉能动性。""实则人心自觉之隐昧或显明往往是说不定的，即可能忽明忽昧。""其生命富有活变性和极大可塑性以积极适应其生活环境。""人或向上或堕落，大有可以进退伸缩者在。""人类虽从动物式本能大得解放，但仍为动物之一，犹留有一些本能……当其冲动起来，便会一切不顾，末后权力欲特见于生命力大的人，在一般人较差。"

书中指出:"内心生活最重要之事例乃在人生之自勉向上,好学,知耻,力行,不安于退堕。此即人之所不同乎动物独有道德责任之可言者。"又说:"本能是工具,是为人类生活所不可少的工具。正以其为工具也,必当从属于理性而涵于理性之中。本能突出而理性若失者,则近于禽兽矣。""倾身逐物是世俗人通病。""重物则失己,唯务苟得,在自己就丧失生命重心,脱失生活正轨,颠颠倒倒不得宁贴;而在人们彼此间就会窃取争夺,不惜损人利己;人世间一切祸乱非由此而兴乎?!"

书中指出:"人心内蕴之自觉,其在中国古人即所谓'良知',或云'独知'者是已。""儒家之学只是一个'慎独'。""东方三家之学(儒、佛、道)既皆主于反躬自省……他们要在使生命成为智慧的生命而非智慧为役于生命。""三家同一主动地对气质下矫正功夫,同以人心自觉为其入手处,还更有以提高自觉;所不同者:道家功夫用在此身,儒家功夫用在此心,佛家直彻底解放生命,还于不生不灭,无复气质之存。"

书中反复指出:"人类生命盖有其个体生命与社会生命之两面。""人类生命宁重在社会生命之一面。""人的社会则建基于人心;同时社会活动又转而不断地促进了心思发达。""在人的形成过程中起决定作用的是其社会。"先生讲:"如我所理解……必待共产社会而后阶级与国家消除,世界大同,人类协调若一。一向为生存竞争而受牵制于种种本能冲动,多所障蔽的人心,至此乃始解除障蔽与隔阂,而和洽相通。人们乃不复在彼此竞争、斗争上耗用其心思力气,而同心一力于凭借自然,创造文化;利用自然,享有文化。说人类最终脱离了动物界者,其必指此乎?!我说人心方将大大(大有过于今日)显示其主宰之义于即可预见之未来者,亦正谓此也。"

先生于一九六〇年正式开始写《人心与人生》，但只写了七章，一九六六年八月，在十年浩劫初期，即被抄家时连同其他书籍、衣物等统统被拿走。先生对《人心与人生》文稿被抄走很难过，曾给毛主席写信索要，后来首先送还文稿，先生即着手继续写八至二十一章。

先生对当时世界上的政治和社会形势是有看法的，在此书的字里行间多处有所流露。如在十五章讲人的性情、气质、习惯、社会的礼俗、制度时，着笔问道："强霸之力在人类社会生活规制上所起作用，盖无在而不可见，吾人对此应作何评价？"先生在赞赏印度圣雄甘地反抗英国殖民统治所采取的不合作运动时说："其中心思想是非暴力主义，代表着人类至高精神。"并说："鄙弃暴力，屏除一切暴力，人类将来有可能有这一天。""暴力——强霸之力——出于身而施之于身。""此斗争本能为人类同于动物所未能免。当其掩复着理性、理智而行动，即属愚蠢可悯。人类原不是只有聪明，绝不愚蠢呀！"

书中最后指出："古东方学术有异乎是：不务考究外物而反躬以体认乎自家生命，其道即在此自觉心加强扩大，至最后解脱于世俗生命"，"此盖文化之早熟者，正为世界未来文化之预备。其中如古道家之学，古儒家之学之复兴正不在远"。"世界未来是古中国文明之复兴。"

《人心与人生》是先生晚年最后一部著作。早在二十年代初，先生在北京大学讲授儒家哲学时期，即开始注意辨认人类生命（人类心理）与动物生命（动物心理）之异同。此一辨认愈来愈深入，遂有志于《人心与人生》一书之著作。经过断断续续五十多年之久的苦心钻研，综合有关人类研究的各门科学而会通，并结合先生自己思想认识的发展过程，对人心与人生的关系作了精辟分析，指出："必若心主乎此身，身从心而活动，乃见其向上前进；反之，心不自主而役于此身，那便是退堕了。"并一再指出："人类生命异于动物生命者，在人类不断争取上进，在有自觉，在有理性。"

先生为写《人心与人生》一书，作了大量准备工作，仅从书中注释看，阅读了四十多位古今中外著名专家学者的著作五十多卷，还看了不少有关刊物、杂志上发表的有关文章。主要是达尔文和马克思、恩格斯的著作。如《进化论》、《哲学之贫困》、《社会主义从空想到科学的发展》、《反杜林论》、《劳动在从猿到人转变过程中的作用》、《家庭、私有制和国家的起源》等；还有弗里茨汉的《马克思所理解的"人的本质"》、《马克思早期著作中人的理想》；列宁的《民粹主义的经济内容及其在司徒卢威先生的书中受到的批评》，斯大林一九二四年在军校演说：《列宁的为人》，毛泽东的《论持久战》；此外，有柏格森的《创化论》、《心力》，罗素的《社会改造原理》、《论教育》，施密特的《复苏》，汤姆生的《科学大纲》、《心之初现》，麦独孤的《社会心理学绪论》，克鲁泡特金的《互助论》、《无政府主义的道德观》，艾华的《古希腊三大教育家》，詹姆士的《心理学简篇》、《大心理学》，法国 Alesiscarr 的《人类尚在未了知之中》（亦名《人的科学》），奥林巴的《地球上生命的起源》，孟德斯鸠的《法意》，罗维的《初民社会》，以及康德、费尔巴哈的有关论述。

对苏联巴甫洛夫的著述亦阅读了不少；有《巴甫洛夫选集》、《大脑两半球机能讲议》、《研究动物高级神经活动的生理学与心理学》、《神经系的演化过程》、《精神病学》、《苏联高等医学院校教学用书》、《关于巴甫洛夫学说》。

参考国内专家学者的有关译著，有臧玉淦译《神经系演化过程》，潘光旦的《人的控制与物的控制》，朱洗的《智识的来源》，荆其诚的《知觉对实践的依赖关系》。

在引用中国古典著作方面，有《论语》、《礼记》、《仪礼》、《大学》、《乐记》、《墨子》、《庄子》、《孟子》、《王阳明》，以及大程子、王船山、陆象山等宋明儒家学说。佛书方面，有《大乘起信论》、《唯识论》、《楞严经》、《成唯识论》、《禅宗》、《瑜伽师地论》等等。[①]

七月间，先生在《人心与人生》一书完稿后，即着手改写《东方学术概观》一书。原稿写于一九四九年[②]。先生自觉原稿"文笔软弱无力"，于是作了进一步阐述，是《人心与人生》一书中关于东方学术的论述的深入阐述，体现了先生在那大动乱的年代，勇于维护优越的中国古老文化的迫切心情。

文中指出："百年来迫于环境大势不能不崇尚西学。在摹仿外国大学教育中，东方三家之学各作为一种哲学来讲，其固有精神实质亡矣！吾今为此书，诚有所不容已。"

全书计七章，第一章绪论，第二至第四章论述东方儒、道、佛三家学术；第五、第六两章论学术内涵及其分类，提出先生对学术分类的主张。第七章讲东方学术的共同特征。

文中仍就《东西文化及其哲学》一书中提出的"人生三问题"——第一问题人对物问题，第二问题人对人问题，第三问题人对自己问题——阐述东西文化之不同，指出：东西学术分途"其运用人心的自觉性能而发挥之，是东方学术的路子，而与西洋科学家考察外在事物者不同路"。

文中讲："儒者孔门之学"，"孔子训诲说'知之为知之，不知

[①] 1984年9月由上海学林出版社出版，1985年生活·读书·新知三联书店香港分店再版。

[②] 据香港《中报》记者赵端《梁漱溟忆旧谈新》文。

为不知,是知也'。末'知'字即内心自觉之明,正是此学吃紧所在"。"孔门之学……唯在启发各人的自觉而已。从乎自觉,力争上游,还以增强其自觉之明,自强不息,辗转前进,学问之道如是而已。""宗教总是教人信从他们的教诫,而孔子却教人认真地自觉地信自己而行事。"又讲:"自觉能动性为人类的特征,表见出至高无上的主动精神。但人们却可怜地大抵生活在被动中:被牵引,被诱惑,被胁迫,被强制……如是种种皆身之为累而心不能超然物外也。自觉能动性无时不有的,无奈人要活命先于一切,不免易失而难存。所以良知既是人人现有的,却又往往迷失而难见……孔门之学就是要此心常在常明以至愈来愈明的那种学问功夫。""这必得反躬隐默地认取之。孔子说的'默而识之'正谓此。识得是根本,不失是功夫。这即是要自觉此自觉。"

文中还讲道:"孔子论政,皆本道德之旨而不尚刑罚。""在孔门看来,统治阶层只须尽其自身修养功夫,不需用刑罚去制服人。"并引了一大段孔子论政原文。

关于道家,文中讲:"儒家、道家同于人类生命有所体认,同在自家生命上用功夫,但趋向则各异;儒家为学本于人心,趋向在此心之开朗以达于人生实践之自主自如。道家为学所重在人身,趋向在此身之灵通而造乎其运用自如之境。""道家功夫一言以蔽之,即通过大脑恢复其自觉性能是已。能自觉,便能自主自如。""道家者起自摄生养生之学也。""中医原从道家来。中医的理论及其治疗方法,一切措施,无不本于道家对于生命生活的体认。……向内(察物)多所会晤,留意天地四时阴阳变化,深入唯物辩证之理。"并指出:"西方科学家一味以向外察物为事,不曾识得生命。生命——生生不息的活生命——唯在反躬体认以得之。""他日为根本学理之追讨,则道家之学终必掘发出来。""道家之学体认人身内在生理、病理为之先也。"

先生曾经为自己早年批评道家而懊悔，书中对自己过去的观点作了修正。

书中对印度佛教讲得较多："佛教在其土宗教中原属后起，破除一切迷执，颇著革命精神。""破执是佛家宗旨。""佛家之学盖从世间迷妄生命中解放之学也。""佛家之路即是要从迷妄生活中静歇下来，《楞严经》云'歇即菩提'是已。"又讲："二执二取是世界生命之本。二执者，我执、法执；二取者，能取、所取。""破二执断二取，规复乎圆满清静之体，是即佛家之学也。"

书中第五、第六两章论学术内涵及分类，是继《人心与人生》一书中关于学术之论述的深入探讨。指出东方儒、道、佛三家之学"皆在向内体认乎生命，恰与近代科学向外以求认识事物者殊途。""人生自勉向上之学来从内外两面，……其根本在吾人自觉能动性的自觉，是即所谓内一面。何以还要学问功夫呢？人心内蕴的自觉虽为人生所固有，却每每若存若亡，如得精神集中当下，物来顺应，非易事也。盖为此心牵累于其身（食色本能和种种习气），总在向外驰逐之所掩覆也。为此学者要有以反躬认取此自觉（昔人所云'良知'、'独知'），时时戒惧其有失焉，其庶几乎。……孔门之学正是其早熟品。"

书中对将来世界必然复兴东方学术，提出论证说：

（一）人是富有感情的动物，人对人问题正是发生在彼此照顾到对方感情意志之时，只当此时方是彼此互以人相待而非同乎对待一物。假如以强迫手段或欺骗手段达成我的意志，却置对方心情于不顾，那便不在人对人问题范围之内了。

（二）比之以情不忍行其强迫，行其欺骗，更为有力地引入此学者，乃是于势不能行其强迫，行其欺骗。于情不忍自属主观一面之事，而于势有所不能，则是往复审决于主客观之间也。前者出于理性（情理），后者且兼理智（物理）作用。

所谓"于势不能"之势临于面前，就启发各人的自省之机，当是以诚相见，互勉于此学之时乎？人类前途舍走向此学而得见社会上自觉自律成风，创造和享有共产社会世界大同之局，吾不信也。

（三）人对自己问题的学术……人类自一面说仍不异于其他生物，而另一面却见有反观内照之可能，亦即有脱出机械性、盲目性之前提条件。

文中提出："人类生命由于有自觉能动性，在其对外改造自然界（兼括基于自然势力而来的社会人事）之余，便能进而转入改造自己生命。道家、佛家皆可目为改造自己生命之学。""儒、佛、道三家之学均贵践履实修，各有其当真解决的实在问题，非徒口耳三寸之间的事。""当今世界正是近代西方创造的科学学术及其物质文明发皇极盛临于末路转变之前夕，人生第一问题（人对物）行且过去，转入人生第二问题（人对人），从而向着人类第二期文化前进。……在西洋风气下的学术界一向不加讲求的东方早熟学术其将复兴有必然矣。"

文中就古今东西学术提出四大分类的设想——一曰：科学技术；二曰：哲学思想；三曰：文学艺术；四曰：修持涵养，简称修养。并讲："凡早熟于东方之各家真实学术，现在只当作哲学思想来讲者，殊属失真无当，显然应即属于第四类别也。""修养，此特指反躬在自己身心生活上日进于自觉而自主，整个生命有所变化提高的那种学术。其中有知识，有思想，却主要得之向内的体认，还以指导乎身心生活。因其学问大有别于处理外在事物者，从而名之曰修持，曰涵养，曰证悟。……此所指者，东方三家之学其重点。"文中除特别强调第四类外，对其他三项——科学技术、哲学思想、文学艺术——亦逐项予以解释。

第七章,东方学术的共同特征,指出这共同特征即是"修养之学的特征"。先生以三义括举之:一、心力之用向内而不向外;二、学者志愿真切,有不容已;三、为学要在亲征离言。①

一九七五年七月,正是十年动乱之中,"四人帮"打着"批林批孔"幌子,肆意摧残异己,肆意践踏中华民族优秀文化遗产,肆意歪曲孔孟学说之时,先生奋笔先后完成《人心与人生》及《东方学术概观》两书,书中反复歌颂了孔子的自强不息和反对暴政的精神,阐发了"大同"思想和"仁"、"德"、"信睦"之道,谆谆告诫人之所以为人在有自觉,在有理性;人应择善而从,不断争取向上;人对人应彼此以诚相见,互以对方为重,不应以对物态度对人。先生不屈不挠捍卫古老优良民族传统文化精神,一如往昔,真乃难能可贵。

从一九五三年对先生大批判后,已经二十二年,毛主席此时如何评价先生并持什么态度呢?据吴江先生讲:"一九五三年风波后,梁漱溟与毛泽东中断了联系,但毛泽东并没有把梁漱溟这个老朋友忘却,一九七五年即毛泽东逝世前一年,毛泽东在一份文件的批语中讲'金无足赤,人无完人',专门提到梁漱溟,含保护梁漱溟之意。"②

另据称:一九七五年十月十六日,毛泽东在《学部老知识分子出席国庆招待会的反映》一份简报上写下了批语:"打破'金要足赤,人要完人'的形而上学错误思想。可惜未请周扬、梁漱溟。"③

---

① 1986 年由巴蜀书社出版。
② 吴江:《一位很值得纪念和研究的人物》,《炎黄春秋》1999 年第 9 期。
③ 《老年文摘报》2008 年 9 月 1 日第 1281 期摘自程中原著《在历史的漩涡中》(中国文史出版社 2008 年版)一书。

一九七六年（丙辰）

八十四岁。

住北京中街。

一月九日早上，先生听到周总理逝世广播。上午政协车来接先生到政协参加学习小组会，悼念周公，先生曾发言。从日记看政协没有通知他参加悼念周总理的活动。[①]

一月，先生写《陈著静功疗养法跋语》一文。

陈樱宁先生是政协委员，先生因而认识并"雅相投契"。文中讲："此册内容立言，皆见其不违时宜，乃至一措词亦甚谨慎。""全册精华要属末后'静功总说'中解释庄子之文。"

四月，写《老来回忆此生多有非自己早年意料之事》一文。文中讲："吾先世累代宦游北方，我自幼从父母住家北京，曾无一日尝过农村生活味道，然竟投身农村运动，茹苦自甘，号召国人以为创建社会主义，复兴民族之唯一途径，矻矻十年，徒以日寇入侵，未竟其意。"

同月，就唐现之先生为先生编辑《梁漱溟教育论文集》所写"编者赘言"，写了一段话："现之此文称我'认真做人'，确是一

[①]《梁漱溟全集》第八卷，山东人民出版社1993年版，第1012—1038页。

语道着。世人以学者看待我,非我所愿接受。如其看我是自有思想的人,而且是一生总本着自己的思想识见而积极行动的人,那便最好不过了。然而俯思自省,我认真则有之,'做人'二字还大不易谈。如我在《人心与人生》一书中所曾说明,'唯圣人为能践形尽性',我一向意气承当,一生行事疵累多矣,自以为是,自高自大,最是病痛所在,文内于此未及指出,却不无溢美之词,是其缺失,然而观其叙述之委曲详尽,又曷胜知己之感耶!"

四月,写《自叙两则弁于年谱之前》一文。文中叙及自负历史使命——沟通中外古今学术思想——及家世变迁情况。

五月四日"午后写毛主席的晚年",从五日起,"早起写稿(晚年)",间或写杂志,但从十九日起,"早四时起写稿(晚年)",有时"检看毛言论集"。到二十八日在日记中记着:"早起写续稿完功。"从三十一日起记"早起写《追记迭次(与毛主席)谈话》",断断续续写到十二月四日。①

七月十一日,先生在日记中只记了"今日公祭朱德委员长"一句。没有全国政协通知他参加公祭的记载。②

九月一日,先生写《写在〈纪念梁任公先生〉一文之后》一文。文中说:"一九四三年一月,我在桂林曾写过《纪念梁任公先生》一文,为他两次从政的错误抱憾致惜。今读先生遗文,乃知先生晚年固自己知悔而自责焉。""任公先生是有血性的热肠人,其引用庄子内热饮冰的话,以饮冰自号,很恰当。""情感浮动如任公者,亦是学问上不能深入的人。其一生所为学问,除文学方面(此方面特重感情)外,都无大价值,不过于初学者有启迪之用耳。我受先生知遇,终身铭感,右方言论质直,正是不敢有负先生垂爱之

---

① 《梁漱溟全集》第八卷,山东人民出版社 1993 年版,第 1012—1038 页。
② 《梁漱溟全集》第八卷,山东人民出版社 1993 年版,第 1012—1038 页。

厚意。"

九月九日先生在日记中记着："午饭（后）访星贤（王星贤）。归途闻毛主席病逝。"十日记"早起听广播毛公逝世讯"。十七日记着："车来赴会，宣布明日追悼大会的安排。说我在家不必出。回家午饭。街道革委会李同志等来坐，约我明日到先街道革委会看电视广播大会实况。"十八日记着："午后应邀出看电视。"①

从先生日记可看出，国家三位重要领导人逝世，都不安排他参加追悼会，而且在追悼毛主席大会时还把他安排在街道革委会看电视，实质是监视，说明"四人帮"把梁先生当作专政对象。

十月一日，先生在日记中记着："晚饭后车来去天安门观礼，在最下层，感叹今昔之差（昔与毛、周在城楼上也）。早退，休息于车中，回家九时多矣。"此数语可见先生当时心情。②

十二月五日，开始写"回忆周总理"，到三十一日"早起结束回忆周总理一稿"。断断续续用了十六个早晨写完。③

同月，先生继续写《追记在延安、北京迭次与毛主席的谈话》一文，于翌年二月写完。计写了：一九四六年三月、一九五〇年三月十二日、同年九月二十三日、一九五一年九月五日、一九五二年八月七日五次的谈话内容，颇详细，约一万五百字，已分别叙入年谱。文章最后讲："毛主席要我出去各地作社会调查一事，事隔两年之后，我始于主席的美意大有所悟。此即毛、周两公常谈的知识分子改造问题，指出知识分子必须下厂、下乡接近工农，以至知识分子要劳动人民化，工人、农民要知识分子化。这一方针是向着共产社会走所必要的。回想从一九五〇年三月起至一九五二年八月，

---

① 《梁漱溟全集》第八卷，山东人民出版社1993年版，第1012—1038页。
② 《梁漱溟全集》第八卷，山东人民出版社1993年版，第1012—1038页。
③ 《梁漱溟全集》第八卷，山东人民出版社1993年版，第1012—1038页。

同主席先后谈话五次,每次他总劝我出去看看、走走,只头一次我听从了,其他几次我均拒不从命,大大辜负了他。""再则,我想去苏联研究解决的问题,经我在京学习研究后,亦大致各得其解决。"①

是年,写《略记当年师友会合之缘》续篇,约二千四百多字。

文中讲:"前文未之见而精神上、形迹上相亲合者则有罗膺中(庸)。一九四九年,膺中应勉仁文学院之聘从西南联大来到北碚,不久竟而身故,可惜莫甚。"又说:"幸有王星贤(培德)二十年至今同住北京,时常相会,最为彼此得益。"先生在北京家中的藏书,被红卫兵烧毁或运走,说:"治学写稿不能离参考书,只有索借于朋友。索借对象,星贤其一。至今手边案上、架上盖不少借之星贤者。我写《人心与人生》,每写出一部分即送星贤看,星贤有意见辄指出修改之。"

文中说,十年来,先生借书的对象还有:朱谦之、老同学张申府、郭大中(镛)。认识郭大中,是先生"一九五〇年来京后由张云川介绍","结交虽晚于他友,但近年过从较密者不能不数大中"。"云川原名张长潘,徐州人。为人爽朗有豪气。""云川与我的关系是从宋乐颜而来。""乐颜从我工作颇早,且甚久,先在河南,后在邹平,末后在北碚勉仁中学,竟身故于勉中。"②

文中最后提到认识徐树人和肖克木的经过。一九三二年,徐任河北省东光县县长,与先生认识后,竟辞去县长到邹平求学。经过一段时间后,先生推荐徐担任邹平县县长。肖克木与先生认识于《村治月刊》售书处,肖说对先生钦仰已久,后到邹平乡建院担任出版股工作,其人"治事条理清楚,有创造计划,而自己勤恳修学

---

① 手稿。
② 梁漱溟先生在原稿上曾注明:宋乐颜任校长,被错划"右派",死于劳动工地。

尤不可及"。

　　文中还叙述了河南村治学院之设立缘由，已在一九二九年年谱谈及，不赘。①

---

　　① 手稿。

一九七七年（丁巳）

八十五岁。

住北京朝阳区中街。

一月七日起，继续写头年《追记在延安、北京迭次与毛主席的谈话》一文未完稿。每日早上写，断断续续又写了十九天，每天早上写一会儿，到二月四日完稿。

二月九日开始写《我致力乡村运动的回忆和反省》一文，于二月十八日（农历正月初一）写完，约三千多字。[①] 全文分两部分，前一部分说明先生从事乡村建设运动的缘起和经过，后一部分是反省及预测。

先生在这篇文章的第一句话就是："乡村运动是我一生中一桩大事。"

文中讲："远从几代祖先以来，我家世居大城市中，对于乡村生活实多隔膜。只因中国是一大农国，是一大乡村社会，城市知识界人终不能不关心乡村耳。但我之注意到乡村，则有特殊原由，原由在我生逢国家多难之秋，受先父及父执彭翼仲先生影响，自幼关心大局政治，在清季则由参加请愿开国会，而激进参加（辛亥）革

---

① 《梁漱溟全集》第八卷"日记"，山东人民出版社1993年版，第1039页。

命。清廷退位，袁世凯当权，破坏临时约法，解散国会，民间曾无抗阻之力，甚且容其出现帝制运动。顿悟广大人民根本没有民主要求，所谓宪政徒托空言是不行的。我所梦想的议会政治政党内阁，要必先养成国人的政治能力，而建基则在地方自治。我之下决心去乡村，盖志在从小规模的地方自治入手也。""质言之，我最初不过幼稚地在学西洋而已，但不久便觉悟得中国不可能走西洋资本社会之路，而有农村立国之想。"

文中叙述了先生从事乡村建设运动将近十年的活动后，在反省批判自己的错失所在方面，提到《乡村建设理论》，曾标有"一名中国民族之前途"字样，"可见其自许之心情"。先生讲："我以为他们（指国民党和共产党）所走的道路均不足副其志。却不料事实证明中国共产党在毛主席领导下统一了全中国，稳定地在建设社会主义新中国，而我所致力者则落空。落空了岂能不引起自己反省与批判。经过对照比较而后觉悟到我自己错失所在。"

先生分三点说明自己的错失：

一、"过去我认识得西人所长中国所短要不外：（一）科学技术；（二）团体组织而已。西洋人以及摹学西洋的日本人，所以表见其威力者要在此；吾人虽泱泱大国，然而人事方面则一向散漫和平，在学术上则又同短于制服自然、利用自然的技能。近百年来的失败在此。今者急起直追又须避免再走他们的资本主义道路，而要从组织乡村农工合作入手，以合作组织吸收运用农工生产上的科学技术。合作组织的一分扩大，生产上科学技术的运用随以一分的增进；生产上一分的增进又引发组织上一分的扩大。而随着合作组织的开展，科学技术的利用又得提高一步。如是彼此往复推动着前进。经济上的生产与分配相缘不离；学术上、生产上一切进步掌握于广大社会，悉为社会造福，便顺理成章地进入最后的共产社会。"

"客观形势分析的话,在我不是没有,先见于《乡村建设理论》,后见于《中国文化要义》;无奈阶级观点不强,此即输于毛主席之处。由于缺乏阶级观点,初则强调团结抗敌,继则强调合作建国,奔走各方非不尽心尽力,而终于落空者,则避分求合,不懂矛盾统一之理也。毛主席不然,他从团结愿望出发,而先之以认清敌、我、友,建党、建军、建立统一战线,有分际地有步骤地行进,末后便把全国人统一到自己周围;对照下来,我之错失所在便明白了。"

二、"我诚然错了,却并非全无是处。老中国社会既有其一般性,即略同于他方社会者。毛主席强调阶级斗争,从阶级斗争来解决复杂的中国问题,以武装革命打败了反革命的武装,建起了无产阶级专政的国家,此其成功就在抓住中国社会的一般性那一面。……但世无久而不变之局。……具有数千年传统文化的中国社会之特殊性一面,卒必将显现出来。……"

"什么是我们民族固有精神?此时照世界其他各方面而可见,我夙括举之曰:'人生向上,伦理情谊。'……'人生向上,伦理情谊'两句话是我对传统文化民族精神的理解认识……同时亦是对人类前途的理想所寄。距今四五十年前我径直提倡其实行,而不知道非其时。""毛主席舍开中国社会特殊性而走社会一般性(阶级斗争,社会革命)道路却为对症施药。他的道理浅,我的道理深;我正失之于所想深奥耳(掉转说,又不够深,若更深进一层就好了)。"

三、"如我所说,我诚然错了,然而所见仍然没有错,只不过是说出来太早了。——失之太早。""早在五十年前我便预测世界最近将是中国文化的复兴";"若问将在世界最近未来所复兴的中国文化具体言之是什么?扼要言之,那便是从社会主义向共产社会迈进时，宗教衰微而代之以自觉自律的道德，国家法律消亡而代之以社会礼让习俗。请细审旧著《中国文化要义》一书所阐明的要义"。①

五月十五日，先生写完《今后国内政治局面之预测》一文。文中主要说："如我预测，今后则将是法治之代兴也。"②

五月二十八日，写完《论毛主席的晚年》。文中说："毛主席功在国家，功在世界，其功德直是数说不尽。""当其晚年生命力见出衰颓时，缺乏警惕，便闯出祸乱了。""一旦他去世，中国历史其将掀翻一页而入于新局乎！"③

是年，先生还写了《毛泽东对于法律做如是观——访问雷洁琼同志谈话记》一文。文中说："但建国初期，中央各部院中犹有司法部，史良任部长，后来便撤了。虽至今有各级法院之设，而事务甚简，社会上有不少问题，皆由公安部门或以行政处分处理之。""我之访问雷君，意在以自己所见，寻求印证。"

文中写了雷洁琼同志讲了一些不重视法治、不注意培养法治人才的情况。④

---

① 手稿。
② 手稿。
③ 手稿。
④ 手稿。

一九七八年（戊午）

八十六岁。

住北京中街。

二月下旬，全国政协召开第五届全国委员会，先生出席了会议，并继任全国政协委员。

先生于二月二十二日住进宾馆，同李觉、米暂沉住一起。

三月一日早，小组长程思远动员先生发言，经过认真准备，于是日上午作了发言。当时正在讨论宪法修改问题。

先生讲："旧中国宪法常是一纸空文。新中国有了新宪法，但三十年来，宪法并未成为最高权威，'文革'中更是撇开宪法，人民生命财产均无保障。现在……人治必将由此转入法制。"[1] 并说："毛主席错误地发动了'文革'。"呼吁"必须彻底否定'文革'"。先生的这一发言又遭到批判。[2]

先生在当天日记中写出"发言反响不佳，自叹独立思考，表里如一之难"。批判长达数月之久。先生在三月七日日记中仅写了"我发言反响不佳，叹息反省而已"。[3]

---

[1]《梁漱溟全集》第八卷"日记"，山东人民出版社1993年版，第1075—1076页。
[2] 汪东林：《黄维其人》，《作家文摘》1998年8月12日。
[3]《梁漱溟全集》第八卷"日记"，山东人民出版社1993年版，第1076页。

先生在全国政协第五届大会前后的小组会上,就讨论宪法问题先后主要讲了如下一些话:

"立宪在世界上起于英国,来头是限制王权","我们的新中国,靠了最高权力的无限……比如解决刘少奇这个资产阶级司令部问题,毛主席发表'炮打司令部'的大字报。如果按照常态、习惯和法律,就得先在党内开会解决"。"我国过去的成功和胜利,的确是靠了毛主席的领导……他缔造了党,缔造了国家,他的权威太大了。""今后应该尊重宪法,多靠宪法少靠人,从人治渐入法治……我们今后的宪法是有权威的。我们今天讨论宪法,很必要,很重要。我特别想强调分清楚过去的一段和今后的一段。今后的一段是真正的立宪,要多依靠宪法。"

在《梁漱溟全集》第八卷发表的日记中,先生没有记他发言的主要内容,但在五月十二日记:"车来同张赴会,众人追问我上次发言,回家着手写出若干条。"五月十三、十四日都记"早起续写《宪政与其专政》一稿"。十五日记:"中夜起身写发言稿(《宪政与专政》)八条。车来赴会宣读之,朱、程发言,不答。回家午饭。即写发(政协干部)林安娣信嘱代请假,周内均不到会。"这天的日记反映出先生对他无休止的批判难以接受的心情。此后日记常记"夜来失眠",服安眠药。六月十六日又记"早起车来赴会,忽有民盟张毕来等多人参加,对我批判,略答一两句"。三十日记"早起进食,忽而车来即去政协,听他组发言批判"。①

从七月起,先生在日记中没有受批判的记载了。生活又回到有规律、平静地读书中,念佛。

先生五月十五日在政协学习小组会上宣读的《宪法与专政》,在《梁漱溟全集》第七卷发表了六条。

---

① 《梁漱溟全集》第八卷"日记",山东人民出版社 1993 年版,第 1076—1085 页。

特如一九五四年公布的宪法条文一百余条，而一九七五年修改，忽而降到三十条，最见出轻易而不郑重其事。

又如宪法第三章所规定公民的基本权利和义务中有"公民的人身自由不受侵犯，任何公民非经人民法院决定，或者人民检察院批准，不受逮捕"和"公民的住宅不受侵犯，公民有居住和迁徙的自由"等条文，而当一九六六年八月"文化大革命"期间这些条文全归笑话空谈，一概不作数。"红卫兵"小将到处抄家破户，或迫使人回乡，以至拘人、打人、杀人，全北京城内难计其数。全国铁路交通亦全失秩序。

全国政协干部汪东林同志于一九九八年发表一篇文章《黄维其人》中谈到一九七八年全国政协批判梁先生这件事，读后令人感慨；二〇〇一年，重庆《党员文摘》第二期发表史锋锐写的《梁漱溟：否定"文革"第一人》，也讲了梁漱溟先生提出彻底否定"文革"的主张。

一九七九年（己未）

八十七岁。

住北京中街。

三月十二日、十七日作报摘，题为《欧美各国社会最近情况一般》，加按语："盖可见近世以来之世界性的欧美文明鼎盛之后，而另有新一代的人类文明出现之朕兆不既势无可免矣乎。具体指出之，则将有社会大革命，步入社会主义阶段，取代近数百年之资本主义也。亦即从个人本位转入社会本位。""总之，欧美社会日趋没落崩溃，世界局面在大转变的前夕也。"①

九月，夫人陈树棻先生病逝。

同月，冯永明女士从伦敦经香港来北京。冯访先生于家中，谈佛法。冯四旬年纪，未婚，有意出家，先生"大赞成之"，并说："女士于佛法似非浮慕浅尝。"②

十一月，先生在一九七七年五月写的《今后国内政治局面之预见》一文末，写了后记一则。后记中说："觉察其与当前局面实情表现有合有不合。例如当前领导上和舆论强调法制和民主，非其有合之一面乎？然而如报载，某女争取婚姻自主十分艰苦之事例，则

---

① 《杂记》。
② 《杂记》。

尊重个人自由的新礼俗之形成似远远有待也……且看一九八〇年后如何。"①

是年,美国芝加哥大学历史系教授艾恺著《梁漱溟传》,在美国加利福尼亚大学出版社出版。②

---

① 《杂记》。
② 艾恺将书邮寄先生。

一九八〇年（庚申）

八十八岁。

移居北京木樨地二十二号楼（至一九八八年辞世）。

全国政协于一九七九年底通知，安排先生迁居木樨地二十二号楼五门九层十七号住房。这是高干居住区。先生分到一套四室一厅的房子，三个房间向南，一个小间向北，宽敞明亮，现代化设备，并给安装电话。住起来很舒服。先生很高兴，于一九七九年十二月三十一日移住新居。从居住条件看，是飞跃变化。说明粉碎"四人帮"后，邓小平同志复出，国家政治形势已逐渐好转，先生的政治待遇和生活待遇也渐入佳境矣！

是年四五月间，人民大学党史系派人与先生商定，每周三下午，由该系杨炎如等先生来家，听先生讲述他过去与中国共产党的交往并录音。

五月间，收到日本和崎博夫、池田笃记托溥杰先生带回的一本日文书：《一读书人的节操》（又名《桂林梁巨川先生殉世遗言录》）。此书是先生父亲遗书的摘录，译为日文出版。说明先生父子的高风亮节，受到国际有识之士的敬重。

六月十四至三十日，逐日与美国学生林琪（女）讲学。林琪是南京大学历史系美国留学生、研究生，以专门研究先生学说为课题的。林琪由其导师伍贻业陪同，专程来京听先生讲学并录音。

三月中旬，先生收到美国芝加哥大学历史系教授艾恺（Cuys. A Alito）博士来信，同时收到艾恺著《梁漱溟传》（英文）两册。先生请叶笃义先生口译给他听，先生听后说："觉其用心用力不少，但未佳。"

艾恺在美国根据先生的著作和他收集到的资料，研究先生的学术思想和政治主张多年，写出《梁漱溟传》、《梁漱溟言论集》共四本书。艾恺将搜集到的先生在《乡村建设月刊》、《光明报》和中国报纸、杂志上发表的文章，均予影印编入书内，还到台湾搜集抄摘了抗战时期先生在国民参政会上的发言和提案等档案，分期分类编辑书内。艾恺将其所著所编之四本书，陆续从美国寄赠先生。

艾恺于四月间来信，言其为印证所著《梁漱溟传》等书事实，订正该书未尽正确、周详之处，欲来中国北京与先生见面，请办签证。先生于五月初致函政协，为艾恺来京相晤事请求办签证。政协办好签证后电知艾恺，艾恺于八月十二日到北京面见先生。

艾恺从美国带来梁老先生的放大相送先生。

从八月十二日开始，先生与艾恺长谈十余次，到二十五日结束，录音三十盒。跟随先生多年的学生田慕周（田镐）同志等八九位先生根据录音整理写出《答美国学者艾恺先生访谈记录摘要》一文，作为附录发表于《梁漱溟全集》第八卷。

先生与艾恺在十余次谈话中，涉及面较广，大致归纳有十几方面的问题。艾恺当面承认他写的有关先生思想发展、变化的过程等错误之处有不少。

先生一上来就对艾恺讲："我是希望你了解我思想的根本。我思想的根本就是儒家和佛家，如果能对佛家和儒家多了解，比什么都好，比了解我过去的一些事情都重要。我愿意把我所懂得的儒家跟佛家说给你听。我的意思是把我们的谈话重点放在这个地方。而不是重在我个人的事情。不但是希望于你,并且也希望欧美人能够多了解这两家,一个儒家,一个佛家。"

先生对艾恺谈话的主要内容如其所言,放在讲解儒家学说和佛家学说。先生讲了儒、佛的异同,讲了佛家的小乘与大乘的异同。先生讲:"广大的印度古社会,它都是否定人生,说人生没有价值,甚至说人生是迷妄,佛教算是把否定人生最到家了。而儒家它站在人的立场,不离开人。"

在谈到中西文化的不同和未来世界时,先生讲:"中国文化所不同于西洋,不同于印度,就在它认识了人的'理性'。它相信人……儒家的特色是它信赖人,不信赖旁的。……'人性善'这个话在孔子倒没有说,可是孟子点明了。这就是儒家的一个特色,它是信赖人。"

先生在阐述了他在《东西文化及其哲学》一书中提出的人类文化三阶段后,仍坚持"在世界未来是中国文化的复兴"这一观点。认为"西洋文化的发达,主要是'征服自然,利用自然',很成功,一直到现在还是很成功的时候。……人类社会再往前走,……很自然地要走入社会主义,资本主义要转入社会主义。可以说(资本主义)八个字'个人本位,自我中心',以自我为中心,它要转变。……要转入社会主义,个人本位变为社会本位。到了社会本位,我认为人生问题就转入第二个问题,就是人对人的问题。就是人对人怎么样子能够彼此相安?彼此处得很好?在这个时候成为头一个问题","中国文化则将复兴"。

艾恺说:"我自己还是信服你这个说法是对的。"但是艾恺突然问先生:"你觉得'四个现代化'这个计划对中国文化有无什么害处?"

先生回答说:"中国生活在现在的世界上,它不能违反潮流,它只能往前走,把物质文明发达起来,那是需要的。不过要紧的是过去西洋物质文明发达是靠资本主义发达起来的,中国自从西洋强大的势力过来,中国已经没有走资本主义的余地,不可能走资本主义,所以它就不能不走社会主义的路子。只能在谋社会福利的里边,有个人福利,不能让个人福利压倒社会福利。所以共产党在中国的出现,并且成功,那是很合理的,不特别,不奇怪。"

艾恺问先生:"你认为西方社会应该向东方,尤其是向中国学习一些什么?"又说:"就现在历史阶段来说。"

先生讲:"学习什么?我回答这个问题。"先生就人伦——伦理关系讲了:"人始终要在与人相关系中生活,人不能脱离人生活,离开人生活。那么怎么把人与人的关系搞好,是个重要的问题。中国文化的特色就是重视人与人的关系。它把家庭关系推广用到家庭以外去。……它总是把家庭彼此亲密的味道,应用到社会上去。把离得远的人也拉近,把外边的人归到里边来。这就是中国文化的特色,这个特色一句话说,它跟'个人本位,自我中心'相反,它是互以对方为重。"先生还讲了"孝悌"和"礼让",并说:"到了未来,资本主义过去了,社会主义来了,恐怕这个礼让的风气就会来了。大家一块生活,互相尊重是很必要的,所以我说世界未来是中国文化的复兴。……我是乐观的。"并说:"我觉得马克思主义很好,它比空想的社会主义高明。"

艾恺请先生对过去的民主党派和国家建设之间的关系作个评论时,先生讲:"我跟其他的搞政治活动的人有一点不同,就是他们几乎都是梦想英(美)式的政党政治。……(我认为)这个不合中国的需要,因为中国在物质文明上,在经济建设上,主要说在工业上,同国外比较,差得太远了,太落后了……非赶紧、赶快,急起直追，把这个缺欠补上去不成。要补上去，必须是有一个全国性的政权，采取一定的方针路线，几十年的稳定局面，贯彻去搞，去建设，才能把那个（缺欠）补回来。你下来，我上去；我下来，你上去。这样子就不行，今天是这样方针计划，明天又那样子，那不行。我一个人总是梦想这个样子。……可是后来局面，居然落到把国民党赶出去了，大陆上统一了，共产党掌握政权，一直掌握几十年，刚好做了不少事。可惜过去的三十年，还有些个动乱，可惜。看现在这个样子，动乱过去了，今后可以迈大步前进，所以我很乐观，这是我的希望。"

艾恺问先生："你觉得最伟大的中国人是谁？"

先生讲："恐怕还是毛泽东。""毛泽东实在了不起，恐怕历史上都少有，是世界性的伟大人物。不过他晚年就不行了，就糊涂了，有很多错误。"艾恺问先生："毛泽东最伟大的成就是什么？"先生讲："他创造了共产党，没有毛泽东就不能有共产党，没有共产党就没有新中国，这个是百分之百的事实。不过他这个人到晚年就糊涂，有很多做错的事情。这错的事情，在周恩来没有。周恩来是中国从前叫作完人——完全的人。不过很巧，他是天生的第二把手，天生的给毛泽东做助手的人。论人是最好了，最好。"艾恺接话讲："你这个说得很对。"

艾恺问先生："很多人认为你是当代具有独特智慧的人物，你有今日的成就，你背后支持你的原动力是什么？"

先生讲："我觉得还是得力于佛。""我佩服佛教，倾向于佛教，可我还是一个平常的人。""做一个人的生活应当是走儒家的路，可是我是一个想要做好而不够的人……那就是我在'破执'上（佛），'廓然大公，物来顺应'（儒）上不够。我希望能够这样，但是不够。""我思想意识上懂一些佛家，可是我实际的生活希望跟着王阳明走。"

在谈话中多次谈到先生自己,先生讲:"我固然做过记者,教过书,可是实际上比较重要是做过社会运动,参与政治。搞乡村建设是社会活动。社会活动、政治活动恐怕是占我一生很大部分。""对中国几十年来的现实政治,我是也尽了一份力量。"先生还讲:"我自己承认是一个有思想的人。独立思考,表里如一。并且是本着自己的思想去实践的人。""在思想上给我很好启发的是佛学。""我总是把我的心情放得平平淡淡,越平淡越好。""我好像是个乐天派!"

先生一再申明自己"不是学问家",并说:"假定说在学术方面我有贡献,那就是这本书(《人心与人生》),我尽我的头脑、精力发挥。""我的思想、主张都在那本书里头。"

艾恺问:"依你看,现在政府所实行的计划、现代化,跟哪一个过去提倡过的计划最接近的?"

先生讲:"过去都是空话。""当初有当初的理想、口号,可仅仅是理想,仅仅是口号。可是现在呢,比较从前不一样了,比较不是停留在理想、口号上,事实上慢慢接近。"艾恺接着问:"比如'乡村建设运动'有没有与现在类似的地方?"

先生说:"有。我们想要做到的……一个团体组织,一个科学技术(引进到农业上),这两个方面,从前我搞乡村运动的,我想做的事情,现在都往这个方向走了。"

艾恺对先生讲:"请你给欧美青年一些启示。"

先生讲他不了解欧美青年的风气和情况,不能针对着问题讲话,"笼统的话也没有什么用"。

艾恺又请先生给下一代中国青年一些启示,启示他们如何才能获得一个更有希望的将来。

先生讲:"我对国内青年可以说的话大概是两样。一样是就国内大局说，现在正是一个很平稳而求进步的时候。有些人羡慕美国，或者羡慕欧洲，好像不满足国内。我觉得有点盲目性。盲目地羡慕外边，盲目地想学外边，这不对，不好。当然出国去看一看，去学习，不过要胸中有主。一样是中国，在共产党领导下，往社会主义里头去，这个大方向是对的。在这个时候，各自做力所能及的事，尽一份力量，应当是当代的中国青年的道路。"

在谈到人类发展前途时，艾恺问先生："人类是不是可以过没有争执、斗争的生活？怎样才能减少争执、斗争？"

先生说："争执、斗争是事实，是生物界有的，不单是人类如此。弱肉强食，这是不可否认的事实。人应当高于这个。事实上人也已经高于这个东西。能够彼此照顾，帮助弱小，这一面也有，还有一面，彼此残杀。社会发展越往前去，彼此隔阂、歧视这一面要减少。心胸开阔，照顾旁人，这方面要发展，应当越来越发展，趋势如此。……越进步、越文明，彼此情感上容易相通、了解。将来资本主义之后，出现了社会主义，恐怕更是这样，所以往人类的前途看，应当乐观的。"

先生在与艾恺十数次长谈中，尽管艾恺多次用语言挑斗，先生始终站在维护我国优秀传统文化和国家利益立场予以回答。①

九月一日下午，先生同缪云台、黄维三人作对台致意之词录音。

九月十日，在五届人大三次会议上，先生被推选为宪法修改委员会委员，出席了该委员会会议。

九月十二日，在全国政协第五届第三次会议上，先生被选为全国政协常委会委员。

---

① 《答美国学者艾恺先生访谈记录摘要》，《梁漱溟全集》第八卷，山东人民出版社1993年版，第1137—1178页。

一九八一年（辛酉）

八十九岁。

二月，应美国一个关于朱熹学说讨论会之请，写出《试论宋儒朱熹氏在儒家学术上的贡献及其理论思维上的疏失》一文，约两千字。全文分两部分：（一）讲明孔门之学，指出孔子的学问"就在反躬理会自家生命和生活而求其逐有进境上"。（二）指出："朱子（作为宋儒代表）于传播孔门之学有极大贡献。……从《礼记》五十篇章中特别选出深得此学精髓的《中庸》、《大学》两篇与《论语》、《孟子》合称四子书，成为后世读书人所必读。"

文中讲，朱子理论思维上的重大疏失，表露在朱子《大学补传》中一段话，把物理和情理"浑涵未加分别"。"一入手便心向外用去，岂不背离孔门学脉乎？"[1]

七月，美国威尔康辛大学历史系研究生林琪（Cherine Lynch）专程来北京拜访先生。林称先生老师，畅谈十余日次，共计二十多个小时。林琪是根据中美两国文化交流协议，正在南京大学历史系学习。她来华是为了撰写《梁漱溟思想研究》的博士论文。她的研究重点是先生的乡村建设。为此，去年她曾专程到山东邹平、济

---

[1] 手稿，未发表。

南、曲阜调查当年先生搞乡村建设运动的情况，并走访了先生当时的合作者。林琪讲，凡是先生的论著，她都拜读过，包括当时尚未出版的《人心与人生》手稿，说她对先生十分敬佩。

八月间，香港《中报》发表赵端写的《梁漱溟忆旧谈新》一文。笔者报道他访问先生的谈话情形，先生用毛笔字在剪报标题旁批"此稿较正确"。

文中讲："梁漱溟先生由东郊乔迁至西郊（木樨地）已有一年多了。按北京人的眼光，他现在的居住条件相当好，二厅三房，设备现代化。他的书房宽敞明亮。有书，但不算多，书橱里大多是《柳文指要》、《诸子集成》、《儒家思想》之类，墙壁上挂了一幅年历，室内除了沙发、茶几、藤椅等必要的家什外，没有什么特别的摆设。最引人注目的要算靠西墙的那张古旧的中国式写字台，它抽屉多，式样古拙，是梁先生终日伏案写作的地方。……他今年八十九岁，头发斑白，并未秃顶。走路既不用手杖，也不需人搀扶，很自如。而且从沙发上起坐毫不吃力。读书、写字不用花镜，而是用一副比平素度数较浅一点的近视镜。但梁先生说，他确实感到自己是老了。虽然没有什么病痛，身体素质已不如过去。明显的变化是，他的记忆力大为减退。腿，也不像以前那么有劲了。""谈起梁先生的学术研究，他客气地说：'目前谈不上什么研究，只是忙于应付。'几乎每天他都要回复信件，有来自内地和香港的，也有来自日本、新加坡、巴黎等地的。经常他需接待来访，有新闻记者，有搞教学和科研的，也有自学青年，还有国际友人。梁先生是全国政协常委，他每周需到政协开会或参加专题讨论。当然，他每天都要读书，精神好时则写作或整理旧作。""梁先生认为，目前大陆局面非常令人欣喜。他说：'如今建国已将三十二年，中国有经验，也有教训。我觉得，现在国家有困难，然而国运已重新走向兴旺。'

'中央实行集体领导是事实,是党、政、军同舟共济,我们很可以放心。''关于中国的经济调整问题,我一向对陈云副总理非常之点头。他是我们国家的经济专家,或者说权威。他对中国经济的方针政策拿得准。这是中共党内也是公认的,有这样的领导人在中央,我对当前的经济调整很有信心。'"

赵端文中还讲了美国艾恺、林琪研究先生著述情况。[①]

---

① 先生剪存香港《中报》月刊1981年9月号第20期。

一九八二年（壬戌）

九十岁。

住北京木樨地二十二号楼。

三月下旬，先生的学生李渊庭收到好朋友邓托夫教授（重庆北碚西南师范学院历史系）两封挂号信，卢子英先生（大企业家卢作孚先生之弟）在信上签名。信内附致人民大学胡华教授信及资料。资料中有梁先生早年写的《过去和谈中我负疚之一事》长文。邓信嘱李渊庭先看致胡华教授信，如认可即送。

邓托夫教授致胡华教授的信，是讲胡华教授编著出版的《中国近代史》中，讲到在国共最后和谈，一九四六年十月二十八日，由第三方面提出的和谈折中方案（即"年谱"一九四六年的事）"是梁漱溟出卖人民利益投靠国民党，图个一官半职"。邓托夫教授和卢子英先生认为梁漱溟先生不是这种人，希望胡华教授根据事实下结论，修改他下的结论。（大意如此）

李渊庭同志接到邓托夫教授来信后即前往先生家，请先生看邓的信。先生看信后笑着说："过去的事摆在那里，似无分辨的必要。"李渊庭同志说："托夫、子英两位好意，似不应辜负，还是送交胡华教授算了。"梁先生点头。

李渊庭同志让阎秉华到人民大学送信。胡华教授看过邓托夫教授的信对阎秉华说：“梁漱溟跟我们党不一致，他总是右。什么'九天九地'呵！北京晚报（发表）'刚直不阿'（文章），我们批判了。至于涉及梁的历史，别的几部现代史，都是'文化大革命'前写的，而我们是在其后写的。我们是根据纪念周总理文章的材料写的，这些材料是许涤新等人的。我可以让助手查一下。我们不是随便写的。何幹子写得不详细，我们写的近代史是根据会议纪录及有关材料写的，根据悼念周总理期间的文章内提到的材料写的，其中有许涤新等三人写的。"阎说：“这事应看具体事实如何。邓托夫教授给您提供的资料，希望您还是看看再说。"阎告辞时，胡华教授问了她曾在哪里工作，住在哪儿，阎一一回答，当时阎已六十五岁。

过了约两个月，胡华教授来到阎秉华家。阎当时住在三不老胡同民盟中央宿舍四层，没有电梯，看出胡华教授上四层楼费了劲，进门时喘着气。李、阎夫妇请他坐下来缓缓气。胡华教授说：“邓托夫教授给我的那包资料看过了，他讲的不无道理。梁漱溟回到北碚后从事著作，并没有参加国民党的工作。我将考虑《中国近代史》再版时予以修改。"胡稍坐一会儿就说车在楼下等他，告辞。阎跟着送到楼下，看他上车。彼此客气。

从李渊庭给邓托夫写复信时留下的一页废信看，他是一九八二年四月八日写的，阎是在四月初给胡华教授送的信，胡华教授来李、阎家应是六月间的事了。

先生是在胡华教授来李、阎夫妻家几天后的一个上午来的（他多时不见李渊庭，有时就自己来），自己坐在靠写字台前的木椅上。当时西瓜刚上市，李渊庭头一次买下一个，切西瓜招待。彼此讲了几句问候话后，阎即向先生讲给胡华教授送信及胡华教授几天前来家讲了些什么话。先生一边吃西瓜，一边听，听阎说完，先生讲："过去的事了，谁爱怎么讲，就讲去！"他还是边说边吃，脸上却露出异样的笑容。李渊庭看到了问："先生冷笑什么？"先生抬起了头说："嘲笑我自己！那时我还曾以为自己立了功呢！多少年来，我不好讲出来，讲出来也没人相信！一九四六年那个时候，国民党的军队占优势，当时共军处于弱势，国民党军队进攻哪儿占领哪儿。我提出把佳木斯等三个地方作为中共军队驻地，意在要给中共留几个驻军的基地。莫德惠先生提出让国民党派县长带警察接收中共所占的二十个小县，我不知道那警察是戴笠手下忠义救国军所改编比正式军队还厉害的特务。莫德惠讲：这么做是照顾中共，我信以为真。以为自己办了件好事，很得意，是我自告奋勇要求给中共送这份文件，并由自己给周恩来先生讲解文件。现在想起来真可笑！周总理这个人真英明，对中共赤诚忠心，当我讲解到第二条解决矛盾办法，建议让国民党派县长带警察接收铁路沿线中共占的二十个小县时，他立刻明白问题的严重性，发了大怒。他硬是哭着大声吼叫！他对中共的那一片赤心，使我很受感动，很佩服！"

送先生走后，李渊庭对阎秉华说："梁先生一生很自负，我还是第一次看到他嘲笑自己呢！"李渊庭从十八岁起跟随梁漱溟先生治学六十多年，对梁老师当然有较深了解。其实这也是先生对当时搞"第三条道路"的反思。

农历九月初九，是先生九十岁大寿，应中共中央统战部之邀，先生全家到统战部赴宴，接受祝贺。全国政协负责人也参加了祝寿酒席，并派人到先生寓所祝寿，送了生日蛋糕。

先生写的《试说明毛泽东晚年过错的根源》一文于本年一月一日发表于香港《百姓》半月刊。

一九八三年（癸亥）

九十一岁。

是年，全国政协召开六届全国委员会，先生继续被选为全国政协常委。

有位舒衡哲先生送先生一本英文书，译为《东西方的融会》，副标题是"关于理解世界的探询"。是美国耶鲁大学哲学与法律名誉教授 F. S. Cuorthrop 所著。书中讲到东西文化，引述先生《东西文化及其哲学》部分内容。

四月二十三日，写《忆熊十力先生》一短文，主要是讲认识熊先生，交往过程及对熊先生晚年几部著作《体用论》、《明心篇》、《乾坤衍》的意见，内容与一九六二年写的《略论当年师友会合之缘》中谈熊先生部分同，不赘。[1]

写《蒋百里轶事数则》一文。[2]

---

[1] 手稿。
[2] 参见梁漱溟：《忆往谈旧录》，金城出版社 2006 年版，第 115—124 页。

一九八四年（甲子）

九十二岁。

一月二十五日，写《沈钧儒先生与政学会——兼记袁世凯死后的南北统一内阁》一文。

五月十二日至二十六日，全国政协召开六届二次会议，先生出席，编在无党派民主人士小组。

同月十八日，全国政协主席邓颖超参加无党派民主人士小组讨论会。《中国人民政治协商会议的光辉历程》一百五十四页发表邓主席讲话时摄影，相片中同座四人，先生是其中之一。

是年，北大教授张岱年、冯友兰、汤一介等教授发起创办中国文化书院，先生应邀参与创办，并任院务委员会主席、学术委员会委员、发展基金会主席。

九月，上海学林出版社出版《人心与人生》一书，自费。由田慕周联系接洽而付印。

一九八五年（乙丑）

九十三岁。

元旦，政协全国委员会在政协礼堂三楼大厅举行新年茶话会，党和国家领导人同各民主党派负责人以及各界知名人士出席。先生应邀参加，并安排在第一桌。

三月，为中国文化书院筹委会与九州知识信息中心在北京举办的第一期"中国文化讲习班"讲学，主要讲"中国传统文化"。

五、六月，在《群言》杂志上发表《今天我们应当如何评价孔子》（连载）。

五月初，香港《百姓》半月刊社长陆铿回内地，访问先生于家中。

六月初，陆铿在《百姓》发表了《胡耀邦访问记》一文，《百姓》在同期发表了先生早年写的《发挥中国的长处，吸收外国的长处》一文。先生讲，此文在内地没有发表过。

陆铿在《胡耀邦访问记》中，提到访问胡时曾议论先生。陆曾对胡讲："梁老是大学问家，而且非常冷静、客观。""在海外的人都认为梁老是很了不起的，棱棱风骨，他本人能够站到共产党一边，这事本身对你们就是了不起的事情。"

十月，山东邹平县政协文史办编印出版《邹平文史资料选辑》

第二辑,在这期发表了有关山东乡村建设运动的六份文件。在编者按中讲:"山东乡村建设研究院是全省训练人才、研究学术的机关。""研究院按照梁漱溟先生的《乡村建设理论》,在我县建立了村学、乡学组织……进行了一些社会改良试验,在社会上产生了一定影响。"并讲:"过去由于极左路线的影响,我县对山东乡村建设研究院及其在我县的活动,既没有组织人力搜集整理,又缺乏认真地分析研究。在党的十一届三中全会恢复了党的实事求是的思想路线,这为我们运用历史唯物主义的观点,正确地研究总结这一段历史提供了客观条件。县政协文史资料办公室成立后,把山东乡村建设研究院作为一九八五年的重点征集研究内容。"文中希望过去参与乡村建设工作者提供资料,"共同把研究院和邹平实验县的历史写好"。

在这一期还发表了郑行郡写的《邹平实验县施政点滴》一文。文中最后讲:"回忆当时研究院和实验县的情况,当然不能和今天新社会共产党领导的政治相比。但在当时的旧社会里,实验县的县政经过改革,有些东西还是进步的。那时到邹平参观的人络绎不绝,其中著名人士有廖仲恺的夫人何香凝等。"在这期发表的《山东乡村建设研究院工作报告》(梁漱溟于一九三三年七月十四日)一文顶端还刊出先生近照,笑容满面;文末,又刊出"大家齐心向上学好求进步"和"宪政的基础是地方自治,地方自治始于乡村"两条先生签名盖章的手迹条幅,并写明时间是一九八五年六月。显然是邹平县政协文史办派人来访先生时,照了相并为之写字;表现出欣慰之情怀。①

十一月十一日,先生出席了章伯钧先生诞辰九十周年纪念座谈

---

① 《邹平文史资料选辑》第 2 辑,邹平县政协文史资料委员会 1985 年版,第 94—95 页。

会,并发了言。

三月,香港里仁书局再版《东西文化及其哲学》,至此,已是第九版。

三月,委托李渊庭、阎秉华夫妇编写"年谱"。

四月,三联书店香港分店出版《人心与人生》。根据学林出版社一九八四年九月第一版重印。

是年,为《我的努力与反省》[1]一书付印写了序言。文中说:"我出生于中日甲午之战前一年(一八九三),又经历了八国联军的入侵和第二次中日战争('七七'事变)等列强对我国的欺凌与侵略。从清王朝的覆亡和辛亥革命的成功、蒋介石政权的垮台和新中国的建立,直至'十年浩劫',其间的政治纷争、军阀混战和社会动乱,我亲身经历不少,耳闻目睹者更多。我既从事过文化学术工作,又曾投身于社会运动;既曾出入于农村基层,又曾参与过一些上层政治活动。如果将这种种加以记述,把自己走过的将近一个世纪的历程作一番回顾,是有意义的。可是如今已届暮年,精力头脑均不济,只得退而求其次,于是将过去所写的有关记述个人经历的文稿,加以汇集,编成此书。""今将检出的这些文稿交由漓江出版社编辑出版,以作为留给家乡的一点纪念。"

七月写《读〈诸葛亮集〉有感数语》:"中国历史悠久,往圣昔贤曷可胜数,而吾夙所深爱则蜀汉诸葛公其人也。世俗每传诸葛公智巧过人,殊不知公之所大不可及者,乃在其虚怀勤求己过,其执政临民也,信如所云'开诚心布公道'者。昔年吾初入蜀,辄诣成都武侯祠,肃躬下拜,偿其夙愿焉。"[2]

---

[1] 1952年写的《何以我终于落归改良主义》在付印发表时改标题为《我的努力与反省》。

[2] 梁漱溟:《读〈诸葛亮集〉有感》,《梁漱溟全集》第七卷,山东人民出版社1993年版,第859页。先生文中讲的"昔年",指1937年5月。

一九八六年（丙寅）

九十四岁。

一月，应邀为中国文化书院举办的第二期"中国文化讲习班"讲学，讲"东西文化比较研究"，最后说："我六十多年前就曾预测，中国文化必将复兴。"①

五月十四日，致函全国政协主席邓颖超同志和列位副主席，"敬请依据党的干部政策"对李渊庭（李澂）一直存在的待遇问题，"给予重新考虑"落实政策。

李渊庭一九五〇年四月被安排在全国政协工作，每月六百斤小米待遇。一九五三年全国大批判梁漱溟先生时，阎秉华当时在民盟中央文教委员会工作，其领导吴春选秘书找阎谈话，让她发动李渊庭参加大批判，否则后果自负。李渊庭当时坚持梁先生没有反党，不予置理。一九五四年全国调整干部工资待遇时，全国政协对梁漱溟先生待遇不变，而对其三个秘书陈亚三、黄艮庸、李渊庭则另册处理，不定级，陈、黄两位按一角五分一斤小米折合作为月工资，对李渊庭则按一角二分一斤小米折算。当时六百斤小米按国家发布标准应在行政十二级到十四级之间，而给李渊庭待遇每月只有七十

---

① 指《东西文化及其哲学》。

二元，约属行政二十级。李渊庭在一九五四年被降七级工资后，告诉陈、黄两位，不要对梁先生讲，以免他难过。故梁先生一直不知道。一九八六年春，阎秉华给邓颖超同志写信反映李渊庭的遭遇，请求落实政策，恢复原待遇。这封长信曾请梁先生过目，梁先生看信时显示出关切、惊诧神情，十时多看的信，默默不言提笔修改，一直到下午一时才将信交阎，并讲誊清后再送他看。梁先生看誊清后的信后，提笔给邓颖超等领导写的信。梁先生对其学生的关怀如此情切。而当时（一九八六年五月）全国政协人事处处理李渊庭（李澂）的某人，原是政协"文革"时期一"造反派"头头，正是这些"造反派"在一九六六年九月初即对李渊庭宣称他是临时工，收回工作证、公费医疗证并停发了工资。这个人还曾找李渊庭办退职，李拒绝。停发工资十二年半，在一九七八年十一月下旬落实了政策，给予退休待遇，一九八五年改为离休待遇。他对阎秉华上书邓主席请求给李渊庭恢复原六百斤小米的相应待遇事反感，申斥了李渊庭，只给增加了三十元工资，列为副处级待遇。李渊庭忍辱承受，仍未告诉梁老师。①

六月十日，先生应邀出席北京师范大学西方文化研究中心和太平洋史学会联合召开的文化座谈会，并在会上发言说："依我从来的看法，中国传统的文化——传统的社会人生、社会生活，是大不同于近代西洋的。近代西洋文化，我常用八个字概括：'个人本位，自我中心。'""这和中国人相反，传统的中国人讲'孝、悌、慈、

---

① 梁漱溟先生 1986 年 5 月 14 日致邓颖超主席信全文如下：
邓颖超主席、列位副主席赐鉴：
我多年的老学生李渊庭（澂）是一九五〇年周总理曾嘱我提出安排工作的五个人之一。现在关于他一直存在的待遇问题，敬请依党的干部政策给予重新考虑，可否作为历史遗留下来问题之一，加以适当安排，俾副落实政策之旨，则非一个人之私幸也。以上所陈敬乞钧裁幸甚！专此布达顺祈谅察，恭致政祺！
梁漱溟一九八六年五月十四日

和'，扼要说就是互以对方为重，并非要求自己的权利，而是认识自己的义务，这就是'中国传统的礼俗、伦理、人伦'。""有人以为文化交流切不可忘记自己的祖先，不可忘记上代传统的思想，有人在提倡中国本位的文化时还联名发表宣言……我以为不用害怕，不用担心，人们是不会忘记的，要紧的是文化继承和交流过程中要择善而从。"①

七月间，美国艾恺教授来中国访问先生，主要了解山东乡建运动情况，并到山东邹平访问。于八月五日返美。

八月，为宋恩荣主编《梁漱溟教育文集》写了序言。由于是参考唐现之原编《教育论文集》，编辑了这一新版的《梁漱溟教育文集》，先生建议将唐现之写的《梁漱溟教育思想述略》作为附录编入此书。该文介绍先生之为人于读者，一九七六年，先生曾在文末写有批语（已列入该年年谱），一并附录，"以作为对友人唐现之的纪念"。

这一文集还收入了《朝话》、《人心与人生》、《今天我们应当如何评价孔子》等近作部分章节，全书约二十六万八千字。

十二月，邹平县政协文史办出版《邹平文史资料选辑》第三辑，发表有关乡建运动工作的文件、文章及访问记等五篇；其中《梁漱溟先生访问记》和《梁漱溟先生三十年代对邹平风俗的改善》两文是邹平县政协文史办干部成学炎同志所写，颇有内容，并对山东乡建运动的工作作了实事求是的评价。

邹平县政协文史办于去年六月间，曾派成学炎等同志来北京访问了先生，先后谈了五次。

在谈到山东办乡村建设运动的由来时讲："河南村治学院由于军阀混战办不下去了，我们就转入山东。""转到山东，主要是韩复

---

① 摘自先生讲学录音。

榘做山东省主席，欢迎我们去。""大概是民国十一年或十二年，我说不准，那时韩复榘是冯玉祥的部下，地位并不高。冯玉祥的部队驻北京南苑，冯当时的官职叫陆军检阅使。冯玉祥请我到南苑给他的部队官佐讲演。""我住了三天，讲了五次"，"一次一个旅"。"他们都是坐着听"，"韩复榘就坐在里边。那时我不认识他，可我在台上讲，他可以认识我。后来的关系就是从这里来的。在河南办村治学院的时候，当时河南主席是韩复榘"。"总起来一句话，从广东到河南，从河南到山东，我的志愿，我所要做的事，始终是一个，就是致力于乡村工作，一贯的没有变。""我认为，要建立一个真正的宪政国家，不是宣布一个宪法，改个名，就能真成为宪政国家。宪政国家基础应当是地方自治。而地方自治又应从乡村入手。乡村是基层，是基础。把地方自治，特别是地方自治的基层、基础搞好，建设起来，这个宪政国家才真正是一个宪政国家。我离开城市去广东搞乡治，河南搞村治，山东搞乡村建设就是为了这个目的。""怎么样做，概括说八个字，叫作'团体组织，科学技术'。一面把散漫的各顾身家的农民组织起来（组织合作社）；一面推广科学技术，包括社会改良，把外国先进的技术介绍给农民。"

访问者曾问："在《乡村建设理论》中，讲到对中国社会的观点，现在如何看法？"先生讲："我现在还是这样看，中国社会是'伦理本位，职业分途'。不能说中国没有阶级，但阶级的分化不明不强，不固定。"

谈话结束后，成学炎等请先生题写了"邹平文史资料选辑"书名和两幅字条（见一九八五年二辑）。并同来访者合影留念。

成学炎在《梁漱溟三十年代对邹平风俗的改善》一文中提到，七月十六日至八月三日，美国芝加哥大学历史系教授阿利托先生到邹平考查，其中一个内容是调查了解梁漱溟先生在邹平创办山东乡村建设研究院，进行乡村建设实验对邹平的影响。成学炎等同志曾陪同访问了十九位六十五岁以上的老人，有的是先生的学生，有的是实验县、乡学的工作人员，有的是一般老百姓。这些人谈了先生在邹平进行的许多改良实验项目："首先利用村学、乡学大力宣传复兴我国固有的良好礼俗：如敬老、慈幼、礼贤、恤贫、睦邻、扬善、抑恶、勤劳、俭朴、尚武、尚公、尚义等美德。反对妇女缠足、男孩早婚、吸毒、赌博、不清洁等坏习惯，教育大家一齐向上学好求进步。"成学炎同志结合这次调查，查阅了当时的一些有关文献，综合归纳改良的项目有：取缔婚姻陋习；禁止女子缠足；禁止吸毒、赌博；反对奢侈浪费；禁男子留辫子；禁止淫剧；调解息讼等七个方面，并将具体措施作了简要介绍后说："从实行情况看，有的成绩大些，有的成绩小些，但却不同程度地影响了邹平的社会生活，改变了邹平的风俗，显然有一定的进步意义。"文中还提到先生在邹平期间，曾提出节制生育问题，说："这个问题很大，将来在乡村运动中，节制生育非办不可。"成学炎赞叹说："梁漱溟先生作为一个有眼光的学者，在三十年代提出了节制生育问题，但由于当时条件限制，这项工作并没有在邹平县推行。"并说："回顾这些历史事实……将会给我们以借鉴和启示。过去许多有志之士为改造中国的落后面貌，进行了许多探索实验。今天，我们每一个共产党员、干部、群众，应为振兴中华，从根本上端正党风，改变社会风气而努力奋斗。"[1]

成学炎同志以实事求是的精神，对山东邹平乡一建工作作了实事求是的评价。

是年，邹平县政协文史办公室派人来京，为先生一天生活情况

---

[1]《邹平文史资料选辑》第3辑，邹平县政协文史资料委员会1986年版，第133—149页。

录像,并邀李渊庭参加录像活动。

十一月,成都巴蜀书社出版《东方学术概观》,《儒佛异同论》和《今天我们应当如何评价孔子》两文收入书中。全书约九万多字。

《人心与人生》一书,学林出版社第二次印刷,增印一万七千册。

发表《缅怀先烈忆当年,青春热血洒江天》一文,在《团结报》发表;汪东林写的《梁漱溟先生在"批林批孔"运动中》一文,亦在《团结报》发表。

一九八七年（丁卯）

九十五岁。

写《我和商务印书馆》一文，被收入一月出版的《商务印书馆九十年》一书。

二月，应邀出席商务印书馆建馆九十周年纪念会。

三月，先后出席政协第六届全国委员会常务委员会第十四次会议和政协全国六届五次会议。

四月十日，先生应邀参加民盟中央为周新民同志诞辰九十周年召开的纪念座谈会，座谈会在全国政协礼堂三楼举行，由费孝通先生主持，先生在会上发了言，主要讲了一九四六年先生与周新民同志一起代表民盟到昆明调查李闻惨案工作情况，怀念周新民同志不畏艰险，奋勇工作的态度。

周新民同志于一九七九年十月在北京病逝。

五月，日本国立教育研究所亚洲研究室主任、研究员阿部洋先生访问先生，讨论中日文化交流史与中国教育史有关问题。中央教育科学研究所全世柏、宋恩荣在座。

七月，晏阳初先生来先生家访问先生。两位老人见面十分高兴，互致问候后，晏老讲："梁老，我们两人都生于一八九三年，又都从事过乡村建设运动，真是奇缘。我们就彼此称兄道弟吧！"

先生微笑着连连点头说:"是呵!我们两人今年都是九十四岁,是真正的兄弟手足之情!"接着晏老讲述了自己在四十年代定居美国以后,在海外工作的简况,并介绍了设在菲律宾境内的国际乡村建设学院。晏老说:"我几十年从事乡村建设运动,到今天问心无愧,力(行)恶不出己,一心为平民。知我者谓(为)我心忧,不知我者谓我何求。"先生对晏老七十年的时间里坚韧不拔、百折不挠从事平民教育的精神备予称赞,并向晏老叙述了自己受聘担任中国文化书院院务委员会主席并去书院讲课情况。话题转到晏老这次回国访问的感受,晏老说:"祖国的变化的确很大,中共中央雄才大略,制订了改革开放政策,局面为之一新。""真希望以后再有机会回国看看!"先生说:"会的,会有机会再回来的,我等待着再一次与你会面。"此时先生吩咐孙女倒了两杯橘汁,先生自己拿一杯,一杯递给晏老,他们以此当酒碰杯祝福,晏老一饮而尽,高兴地说:"这叫作酒逢知己饮,话逢知己说,我们在一起,越谈越投机。"临别时,晏老嘱咐先生,注意休养,为祖国文化的繁荣昌盛作出更大贡献。

十月,是先生一九一七年到北京大学执教七十年整的月份。

十月三十一日,是先生九十五岁寿辰(农历九月九日重阳节)。上午,由中国文化书院发起、组织的"祝贺梁漱溟从事教学科研七十周年国际学术讨论会",在北京二七剧场举行开幕式。先生应邀到会,由儿子梁培宽、梁培恕和孙儿梁钦东等陪同。参加这一国际学术讨论会的有来自美国、加拿大、法国、日本、澳大利亚、新加坡等国及香港地区和国内的七十余名专家、学者;山东邹平政协文史办公室派了成学炎等同志参加讨论会。

出席开幕式的,有周谷城、费孝通、张岱年、孙越崎、叶笃义、袁晓园等知名人士和先生的学生、中国文化书院的研究人员和学生，约计六百多人。开幕式由中国文化书院院长汤一介教授主持，张岱年、周谷城、费孝通、贾亦斌、张学书、李渊庭和吴德耀教授（新加坡东亚哲学研究所所长）先后讲了话。任继愈也讲了话。

先生登上主席台致谢辞，并讲道："我从来说中国缺乏宗教，中国人淡于宗教。""中国有的就是伦理。""而伦理在中国特别重要。""伦者偶也，伦理内容的根本精神是'互以对方为重'。""此种精神在任何地域，任何情况下均合乎人情，最行得通的。""随着注重伦理而来的是讲'天下太平'。'天下'无疆界可言。讲'天下太平'，最无毛病，最切实可行。这个精神最伟大，没有国家，这是人类的理想；人类前途不外乎此。""中国此种传统精神与现代化不相冲突，它在空间上不分地域，在时间上无论何时，均合情合理。"

这是先生在公开场合最后一次发言。[①]

学术讨论会在香山中国文化书院举行，历时三天，于十一月二日结束。大家就先生的学术思想的发展，儒学与宗教，文化与哲学，东西文化的比较，传统与现代化和近、现代知识分子的作用等问题展开深入研讨。

十月三十一日下午，民盟中央副主席叶笃义、副秘书长金若年同志特前往先生寓所向先生祝贺并送上生日蛋糕。晚上，民盟中央联络委员会在香山饭店举行宴会，招待参加"梁漱溟思想国际学术讨论会"的各国及香港的朋友们。费孝通、钱伟长、叶笃义、陶大镛、罗涵先、吴修平等民盟中央领导出席。[②]

文化书院主办的《学报》第七期，头版头条新闻用红色大字标

---

① 《群言》1988 年 9 期。
② 《中央盟讯》1987 年 12 期。

题"敬贺梁漱溟先生九十五寿辰并从教七十周年",刊出先生于九月写的座右铭:"情贵淡,气贵和,唯淡唯和,乃得其养,苟得其养,无物不长。"并刊近照一帧及简历。六、七两版发表专稿:《梁漱溟——最后的儒家》[①]。

九月中旬,李渊庭收到文化书院发来请柬,并约他准备在"梁漱溟从事教学科研七十周年国际学术讨论会"上作两次大会发言——开幕式大会和学术讨论大会发言。为此,李渊庭在笔记本上写出大会发言提要,请先生审查,先生看后表示同意,并在笔记本上写了如下的话:

"儒家孔门之学,反躬修己之学也。孔子固尝自述云:吾十有五而志于学,三十而立,四十而不惑,五十而知天命,六十而耳顺,七十而从心所欲不逾矩——吾人可以看出孔子只在自家生命生活上理会,而不在其外,却又须知自家生命和宇宙天地万物浑然一体而不可分的,是故孔子周游列国,便有'孔席不暇暖'的话。"

"修己亦云修身慎独,可取《孟子》、《大学》、《中庸》互参。"

先生还盖了章。不料想,这竟成为先生对跟随自己六十多年的老学生的最后教诲。

发表《赴港创办民盟言论机关〈光明报〉前后》一文,在《群言》第十期刊出。

十二月五日,苏联东方学研究所中国问题研究室主任彼得罗夫斯基(中国名字德柳幸)来拜访先生。是礼节性拜访,说他在五十年代担任苏联驻中国记者时期,与先生见过一面;并说,他们所里的一位研究生正在把《东西文化及其哲学》一书翻译成俄文,出版后送与先生。先生取《人心与人生》、《东方学术概观》、《中国文化要义》三本书并题名送与彼得罗夫斯基。

[①] 署名熏风。

同月中旬，日本驻中国大使馆一工作人员访问先生，说：日本亚细亚问题研究会代表理事何其博夫，从日本打电话给日本大使馆，托他们转告先生，亚细亚问题研究会成立一个研究出版梁先生著作的筹备委员会，于十二月十日开过一次委员会，会上决定，在十年内翻译出版梁先生的著作。先生提出，翻译出版稿费留在日本，作为助学基金使用，资助中国赴日留学生。日本在几年前，翻译出版《桂林梁先生遗著》，来人带来十万日元稿费，先生讲："稿费既已带来，只好收下，以后则不要送来，留作助学基金。"①

本年出版和付印书籍计有：《东西文化及其哲学》（二月　商务印书馆）、《中国文化要义》（六月　学林出版社）、《我的努力与反省》（六月　漓江出版社）、《梁漱溟教育文集》（八月　江苏教育出版社）、《忆往谈旧录》（十二月　全国政协文史出版社）、《朝话》（付印　教育科学出版社）。

---

① 梁培宽口述。

一九八八年（戊辰）

九十六岁。

一月十四日上午，李渊庭、阎秉华给先生送来"年谱"稿（第二次送审）及附录文件。先生接住文稿纸袋，就近坐在靠背椅子上，问："写到哪一年？""一九八七年。"李、阎同时回答，先生听了后说："我的一桩心事你们给完成了！"李渊庭说："还得请您修改，您修改后就可以作为定稿了。"先生深深点头。李、阎问候先生身体情况，先生讲："吃不了多少东西，腰有些疼。"先生的炯炯目光注视着李渊庭，询问他的眼病情况，嘱咐："不要着急，不要乱求医！"闲谈到十一时多，李渊庭起身告辞，先生说："还早！"又聊了一会儿，当李、阎再次告辞时，先生竟然跟在身后走出家门，站在门口，赵阿姨也赶忙跟了出来，这天也奇怪，电梯久久不来，先生站在门外，两眼直直望着李渊庭，李渊庭夫妇和赵阿姨再三劝请先生进屋，先生都置之不理，直到李渊庭上电梯时，先生还站在门口望着他。据赵阿姨事后讲，李走后，先生才进屋，并对赵阿姨说："他跟我多年，很实心！"

二月间，先生为在香港举行的"中国宗教伦理与现代化"研讨会撰写了一篇题名《父慈子孝，兄友弟恭》的短文。香港大学中文系与社会科学研究中心联合举办"中国宗教伦理与现代化"研讨会，主办方面邀请先生出席，先生年迈体弱不便远行，费孝通先生建议由民盟中央机关派人到先生住处录像，请先生在家中发言。先生讲话即是宣读上述短文。录像带由费老带到香港。六月十五日，在香港大学举行"中国宗教伦理与现代化"研讨会，由港大校长王赓武主持开幕后，第一个节目就是放映先生的讲话录像。先生在短短一千字的讲话中阐述了儒学、伦理、天下太平等中国传统思想，并指出这些传统思想精神与现代化并无冲突。

这是先生生前最后一次发言。①

三月二十四日下午，全国政协第七届大会在人民大会堂隆重开幕，先生是主席团成员，出席了开幕式（由长子梁培宽陪同前往）。会议于四月十日闭幕，先生继续当选为常委——全国政协七届常委。

四月十日，友人张西曼先生的女儿张小曼来访，是为搜集其父生前史料而专程前来拜访。先生"兴致勃勃地"与张小曼畅谈近两小时。张小曼请求先生为她题字留念，先生问她想要什么字，张说："就题您一生中最喜欢的一句话吧！"先生取出纸、墨，写出"廓然大公，物来顺应"八个苍劲的大字，题上"小曼同志留念"，签名盖章后，交给张小曼带走。②

四月十二日，先生约陆铿先生吃素餐。在纵论人物时，先生讲："邓小平否定阶级斗争为纲，扭转了局面，希望在改革上作出大成绩来，使黎民得福。"陆铿问先生，在民主党派人士中，对谁的印象最好时，先生说"费孝通"，并申述说："费孝通这个人样样都通，近年深入农村工矿调查，使他更通。他的名字就有一个

---

① 香港《大公报》1988年6月24日、《梁漱溟与费孝通对中国现代化道路的探索》（《群言》1992年第8期）。
② 《北京晚报》1988年7月18日。

'通'字。"引得在座的人都笑了。

同月，台湾青年学者沈重访问先生，交谈近两个小时，先生在交谈中始终强调乡村建设的重要，一再谈到要深入到民众之中，到乡村去作实地的调查。当沈君问到在学者中先生最佩服的是谁时，先生回答："是费孝通。费孝通先生是走江南谈江南，走江北谈江北，希望现代的年轻人也能够如此。"

四月十三日，到良乡祖坟扫墓。长子梁培宽、次子梁培恕、长媳和三个孙儿陪同前往。这天风大，气候反常。据说，先生回到寓所后即感身体不适，气短。

四月二十五日，先生自觉呼吸困难，病情加重，由两个儿子扶侍到协和医院看病，大夫作了初步检查后，提出留院治疗，并作进一步检查。医院采取了一些医疗措施后，呼吸困难有所缓解，确诊患的是尿毒症，因年事已高，预后堪虑。

五月三日，李渊庭夫妇到医院探病。先生在病床上转过身来，只是望着他们，眼神已现出疲疲无力，气色也不好。先生当时住在协和医院高干病房二层二〇四房间，有冰箱、电视等设备，白天由儿子梁培宽陪侍，晚上则由梁培恕和几个孙儿轮流陪侍。十一日，李渊庭夫妇第二次到医院探望先生，其时，先生外甥邹小青和两位女同志已在座，先生面壁而卧。保姆赵阿姨（白天已改为由保姆陪侍）凑到先生身边说："李先生和阎先生来看您。"先生掉转头示意要翻转过身来，保姆扶助他翻过身来，李渊庭、邹小青等人都站到先生床前，他用无力的双眼看看大家，闭了闭眼睛，又睁开望着李渊庭，张张口，似乎想说话，李渊庭靠近病床前问："先生有话要和我讲么？""你比我小多少岁？"先生用低沉微弱的声音断断续续讲出这句话。李渊庭告诉说："小十三岁。"先生看着他，一会儿闭上眼，一会儿又睁眼看看，意味深沉，却再未说话。

据梁培宽讲，医院的治疗，不是灌肠，就是让病人服中药大黄，用灌肠和泻药排除尿毒。先生头天晚上泻了五六次，吃不消了，今天拒绝灌肠，拒绝服药，饭量减了一半，烦躁，叫嚷肚子不好受，要求回家。医院表示束手无策。李渊庭建议请中医会诊。

吃晚饭时，先生靠床坐起来，还能自己进食，吃了几口蛋羹、汤和青菜。其时已由二层病房转移到三层三一一病房，室内设备大不如二层，没有电视，冰箱是摆在走廊的公用冰箱。保姆叫苦，放在冰箱的西瓜被别人拿走了。

五月十七日，台湾《远见》月刊记者尹萍女士来京采访，找到梁培宽，声称她在台湾上大学时读过梁老著述，多年来敬重梁老道德、文章，一定要与梁老见一面，拍一张照片，知道梁老重病，决不多打搅。由于尹萍情词恳切，梁培宽同意陪同到协和医院探望先生。梁培宽在先生耳边大声告诉说尹萍是从台湾来的记者后，先生转过脸来，示意梁培宽附耳过来，断续说出"台湾，郑彦棻与我相熟……还有张群……李璞生……他们在美国……胡秋原……"当尹萍问先生对台湾青年有什么希望时，先生迟疑片刻，困难地说："要注意中国传统文化……要读我的《中国文化要义》。"尹萍再问，对中国的未来有什么期望时，先生较快地回答说"要顺应世界潮流"。再问其他问题，就闭目不语了。

五月中旬一天晚上，是梁培宽当班陪侍，先生突然呼唤，说："我有话要说！"当梁培宽到了病床前，先生断断续续讲道："岳美中先生讲过：'医生治得了病，治不了命。'人的寿数有限，我的寿数到了。你们不要勉强挽留了，吃点药，听其自然发展吧！"说话时很平静。

由于先生拒绝吃药、灌肠，医院停止了灌肠和服用大黄，但吃了几剂中药后，对中药和其他治尿毒的药，也拒绝服用了，梁培宽写信给李渊庭，请李渊庭劝说。李渊庭却因先生病重忧伤难过，致罹腿疾，两条腿和脚红肿剧痛难行，勉强到了医院看望先生，劝吃药、吃饭，之后只好由阎秉华多跑医院。阎秉华在劝说先生进药时，曾讲："先生对维护和发扬中国传统文化有很大贡献，不少人很敬重先生。希望先生'恨病吃药'，早日康复。"先生强睁双眼，看着她说："我康复不了了！"阎秉华又在一次探望先生时，告诉他说："我们已开始写先生一九八八年年谱，把您连任全国政协七届常委和出席大会的情况写进去了。"先生深深点头并流露出动容的神情。五月三十一日上午，阎秉华看望先生，先生睁开眼看看，频频摇头，闭上眼，又睁开，又频频摇头，如此反复动作，阎秉华以为是上次劝先生吃药，曾说病好后还要请他写座右铭字条的事，表示他不能写了，所以就向先生讲："我理解了！"先生停止了摇头动作。但先生频频摇头，究竟表示的是什么，至今难以确切理解。阎秉华每周两次到医院探望，为先生轻轻按摩双臂双腿和脊背。到了六月份，先生总是指着肚子，表示有痛楚。据保姆讲，医院饭菜有时冷，先生吃了不舒服，一再要求出院回家。

六月二十日，先生的体力已极为虚弱。台湾大学教授韦政通先生来访，当守护在病榻前的长子梁培宽告诉他客人姓名时，他仍诚恳谦和地表示欢迎，并吃力地问韦先生："有个叫郑彦棻的台湾人，你认识吗？"韦先生说"知道"，先生又说："还有位胡秋原，原是位学者，是抗战期间在重庆认识的。还有一位叫李楷生，先在台湾，现在多半在美国……"韦先生是先生逝世前接见的最后一位远方来访者。

六月二十日上午，协和医院毕大夫亲自检查了先生身体，说心和肺都好，可以做人工肾手术。梁培宽对先生讲："李先生、晓青、阎先生都赞成做人工肾手术。"先生点头。人们正满怀希望，等待六月二十四日做人工肾手术时，却出现了意外。

六月二十三日早上，先生突然大口吐血，心律反常。医生采取急救措施，心脏跳动始则快到一分钟跳一百七十下，继则急促下降，医生问："梁老，您感觉怎么样？"先生断断续续讲了最后一句话："我太疲倦了，我要休息。"就溘然仙逝。时十一时三十五分。其时长子梁培宽夫妇和四个孙子都已赶到医院。全国政协周绍铮秘书长亦曾于早上八时多赶来医院探视。

次子梁培恕当时正在美国参加一个国际性会议，二儿媳则在香港工作。据保姆讲：前两天先生突然问她："培恕回来了？"当保姆告诉他是从美国打来长途电话问他的病情时，又闭上了眼睛，不再说话了。见出慈父思子情切。

当晚中央电视台报道了梁漱溟先生逝世消息。第二天（六月二十四日），《人民日报》、《人民政协报》等报纸和中央电台都报道了"文化名人梁漱溟逝世"的消息，并介绍了其业绩和主要著述。《中央盟讯》也报道了"梁漱溟在北京病逝"的消息。

先生住院期间，全国政协、中央统战部、民盟中央都曾有负责人前往看望。

七月七日上午八时半，在北京医院举行"梁漱溟遗体告别仪式"。先生安详地躺在单人床上，清癯的面孔、头戴一顶瓜皮帽，遗体上覆盖着一块白布，周围摆放着鲜花和家属敬献的花篮，灵堂内挂着先生的放大遗像，四壁排列着花圈，挽联摆挂在大门口。络绎不绝的吊唁者，在签名桌前签名后，领一份"生平"、一份打印出来的挽联，在哀乐声中默默地从遗体身边走过。不少人边走边哭，李健生同志（章伯钧夫人）哭着走出了灵堂门，坐在灵堂门外的凳子上放声痛哭，并说："你怎么不说一句话就走了啊！"

李先念、阎明复、习仲勋、费孝通等领导同志，有关方面负责人和先生的学生、友好等共四百多人向遗体告别。约十一时多起灵。遗体运到八宝山，当推进火化室时，家属和数十位送灵人号啕痛哭。侍奉先生多年的保姆赵阿姨一边痛哭一边说："我再到哪里找您这样的好人啊！"

梁培恕已从美国回到北京。先生的儿孙均已成年，排列遗体右侧。

不少报社的摄影记者在灵堂频频拍照。当李渊庭由妻子和儿子两人搀扶着走进灵堂时，记者们照了不少相，其时灵堂只他一家人，等他出门，络绎成队的人又进入灵堂。

七日晚，电视播放了"梁漱溟先生告别仪式"的几个镜头，有时任全国政协主席李先念向梁漱溟先生遗体鞠躬致敬的镜头。

送花圈的有：赵紫阳、万里、李先念、彭真、邓颖超、胡启立、田纪云、李铁映、宋平、胡耀邦、宋任穷、阎明复、王首道、刘澜涛、肖克、陆定一、程子华、习仲勋、乌兰夫、朱学范、周谷城、严济慈、费孝通、孙起孟、雷洁琼、王任重、谷牧、杨静仁、周培源、缪云台、赵朴初、屈武、钱伟长、程思远、楚图南等四五十位党、政领导和学术界知名人士。全国政协、中共中央统战部、各民主党派中央机关、中国文化书院、广西壮族自治区政府等党政机关也送了花圈。

送挽联的有：启功、袁晓园、冯友兰、张岱年、李渊庭等四十多位。

七月八日，北京的大报纸——《人民日报》、《光明日报》、《北京日报》和《人民政协报》等都报道了"梁漱溟遗体告别仪式在京举行"情况，《人民日报》和《光明日报》还刊出梁漱溟先生近照，并在新闻报道前加标"一代宗师，诲人不倦；一生磊落，宁折不弯"。

各大报还发表了《梁漱溟先生生平》。

中央人民广播电台也在新闻节目中作了报道。

《梁漱溟先生生平》较详尽地介绍了先生一生为探索救国道路，为发扬中国传统文化，为抗日救国所做出的努力和贡献，说梁漱溟先生是中国共产党的老朋友。先生在九泉之下，可欣然瞑目矣！

人们为先生辞世后的哀荣而高兴，而舒怀。先生终于又以自己本来的高大形象和风度受人敬重。

《中国日报》（英文版）发表了《最后一位儒家的信念》文章，署名 Wu Mei（吴梅）。

费孝通、叶笃义、冯友兰在《群言》第九期发表了悼念梁漱溟先生的文章，高度评价了先生在人类文化方面的贡献和爱国热诚。

中国文化书院在学报第十六期（七月十日）头版，刊登了先生遗像，发表了该院在先生逝世两三天后举行的"梁漱溟先生追思会"纪实和二十张先生的照片（占了两版）。先生的孙儿梁钦东写的《病中未敢忘忧国》一文也发表在第一版。

张小曼在七月十八日《北京晚报》发表了以"廓然大公，物来顺应"为题的悼念梁先生文章。千家驹同志在《团结报》第九百一十二、九百一十三两期发表《我与梁漱溟先生》长文（连载）。文中最后说："我最佩服的是梁先生那种'士可杀而不可辱'的高风亮节。""这才是中国真正的儒家，真正的知识分子！"

台湾尹萍等十三位人士也写了悼念先生的文章。

先生家属收到国内、国际友人发来唁电、唁函共计二百五十多件。

《文汇月刊》一九八八年第一期发表了《梁漱溟与毛泽东》一文，署名戴晴、郑直淑。

六月，《梁漱溟学术精华录》出版。这是应北京师范学院（现首都师范大学）鲍霁教授之约，由梁培宽执笔，从先生主要著述中加以筛选而成，约三十万字。鲍霁教授本着"让中国文化学术精华传布于世"宗旨，主持编辑"中国当代社会科学名家自选学术精华"丛书，此为第一辑，共八种。《梁漱溟学术精华录》是其中之一种。

十月，《勉仁斋读书录》被收入"百家"丛书，由人民日报出版社出版。

年谱写至此，伤痛之情油然而生。当先生病危之时，李渊庭、阎秉华曾向梁培宽提出应准备"后事"之事，并向保姆赵阿姨询问先生有无现成可用衣服。赵阿姨流着眼泪说："他只有一套料子中山服，已很旧了。其余是几件灰布和白布小褂，内裤也是布的、旧的。袜子是破的，鞋子也是旧的。唉！他有什么衣服啊！"

就在六月二十三日上午十一时四十五分，阎秉华赶到医院时，先生已停止了呼吸，覆盖着一条旧白布，清瘦的面孔，闭上了眼，但却大张着口，家人一边哭，一边张罗上街买寿衣，目睹此情此景，怎能使人不哀痛！先生每给人写条幅，爱写"静以修身，俭以养德"八个字，他竟然俭到如此，对比一些人的用度，怎不令人肃然起敬啊！

先生有两个儿子，四个孙儿女。两个儿子是发妻黄夫人所生。这年，长子梁培宽在中国科学院生物物理研究所工作；次子梁培恕在中国社会科学院工作，兄弟俩都是副编审。长孙梁钦元，在中国钢铁研究所工作，高级工程师；孙儿梁钦东在美国俄勒冈大学读书；孙女梁彤在《法制日报》社工作；孙儿梁钦宁在北京大学分校法律系读书。先生的后人或在努力工作，或在勤奋读书，都很好，是一和睦的家庭。

后　记

　　1985年3月初，我们前往木樨地看望梁漱溟老师。闲谈中，谈到梁老师的年谱时，老师慨叹地说："写了一些就搁下了，已经有好几年了，再没有人写！"阎秉华说："培宽可以写么！"老师笑了笑说："他忙得很，哪还顾得这个！"李渊庭说："可否让我们给您编写？""那好。"老师高兴地说着，随即站起来进了卧室，不一会儿，拿出一大叠书稿，其中还有梁老师给他父亲写的年谱和未发表的手稿，告诉我们先看看，并说："一次拿不了，你们看完再来取。"我们看了一些材料后，在动笔前，曾向老师请教："先生解放前的言论，是否如实叙明？"老师说："当然如实叙述。"本此原则，我们于1985年3月中旬开始编写。1987年夏季，陆续将反复修改后的年谱草稿送请老师过目。是年11月初取回此草稿，根据老师提出的意见，再次加工，并将1987年的内容予以补充后，于今年元月中旬再送老师。梁老师6月23日逝世后，我们取回此稿，发现四册年谱草稿（分订为四册），或多或少，都有老师亲笔修改的字迹，比第一次过目时修改得仔细。粗略统计，有老师修改字迹的竟有97页之多（全稿400多页）。梁老师在期颐之年，身体日益衰弱的情况下，对我们为他编写的年谱，仍然如此认真地修改，使我们十分感动。我们根据老师在稿中的字里行间提出处理资料的意见，一一作了改正。我们竭尽所能，以期不辜负梁老师对我们的委托和信任。今日完稿付印，以冀告慰于梁老师在天之灵！

在我们编写年谱过程中，梁老师之子梁培宽，将他积累的记载老师部分著述和政治活动的许多卡片交来，并提了不少宝贵意见，这对于此项工作帮助很大；梁老师还将香港胡应汉先生为他编写的解放前的"年谱"铅印件交我们参考；北大哲学系王宗显同志，将他整理的《梁漱溟先生著述年表》送我们参考；中央教育科学研究所的宋恩荣同志，将他编的《梁漱溟教育文集》送我们参考；特别是山东邹平县政协文史委员会孟宪勇同志寄来的《邹平文史资料选辑》，有不少关于梁老师在邹平的活动和言论资料，上述各位对我们帮助很大，我们在此表示谢忱。

梁老师早在二十年代即有《东西文化及其哲学》一书问世，首创东西文化比较研究的学说，把中国文化归结为"人生向上，伦理情谊"。前者是说人生要合理、讲理；后者是说人与人之间要互以对方为重，这二者都是人类理性的表现。

古中国人有两句名言："中国而夷狄，则夷狄之；夷狄而中国，则中国之。"这意思是说，夷狄讲理就变成中国了，中国不讲理就变成夷狄了。就是这种精神，使四夷都中国化了。古代中国，只有燕赵晋陕和鲁豫这么一块中原地带。经过几千年的演变，形成了今天九百六十万平方公里文化统一的中国。

上边所说"讲理、合理"之理，其内涵是：

"推己及人之谓恕"；

"己所不欲，勿施于人"；

"吾不欲人之加诸我也，吾亦不欲加诸人"；

"有诸己而后求诸人，无诸己而后非诸人"；

"行有不得，反求诸己"；

"躬自厚而薄责于人";

"己欲立而立人,己欲达而达人"。

上列陈语,在我国社会各行各业,三教九流诸色人等中,或多或少都会用来指导自己或评价别人的行为,所谓"有理走遍天下,无理寸步难行",就是发扬理性的结果。中华人民共和国成立之后,我国对外实行和平共处五项原则,不论大国小国,一视同仁,并且一再正式声明,不论任何时候,我国绝不称霸。我们认为这就是中国人讲理的传统精神的体现。

在第二次世界大战期间,出现了原子弹核武器,这种核武器实际是开启人类理性的一把金钥匙。我们看看,美国人手里有核武器,苏联人手里也有核武器。苏联人很不愿意美国人扔出核武器,美国人也不愿意苏联人扔出核武器。谁要是冒天下之大不韪,扔出核武器,那岂不同归于尽!全人类也要遭殃了。现在苏、美两个超级大国协商决定各自销毁部分导弹,并将继续协商削减核武器和常规武器。世界形势日渐趋向缓和,这就是由于互相害怕核武器,而启发了理性,也就是"己所不欲,勿施于人"理性抬头。梁老师早在六十多年前讲过的,"人类未来的文化是以理性为主的中国文化的复兴",现在看来他的预见不无道理。

我们中国手里也有核武器,但是我国声明,它是防御性的,我国绝不首先使用核武器。这正是中国传统精神的再现,给美、苏两个超级大国做出了良好榜样。

世界和平的曙光已现,人类理性的开展在望。

梁老师一生所努力的事,沟通东西文化——弘扬中国文化的理性精神,认取西洋的科学技术,以期辟创一个民主、自由,拥有正常形态的社会主义的人类社会。我们相信他的理想一定会实现的。老师虽已永远离开我们,可是他热爱祖国,热爱人民,向往和平和他的认真不苟的做人态度与治学精神，将永远活在人们的心中。

我们对梁老师生平的论述，尽管力求实事求是，但限于我们的水平，浅出随时可见，深入则很不够，疏漏、谬误一定不少，敬请读者赐予指正，以便将来再版时改正。幸甚！幸甚！

李渊庭　阎秉华
1988年11月于北京

增订本后记

《梁漱溟先生年谱》于1991年出版后，我在其后出版的《梁漱溟全集》、国内和香港出版的《梁漱溟纪念文集》以及一些报刊杂志上发表的纪念梁漱溟先生的文章中，陆续发现一些《梁漱溟先生年谱》一书中没有的内容，而却是梁先生生前比较重要的言论。特别是《梁漱溟全集》发表了梁漱溟先生自己原不打算发表的几篇长文、日记以及和外国学者交谈的记录等，有许多重要内容；还有几次对他进行大批判的感受和他如何以佛家应持人生态度来自勉，在那"文革"混乱时期从精神到肉体备受摧残的情景下撑度过来的记述，我一一摘录下来，按时间顺序补充进《梁漱溟先生年谱》原稿；原稿原来是空白的1967、1968、1972年也写进了有意义的内容。重要的有二十多处，约两万多字。

《梁漱溟先生年谱》是我在亡夫李渊庭同志耐心帮助下编写，梁漱溟先生亲自过目并予修改后定稿的。而今梁先生和渊庭先后辞世，我又年迈（87岁）多病，在没有人帮助和修改的境况下，我勉力完成增订任务，只是为了让更多关心梁漱溟先生的人更多了解梁漱溟先生。从我自己说也只是尽我对梁先生敬重的心意而已。如有不妥之处，恳请读者先生惠予指教！

阎秉华

2003年4月于北京

第二次增订后记*

2003年农历九月初九，是梁漱溟先生110周年诞辰。我为了表示悼念之忱，在头年底赶着编写完《梁漱溟先生年谱》增订版，于是年7月出版。原以为梁先生编写年谱的事应该宣布结束了。

是年10月或11月间，我收到梁先生的学生唐宜存先生（中共重庆北碚区前党史研究室主任，离休）亲笔签名送我的两本书：《师足寻迹》（作者唐宜存、杜林）、《仁道承继》（重庆市和北碚区两地区的"梁漱溟研究会"合编会刊第六集），读后，才知该两会曾在梁先生110周岁诞辰时在重庆举办纪念会并进行讨论，重庆市和北碚区的党政领导，部分大学、科研单位的教授、专家，民盟重庆市委的老干部以及梁先生的学生和儿子总共约有九十多人参加。在发言中有几位党员和民盟老干部讲了梁先生从1947年到1949年，在当时国民党蒋介石的腥风血雨白色恐怖时期，不顾自身安危，一次又一次挺身而出营救或参与营救被捕进步人士、革命青年的事迹，其中多数是盟员，还有党员，总共五六十人，并在他办的两个学校掩护过十几位党员。

在收到上述两书的前后，我又收到朋友寄来的数份资料，有的

---

* 本书列入《民盟历史人物》系列后又进行了第三次修订。

是梁先生从渣滓洞营救出来的人寄的,有的是受梁先生庇护幸免于难的人寄的,在梁先生 110 周年诞辰时写出的纪念文章发表在报刊,这些活生生的人与事,使我很感动,我知之太晚,深为遗憾!

我们一家人于 1946 年 7 月初就离开重庆回了老家绥远(今内蒙古)。内战起,天隔一方,不通昔讯,而梁先生又没有对我们谈过,所以不知道。

又想起有些梁先生在闲谈中谈到他在一些重大事件前后的心态,也应写进年谱,还有看了《梁漱溟全集》第八卷发表的日记,发现有一些应写入年谱。综上所述,于鼓残年余勇,作了第二次增订。

我已 90 岁,去年 3 月做了直肠癌手术,身体虚弱,但对梁先生的敬重之心与时俱增,所以勉力完成第二次增订,以尽心尽责,轻减遗憾而已。此书如有不当之处,请读者先生不吝指教。

阎秉华

2006 年 12 月 19 日